Conjoint-Analyse mit vielen Merkmalen

Europäische Hochschulschriften
Publications Universitaires Européennes
European University Studies

Reihe V
Volks- und Betriebswirtschaft

Série V Series V
Sciences économiques, gestion d'entreprise
Economics and Management

Bd./Vol. 2883

PETER LANG
Frankfurt am Main · Berlin · Bern · Bruxelles · New York · Oxford · Wien

Christian von Thaden

Conjoint-Analyse mit vielen Merkmalen

Monte Carlo-Untersuchung einer gebrückten Conjoint-Analyse

PETER LANG
Europäischer Verlag der Wissenschaften

Die Deutsche Bibliothek - CIP-Einheitsaufnahme

Thaden, Christian /von:

Conjoint-Analyse mit vielen Merkmalen : Monte Carlo-Untersuchung einer gebrückten Conjoint-Analyse / Christian von Thaden. - Frankfurt am Main ; Berlin ; Bern ; Bruxelles ; New York ; Oxford ; Wien : Lang, 2002
(Europäische Hochschulschriften : Reihe 5, Volks- und Betriebswirtschaft ; Bd. 2883)
Zugl.: Eichstätt, Kath. Univ., Diss., 2001
ISBN 3-631-38531-5

ISSN 0531-7339
ISBN 3-631-38531-5

www.peterlang.de

Geleitwort

Die Conjoint-Analyse ist anerkanntermaßen das leistungsfähigste Instrument zur Operationalisierung von Präferenzen bei extensiven, multiattributiv gesteuerten Kaufentscheidungen. Seit ihrer konzeptionellen Entwicklung durch Luce und Tukey in den frühen 60er Jahren und ihrer „Entdeckung" durch die Präferenz- und Kaufverhaltensforschung in den späten 70er Jahren hat sie förmlich einen Siegeszug als quantitative Methode im Marketing angetreten, der bisher so bei kaum einer anderen statistischen Methode beobachtet werden konnte. Bemerkenswert ist daran nicht nur ihre mittlerweile starke Verbreitung in der Marktforschungspraxis zu Zwecken vor allem der Produktgestaltung und der preislichen Positionierung von Produkten mit starker kognitiver Steuerung des Kaufs, sondern auch die große Zahl methodisch-konzeptioneller Beiträge zu ihrer Fortentwicklung, die eine nahezu unüberschaubar große Zahl von Conjoint-Varianten hervorgebracht hat.

Einen Schwerpunkt der konzeptionellen Diskussion und Weiterentwicklung der Conjoint-Analyse (CA) stellt das *Merkmalsproblem* dar. In diesem kommt die beschränkte Zahl von Produktmerkmalen zum Ausdruck, die im Rahmen der CA auf ihre präferenzbildende Wirkung untersucht werden kann. Denn eine hohe Zahl von Merkmalen und ihrer Ausprägungen führt dazu, dass im Rahmen klassischer Untersuchungsansätze der CA (*full profile*) trotz fraktioneller Designs prohibitiv hohe Stimulizahlen für die Probanden notwendig werden.

Zum Merkmalsproblem ist eine Reihe von Lösungsansätzen entwickelt worden. Allen bisherigen Lösungsansätzen zum Merkmalsproblem ist allerdings gemein, dass diese aus unterschiedlichen Gründen nicht befriedigen können. Christian von Thaden entwickelt im Rahmen dieser Arbeit die konzeptionelle Grundlage für einen neuen und innovativen Lösungsansatz, die gebrückte CA, bei der ein umfangreiches Design in zwei Teildesigns zerlegt und für die Teilnutzenwerteschätzung wieder zusammengeführt wird. Ziel ist es, die Zahl der im Rahmen einer CA verarbeitbaren Merkmale - möglichst ohne Validitätsverlust - deutlich zu vergrößern, um damit den Spielraum im Rahmen der Anwendung der Methode zu vergrößern. Für den Einsatz der CA in der Marktforschungspraxis wäre eine solche Spielraumvergrößerung von erheblichem Wert. Dies macht den Untersuchungsgegenstand interessant. Eine umfangreiche Simulationsstudie mit 120.000 Fällen zeigt, dass die gebrückte CA einer traditionellen CA in vielerlei Hinsicht überlegen ist – vor allem, wenn wir davon ausgehen müssen, dass die Dateninputs mit Fehlern behaftet sind.

Die vorliegende Arbeit erschließt der Diskussion um eine an anwendungsrelevanten Problemen orientierte Fortentwicklung der CA ein wichtiges neues Gebiet. Sie ist daher gleichermaßen für methodisch interessierte Forscher wie innovative Anwender der CA interessant. Daher wünsche ich ihr eine breite Annahme im Markt

Joachim Büschken — Ingolstadt, im April 2001

Vorwort

Die vorliegende Arbeit beschäftigt sich mit der Präferenzmessung bei vielen gleichzeitig relevanten Merkmalen. Die Arbeit entstand im Rahmen meiner Tätigkeit als Wissenschaftlicher Mitarbeiter am Lehrstuhl für Marketing der Katholischen Universität Eichstätt-Ingolstadt am Lehrstuhl von Professor Dr. Joachim Büschken. Herr Büschken hat diese Arbeit in vielerlei Hinsicht gefördert. Neben vielen wertvollen inhaltlichen Anregungen und der Gewährung weitreichender sachlicher und zeitlicher Freiheiten gilt mein Dank besonders seinem „unerschütterlichen Glauben" an das Gelingen der Arbeit, der mich in verschiedenen Phasen der Arbeit entscheidend motiviert hat.
Herrn Professor Dr. Ulrich Küsters danke ich für die zahlreichen wertvollen Hinweise im Rahmen seines Koreferats.

Weiterhin danke ich meinen aktuellen und ehemaligen Kollegen und Kolleginnen am Lehrstuhl – Christian Blümm, Robert Heim, Tom Hinzdorf, Claudia Kreye und Christine Seith – für das kollegiale und freundschaftliche Verhältnis am Lehrstuhl. Diese Situation am Lehrstuhl hat dazu geführt, dass der Entstehungsprozess dieser Arbeit in meiner Erinnerung nicht nur mit Fleiß und Anstrengung verbunden bleiben wird, sondern mindestens ebenso mit Kameradschaft und Teamgeist.

Mit der Promotion wird ein Ausbildungsabschnitt beendet, der nicht an der Universität begonnen hat und der sich nicht nur im akademischen Rahmen abgespielt hat. Daher gilt mein Dank für das Gelingen dieser Arbeit auch meinen Eltern, meinen Geschwistern und Judith, die alle ihren Teil zum Gelingen beigetragen haben.

Bei einem methodischen Problem wie der Gebrückten Conjoint-Analyse ist es häufig der Fall, dass die erarbeiteten Ergebnisse den akademischen Raum nicht verlassen, weil sie in einer Form vorliegen, in der sie für die Praxis nicht unmittelbar anwendbar sind. Daher freut es mich, dass die Firma Tigris Software Systems die gebrückte Conjoint-Analyse in ihre Software TiCon integriert hat, denn damit verbinde ich die Hoffnung, dass die Ergebnisse für Wissenschaft und Praxis gleichermaßen interessant sein mögen.

Christian von Thaden Ingolstadt, im April 2001

Inhaltsverzeichnis

Verzeichnis der Tabellen

Verzeichnis der Abbildungen

Verzeichnis der durchgängig verwendeten Abkürzungen

ACA	Adaptive Conjoint-Analysis
B2B	Business to Business
BCA	Bridging Conjoint-Analysis
BM	Brückenmerkmal
BMAuspr	Ausprägungen des Brückenmerkmals
BMRang	Rang des Gewicht des Brückenmerkmals
c.p.	ceteris paribus
CBC	Choice-based Conjoint-Analyse
et al.	et alii
F0	Simulation ohne Fehler
F5	Simulation mit N(0;5)-verteiltem Fehler
F10	Simulation mit N(0;10)-verteiltem Fehler
GCA	Gebrückte Conjoint-Analyse
HCA	Hybride Conjoint-Analyse
HICA	Hierarchische Conjoint-Analyse
HILCA	Hierarchische Individualisierte Limit Conjoint-Analyse
ICA	Individualisierte Conjoint-Analyse
KK	Korrelationskoeffizient
k3	Paarvergleich mit 3 Stufen
k5	Paarvergleich mit 5 Stufen
MM	Merkmale
PC	Personal Computer
r	Korrelationskoeffizient nach Pearson
Rat	Rating
SPSS	Superior Performing Software System
StAbw	Standardabweichung
TCA	Traditionelle Conjoint-Analyse
q	Brückenquotient
u	Teilnutzenwert
v	Verhältnis der Stimuli im Design zu den unabhängigen Ausprägungen
w	Gewicht eines Merkmals

1 Präferenzstrukturmessung mit vielen Merkmalen

1.1 Die Bedeutung der Präferenz für das Käuferverhalten

Aus Marketing-Sicht ist für eine erfolgreiche Unternehmensführung die Ausrichtung auf die Zufriedenheit des Kunden eine entscheidende Voraussetzung (vgl. Churchill 1995, S. 5, Homburg/Werner 1999, S. 913 f. und Meffert 1992, S. 114). Um die Kunden zufrieden stellen zu können, ist es notwendig, das Verhalten und die Entscheidungen von Käufern zu verstehen. Dazu werden Modelle gebildet, die in Total- und Partialmodelle unterschieden werden können: *Totalmodelle* versuchen den gesamten Kauf- und Entscheidungsprozess abzubilden und sind naturgemäß sehr abstrakt und komplex (vgl. Kroeber-Riel/Weinberg 1996, S. 363). Aufgrund der mit Totalmodellen verbundenen Operationalisierungsschwierigkeiten[1] wird häufig auf *Partialmodelle* zurückgegriffen, die sich auf ein einzelnes (hypothetisches) Konstrukt beschränken, von dem vermutet wird, dass es (vgl. Gutsche 1995, S. 40 f.):

- stark mit dem tatsächlichen Kauf zusammenhängt,
- gut operationalisierbar ist,
- empirisch überprüfbar ist und
- eine vom Management beeinflussbare Größe darstellt.

Ein solches Konstrukt ist die *Präferenz* (vgl. Bauer 1989, S. 132, Gutsche 1995, S. 40 f. und Schweikl 1985, S. 26).[2] Die *Präferenz* ist ein

> „eindimensionaler Indikator, der das Ausmaß der Vorziehenswürdigkeit eines Beurteilungsobjektes für eine bestimmte Person während eines bestimmten Zeitraumes zum Ausdruck bringt" (Böcker 1986, S. 556)

und kann nicht mit der *Kaufabsicht* gleich gesetzt werden.[3] Die Präferenz ist aufgrund ihrer Nähe zum Nutzen ein guter Indikator für das Käuferverhalten:[4] In der ökonomischen Theorie gründen sich Präferenzen für Produkte auf den *Nutzen*, der mit dem Konsum des Produktes für einen Konsumenten verbunden ist. Im Unterschied zur klassischen mikroökonomischen Theorie, in der

---

[1] *Trommsdorff* (1998, S. 27) geht davon aus, dass der „Anspruch einer formalisierten, bewährten und praktisch verwendbaren ‚totalen Theorie' ... auf lange Sicht aufgeschoben" werden muss und sich die Marketing-Wissenschaft zunächst mit der Verbesserung der Partialmodelle beschäftigen muss.

[2] Alternative Modelle verwenden andere Konstrukte wie zum Beispiel „Emotion". Bei diesen Konstrukten handelt es jedoch eher um *Prädispositionen* der Käufer, die zur Erklärung von *Bewertungsprozessen* nur bedingt geeignet sind (vgl. Voeth 2000, S. 5 ff.).

[3] Wenn ein Proband ein Objekt A gegenüber einem anderen Objekt B bevorzugt und somit das Objekt *präferiert*, heißt das nicht, dass er es auch zu kaufen bereit ist, weil die Präferenz nicht alle Einflussfaktoren einer Kaufentscheidung abdeckt und beispielsweise Budgetrestriktionen nicht einbezogen werden.

[4] Bei Schweikl (1985, S. 26) werden Präferenz und Nutzen sogar gleichgesetzt.

eine ganzheitliche Sicht von Produkten üblich ist, hat sich im Marketing die Ansicht von *Lancaster* durchgesetzt (vgl. Weisenfeld 1989, S. 20), der Produkte als Bündel von Eigenschaften auffasst und davon ausgeht, dass nicht die Produkte selbst Nutzen stiftend sind, sondern der Nutzen von den *Eigenschaften* der Produkte ausgeht. Für die Erklärung des Käuferverhaltens kommt es daher auf die Präferenzen für die verschiedenen Eigenschaften der Produkte an:

> „The consumer acts in accordance with his preferences, that is, given the opportunity to choose from some set Z of characteristics collections, the consumer will choose that collection which maximizes u(z) over Z" (Lancaster 1971, S. 21).

Abbildung 1 verdeutlicht diesen Zusammenhang:

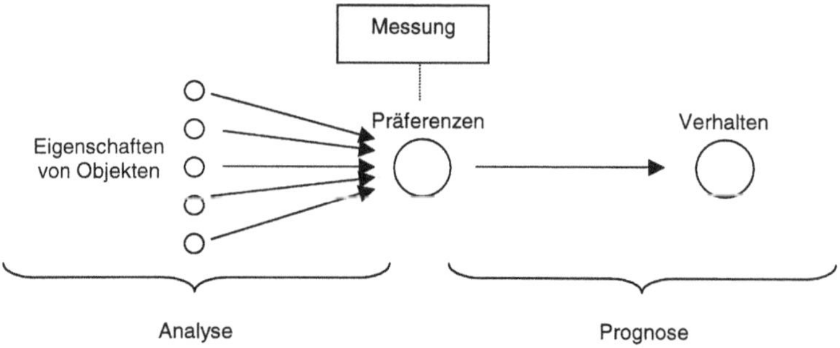

Abbildung 1: Präferenzforschung (vgl. Hammann/Erichson 1994, S. 303)

Im Beispiel eines Autokaufs wären mögliche Eigenschaften des Autos „Motorisierung, Benzinverbrauch, Raumangebot, Kofferraumvolumen und Preis". Eine Präferenz für einen VW Golf gegenüber einem Opel Astra geht nach *Lancaster* darauf zurück, dass der Kunde die Eigenschaften der Alternativen bewertet und den VW Golf präferiert, wenn der Nutzen, den die verschiedenen Eigenschaften insgesamt stiften – zum Beispiel eine höhere PS-Zahl oder ein niedriger Benzinverbrauch, bei gleichem Raumangebot, gleichem Kofferraumvolumen und gleichem Preis – beim Golf über dem Nutzen liegt, der in den Augen des Käufers mit einem Astra verbunden ist.

Das Ausmaß, in dem ein solcher Abwägungsprozess unterschiedlicher Eigenschaften eines Produkts einer Kaufentscheidung vorangeht, hängt davon ab, inwieweit *kognitive Prozesse*[5] für die Kaufentscheidung eine Rolle spielen (vgl. Kroeber-Riel/Weinberg 1996, S. 371 ff.):

---

[5] Der kognitive Prozess ist die Verarbeitung von Perzeptionen zu Präferenzen, wobei Perzeption sowohl den psychisch-physischen Prozess der menschlichen Informationsaufnahme und -interpretationen bezeichnet, wie auch das Ergebnis dieses Prozesses (vgl. Hubel 1986, S. 26 f.).

- Kaufentscheidungen mit stärkerer kognitiver Kontrolle werden als *extensive* Kaufentscheidung bezeichnet. Bei einer solchen Kaufentscheidung spielen Informationsaufnahme und Informationsverarbeitung eine zentrale Rolle, weil der Käufer sich auf dieser Grundlage Bewertungskriterien erarbeitet. Wird der Prozess der Informationsaufnahme und Informationsbewertung eingeschränkt spricht man von einer *limitierten* Kaufentscheidung. Bei einer solchen Kaufentscheidung vereinfacht sich der Käufer die Entscheidung, indem er zum Beispiel nur wenige *Schlüsselinformationen* in die Betrachtung einbezieht. Ein Beispiel ist der Autokauf: Ein Käufer, der sich bei seiner Entscheidung auf wenige Eigenschaften des Autos konzentriert – zum Beispiel: Motorisierung, Raumangebot, Kofferraumvolumen und Preis – limitiert seine Kaufentscheidung. Eine andere Möglichkeit der Limitierung ist, sich grundsätzlich auf in Deutschland produzierte Autos zu beschränken und nur für Autos in diesem „evoked set" Präferenzen zu bilden.
- Kaufentscheidungen mit schwächerer kognitiver Kontrolle sind *Gewohnheitsentscheidungen*, weil die Käufer hier nach bereits bestehenden Verhaltensmustern entscheiden und *Impulskäufe*, bei denen keine eigentliche „Entscheidung" zum Kauf erfolgt, sondern in erster Linie auf Reize in der Kaufsituation reagiert wird. Ein Beispiel für eine *habituelle Kaufentscheidung* ist der regelmäßige Kauf von Lebensmitteln, wie zum Beispiel Milch, bei denen vor dem *einzelnen* Kauf keine Entscheidung mehr für eine Milchmarke erfolgt. Ein Beispiel für einen *Impulskauf* ist der spontane Kauf eines Angebots, das der Käufer im Schaufenster sieht.

Eine „echte Entscheidung" im Sinne einer Abwägung zwischen Alternativen liegt somit nur im Fall der extensiven oder limitierten Käufe vor. Studien, die den Prozess solcher Entscheidungen verfolgen, deuten auf ein zweistufiges Vorgehen von Käufern hin (vgl. Aschenbrenner 1980, S. 160):

1. In einem ersten Schritt wird eine Grobauswahl getroffen, indem ein „evoked set" (vgl. Howard/Sheth 1969, S. 26) von Produkten ermittelt wird, das aus den Alternativen besteht, zwischen denen sich der Proband im nächsten Schritt entscheidet.
2. Die aus der Grobauswahl hervorgehenden Produktalternativen werden mit einander verglichen, wobei annahmegemäß ein kompensatorisches Modell[6] angewendet wird, demzufolge sich die Bewertungen der unterschied-

[6] Alternative nicht-kompensatorische Entscheidungsmodelle sind die *disjunktive*, die *konjunktive* und die *lexikographische* Entscheidung. Für eine disjunktive Entscheidung ist es ausreichend, wenn ein Entscheidungsobjekt das Anspruchsniveau des Probanden in einem einzigen Merkmal übertrifft. Der konjunktive Entscheider wählt die Alternative, die bei allen Merkmalen seinen Mindestanforderungen entspricht. Das lexikographische Modell geht von einer sequentiellen Prüfung der Merkmale aus. Im ersten Schritt werden die Alternativen allein auf-

lichen Eigenschaften gegenseitig ausgleichen können und sich die Gesamtbewertung aus der, in der Regel *linear-additiven*, Verknüpfung der Bewertungen der einzelnen wahrgenommenen Eigenschaften ergibt (vgl. Hubel 1986, S. 30).

Da die Präferenz nur eindimensional ist,[7] lässt die Kenntnis der Präferenz noch keine Aussage darüber zu, *warum* ein Proband bestimmte Produkte präferiert. Dazu ist die Analyse der dahinterstehenden *Präferenzstruktur* notwendig: Die Präferenzstruktur befasst sich mit den Zusammenhängen zwischen *Eigenschaften* von Objekten und der Präferenz für das Objekt im Sinne von *Lancaster* und liefert damit einen wichtigen Beitrag für die Entwicklung und Positionierung von Produkten (vgl. Hammann/Erichson 1994, S. 303 ff.).

1.2 Kompositionelle versus dekompositionelle Präferenzstrukturmessung

Die Ansätze der Präferenzanalyse können in *kompositionelle* und *dekompositionelle* unterschieden werden: Kompositionelle Ansätze erheben direkte Bewertungen für die einzelnen Eigenschaften der Produkte und verknüpfen diese zu einer Präferenz für das Gesamtobjekt. Dekompositionelle Ansätze gehen umgekehrt vor, indem die Gesamtpräferenzen für vorgegebene Objekte erhoben werden, auf deren Grundlage die Bewertungen für einzelne Eigenschaften der Objekte geschätzt werden (vgl. Hair et al. 1998, S. 399 und Herrmann/Schmidt-Gallas/Huber 2000, S. 254 ff.).[8]

- Kompositionell vorzugehen würde zum Beispiel bedeuten, für ein Auto direkt zu erfragen: „Wie wichtig ist auf einer Skala von 1 bis 10 bei einem Auto die *Motorisierung*?“
- „Wie wichtig ist auf einer Skala von 1 bis 10 bei einem Auto der *Benzinverbrauch*?“

grund des wichtigsten Merkmals verglichen. Nur Alternativen, die hinsichtlich des wichtigsten Merkmals gleich bewertet werden, werden im nächsten Schritt anhand des zweitwichtigsten Merkmals verglichen. Dieser Prozess wird so lange weitergeführt, bis eine eindeutige Entscheidung getroffen werden kann (vgl. Hubel 1986, S. 30 ff.).

[7] Eindimensional bedeutet, dass die Präferenz in Bezug auf zwei Alternativen nur aussagt, welche Alternative präferiert wird und keine weiteren Informationen liefert, *warum* diese Alternative bevorzugt wird.

[8] *Böcker* differenziert die dekompositionellen Ansätze weitergehend: In seiner Terminologie sind nur solche Ansätze dekompositionell im engen Sinn, bei denen die Beurteilungsdimensionen (die Merkmale) erst in der Analyse erhoben werden. Ansätze bei denen der Forscher die Beurteilungsdimensionen vorgibt sind in seinem Verständnis *quasidekompositionell* (vgl. Böcker 1986, S. 560 ff.).

Bei dekompositionellem Vorgehen würde hingegen wie folgt gefragt:

Welches Auto ist besser?	
• Motor: 115 PS • Verbrauch: 10 l Super auf 100 km	• Motor: 90 PS • Verbrauch 7 l Normal auf 100 km

Abbildung 2: Beispiel dekompositionelle Befragung

Sowohl dekompositionelle als auch kompositionelle Ansätze stehen nicht für ein einzelnes, genau spezifiziertes Verfahren, sondern sind jeweils generische Begriffe unter die eine Vielzahl konkreter Verfahren gefasst werden können.

Kompositionelle Verfahren

Die unterschiedlichen Ausgestaltungen der kompositionellen Verfahren, die auch *„self-explication approaches"* genannt werden, basieren auf dem folgenden Grundansatz: Es wird zwischen dem Ausmaß der Gewünschtheit einer Ausprägung (*desirability*) und der Wichtigkeit des Merkmals (*importance*) unterschieden (vgl. Green/Srinivasan 1990, S. 9). Diese beiden Werte werden für jedes Merkmal und jede Ausprägung direkt abgefragt, zum Beispiel auf einer Skala zwischen „sehr wichtig" bis „völlig unwichtig" (1 bis 5) für die *Merkmale*, wie zum Beispiel „Motor". Und von „sehr gewünscht bis völlig unerwünscht" (1 bis 5) für die *Ausprägungen* wie „Benziner 90 PS" oder „Diesel 115 PS". Die Bewertungen der Ausprägungen ergeben sich aus der *Multiplikation* der Gewünschtheit der Ausprägung selbst und der Wichtigkeit des Merkmals. Die folgende Tabelle zeigt beispielhaft die Bewertungen eines Probanden für die Eigenschaften eines Autos:

Merkmal		Ausprägung	
	Wichtigkeit		Gewünschtheit
Motorisierung	2	Benziner 90 PS	3
		Diesel 90 PS	2
		Benziner 115 PS	2
		Diesel 115 PS	1
Benzinverbrauch	2	8 l auf 100 km	2
		10 l auf 100 km	3
Kofferraum	3	500 l	4
		750 l	2
Raumangebot	2	ausreichend für 2 Erwachsene und 2 Kinder	3
		ausreichend für 4 Erwachsene	1
Preis	1	15.000 €	1
		17.500 €	2
		20.000 €	3

Tabelle 1: Beispiel kompositionelle Bewertung (1)

Nimmt man ein Modell an, bei dem sich die Merkmalsgewichte zu 1 addieren, ergibt sich für jedes mit 1 bewertete Merkmal ein Gewicht von 0,3, für jedes mit 2 bewertete Merkmal ein Gewicht von 0,2 und für jedes mit 3 bewertete Merkmal ein Gewicht von 0,1.[9] Mit diesen Angaben können die Präferenzen eines Probanden für unterschiedliche Alternativen berechnet werden:

Alternative A	Alternative B
• Benziner 90 PS	• Diesel 115 PS
• Benzinverbrauch 8 l/100 km	• 10 l/100 km
• Kofferraum 500 l	• Kofferraum 500 l
• Platz für vier Erwachsene	• Platz für vier Erwachsene
• 15.000 €	• 17.500 €
Summe: 0,2*3+0,2*2+0,1*4+0,2*1+0,3*1=1,9	Summe: 0,2*2+0,2*3+0,1*4+0,2*1+0,3*2=2,2

Tabelle 2: Beispiel kompositionelle Bewertung (2)

Im Ergebnis des kompositionellen Modells bevorzugt der Proband die Alternative A, die einen niedrigeren Wert (1,9 im Vergleich zu 2,2) erhält und somit besser beurteilt wird. Im Urteil dieses Probanden überwiegen die Nachteile der Alternative B in Bezug auf den Verbrauch und den Preis den Vorteil beim Motor. Der Vorteil kompositioneller Methoden gegenüber dekompositionellen Verfahren liegt in ihrer *Effizienz*, da sie sehr einfach umzusetzen und für eine sehr hohe Zahl an Merkmalen praktisch durchführbar sind.

Die theoretischen Einwände gegen das Verfahren sind allerdings erheblich und gründen sich unter anderem auf grundsätzliche inhaltliche Einwände gegen die direkte Abfrage der Gewichte (vgl. Green/Srinivasan 1990, S. 9):

- Für den Fall, dass Merkmale untereinander korrelieren, kann der Proband keine isolierten Urteile über ein Merkmal abgeben.
- Inhaltlich sensible Fragen wie Einkommen können unter Umständen falsch beantwortet werden und es kann ein Anreiz für Kunden gegeben sein, Fragen zum Preis absichtlich falsch zu beantworten, wenn sie hoffen, dadurch die Preispolitik des Anbieters beeinflussen zu können.
- Bei der Frage nach der Wichtigkeit besteht die Gefahr, dass der Proband diese nur vor dem Hintergrund ihm *bekannter* Alternativen beantwortet und nicht im Rahmen der im Design definierten Ausprägungen.

[9] Der Proband hat insgesamt 10 (= 2+2+3+2+1) Wichtigkeitspunkte vergeben. Weil die wichtigeren Merkmale mit niedrigen Zahlen beurteilt wurden, wird im ersten Schritt eine Umkehrung der Reihenfolge vorgenommen: Die 1 wird zur 3 und die 3 entsprechend zur 1, die 2 bleibt unverändert. Im zweiten Schritt werden die neuen Werte durch die Gesamtpunkte (im Beispiel 10) geteilt, so dass sich für das Kriterium Motorisierung ein Gewicht von 0,2 ergibt.

- Darüber hinaus ist die Ableitung einer Kaufentscheidung aufgrund von direkt erhobenen Beurteilungen besonders problematisch, weil der Proband keinerlei realistische *Abwägungsentscheidung* zu treffen hat.

Hinzu kommt eine prinzipbedingte und *entscheidende* Schwäche kompositioneller Modelle: Bei diesen Modellen besteht keine Möglichkeit, eine Fehlspezifikation des Modells durch einen schlechten „Fit" zu erkennen, wie das bei dekompositionellen Verfahren möglich ist. Die Ergebnisse kompositioneller Modelle müssen immer unkritisch als „wahr" angenommen werden (vgl. Green/Srinivasan 1990, S. 9 f.). Der „Fit" eines Modells gibt bei dekompositionellen Verfahren an, wie gut die geschätzten Ergebnisse in der Lage sind, die Eingangsdaten zu *reproduzieren*. Ein schlechter Fit deutet dann darauf hin, dass das Modell in Bezug auf die Präferenzbildungsfunktion des Probanden fehlspezifiziert ist.[10]

Dekompositionelle Verfahren: Conjoint-Analyse

Diese theoretischen Einwände gegen die *Effektivität* kompositioneller Verfahren begründen die Verwendung der *Conjoint-Analyse*[11] als dekompositionellem Verfahren. Die *Conjoint-Analyse* geht auf eine Arbeit von *Luce* und *Tukey* aus dem Jahre 1964 zurück (vgl. Luce/Tukey 1964), die erste Veröffentlichung mit Marketing-Bezug stammt von *Green/Rao* aus dem Jahre 1969 (vgl. Green/Srinivasan 1978, S. 103 f.). In Anlehnung an *Green/Srinivasan*, die mit zwei Übersichtsartikeln zur Conjoint-Analyse die wissenschaftliche Literatur maßgeblich geprägt haben (vgl. Green/Srinivasan 1978 und 1990) wird Conjoint-Analyse für diese Arbeit wie folgt definiert:

> „...any decompositional method that estimates the *structure* of a consumer's preferences ... given his/her overall evaluation of a set of alternatives that are prespecified in terms of levels of different attributes." (Green/Srinivasan 1978, S. 104)

Diese weite Definition von Conjoint-Analyse bedingt, dass unter diesen Begriff nicht nur ein einzelnes genau spezifiziertes Verfahren fällt, sondern im Zeitablauf weitere Verfahren unter den Begriff Conjoint-Analyse subsumiert wurden, deren einzige Gemeinsamkeit ist, dass sie *teilweise* dekompositionell vorgehen.[12] Zur Abgrenzung von diesen Ansätzen, wird die *rein* dekompositionelle Variante in dieser Arbeit *traditionelle Conjoint-Analyse* genannt.

---

[10] Empirisch konnte die Überlegenheit dekompositioneller Methoden bislang allerdings nicht signifikant nachgewiesen werden (vgl. Leigh/MacKay/Summers 1984, Srinivasan/Park 1997 und Sattler/Hensel-Börner 2000).

[11] In der Marketing-Wissenschaft werden die Begriffe *Conjoint-Analyse* und *Conjoint Measurement* in der Regel synonym verwendet. Zu der Auffassung von Conjoint Measurement in der Psychologie siehe *Green/Srinivasan* 1978, S. 103.

[12] Die verschiedenen Verfahren werden in Kapitel 2 vorgestellt.

Ein erheblicher Nachteil der traditionellen Conjoint-Analyse ist ihre Begrenzung in Bezug auf die Anzahl der verwendbaren Merkmale und ihrer Ausprägungen, welche die praktische Anwendbarkeit des Verfahrens einschränkt. Da die Fähigkeit von Probanden unterschiedliche Merkmale *gleichzeitig* zu bewerten – so wie es die dekompositionelle Datenerhebung voraussetzt – begrenzt ist, kann die Conjoint-Analyse nicht beliebig viele Merkmale verarbeiten. Ursache und Ausmaß dieser Beschränkung – im weiteren als *Merkmalsproblem*[13] bezeichnet – ergeben sich aus der konkreten Ausgestaltung der Conjoint-Analyse die, einer weit verbreiteten Einteilung zufolge, in die folgenden sieben Schritte unterteilt werden kann (vgl. Green/Srinivasan 1978, S. 105):[14]

1. Auswahl von Merkmalen und Ausprägungen
2. Auswahl eines Präferenzmodells
3. Auswahl einer Datenerhebungsmethode
4. Konstruktion von Stimuli
5. Präsentation der Stimuli
6. Auswahl einer Messskala
7. Auswahl einer Schätzmethode

Weil für den Anwender bei jedem Schritt verschiedene Möglichkeiten bestehen, stellt die traditionelle Conjoint-Analyse *nicht ein einzelnes* statistisches Verfahren dar, sondern steht vielmehr für die *Kombination* bestimmter Datenerhebungsmethoden mit bestimmten Schätzverfahren, die nachfolgend erläutert werden.

1.3 Präferenzstrukturmessung durch die Conjoint-Analyse

1.3.1 Auswahl von Merkmalen und Ausprägungen

Die Entscheidung über die Merkmale[15] vollzieht sich in der Regel in zwei Stufen (vgl. Schweikl 1985, S. 92):

1. Wie können die *potenziell* wichtigen Merkmale ermittelt werden?
2. Welche der potenziell wichtigen Merkmale sind tatsächlich *relevant* und gehen in die Untersuchung ein?

---

[13] Die kognitive Belastungsgrenze von Probanden, die bei fünf bis sechs Merkmalen liegt, und das daraus resultierende Merkmalsproblem werden ausführlich in den folgenden Abschnitten (1.3 und 1.4 behandelt).

[14] Bei Green/Srinivasan (1978 S. 105) finden sich nur die Schritte zwei bis sieben, die vor allem *verfahrenstechnischer* Natur sind, und die Methoden zur *inhaltlichen* Ermittlung der in die Analyse eingehenden Merkmale und deren Ausprägungen werden nicht explizit erwähnt, obwohl dieser Punkt keineswegs vernachlässigbar ist, so dass an dieser Stelle die *Auswahl von Merkmalen und Ausprägungen* explizit berücksichtig wird (vgl. Loveland 1995, S. 25).

[15] Der Begriff Merkmal ist ein Synonym für die Eigenschaften von Stimuli.

Potenzielle Merkmale

Um die *potenziellen Merkmale* zu ermitteln, gibt es verschiedene Möglichkeiten, die zum einen *unabhängig von Probanden* auf der Auswertung verfügbaren Sekundär-Materials (Testberichte, Prospekte) oder der Befragung von Experten beruhen. Zum anderen besteht die Möglichkeit der *Befragung von Probanden* durch die direkte Frage, die Elicitation-Technik oder die Repertory-Grid-Methode[16] (vgl. Schweikl 1985, S. 92 f., Schubert 1991, S. 181 f. und Reiners 1996, S. 36 ff.).

Relevante Merkmale

Zur Entscheidung über die *relevanten* Merkmale, als Teilmenge der potenziellen Merkmale, gibt es ebenfalls verschiedene Ansätze. Zum einen gibt es die Vorstellung der *„salient attributes"*, die sich dadurch auszeichnen, dass sie von Befragten stets zuerst genannt werden und auf diese Weise gegenüber den anderen Merkmalen herausragen. Da diese „auffälligsten" Merkmale nicht auch automatisch die *wichtigsten* Merkmale sein müssen, sind sie unter Umständen für eine Conjoint-Analyse ungeeignet, so dass sich das Kriterium „salience" nicht durchgesetzt hat. Unbestritten bedeutend hingegen ist die Anforderung an die Merkmale, dass sie die Fähigkeit zur *Diskriminierung* aufweisen. Merkmale, die zwar wichtig sind, die aber von allen Objekten der Untersuchung gleichermaßen erfüllt werden, werden von den Probanden nicht zur Beurteilung der Stimuli herangezogen.[17] Diesem Umstand trägt das Konzept der *„determinant attributes"* Rechnung, indem es fordert, dass die Merkmale zum einen für die Beurteilung des Probanden wichtig sind, zum anderen aber auch zwischen den zur Beurteilung vorliegenden Stimuli differenzieren (vgl. Schubert 1991, S. 187 f.).

Die bislang genannten Kriterien beziehen sich auf inhaltliche Überlegungen, welche Kriterien für ein Untersuchungsproblem relevant sind. Für die Conjoint-Analyse kommen *axiomatische Anforderungen* hinzu, die in der Literatur dokumentiert sind (vgl. Tversky 1967). An dieser Stelle werden die mathematischen Anforderungen nicht ausführlich dargestellt, sondern es erfolgt eine Beschränkung auf die sich daraus ergebenden Implikationen für die *Gestaltung* und *Durchführung* einer Conjoint-Analyse. Dabei erfolgt eine Beschränkung auf den Fall einer *linear-additiven* Verknüpfung der Teilnutzenwerte zum Gesamtur-

---

[16] Die *Elicitation-Technik* ist dabei eine Abwandlung der direkten Frage, indem Probanden ein Stimulus (zum Beispiel ein Kugelschreiber) vorgelegt wird und sie angeben sollen, welche Eigenschaften ihnen zu diesem Stimulus einfallen. Die *Repertory Grid Technik* geht so vor, dass sie den Probanden drei Stimuluskarten gleichzeitig vorlegt und sie angeben lässt, welche zwei sich am ähnlichsten sind und *warum* diese beiden sich ähnlich sind (vgl. Reiners 1996, S. 38 f.).

[17] Eine Conjoint-Analyse zum Thema *Autokauf* sollte somit das Merkmal *Airbag* nicht enthalten, da es zwar vermutlich sehr wichtig ist, aber von allen Neuwagen gleichermaßen erfüllt wird, so dass es nicht diskriminiert.

teil.[18] Die erste sich daraus ergebende Implikation ist die Annahme, dass nur die explizit in die Untersuchung einbezogenen Merkmale zur Präferenzbildung herangezogen werden und für alle anderen Eigenschaft die ceteris paribus-Bedingung gilt. Weiterhin wird angenommen, dass die Probanden die unterschiedlichen Eigenschaften der Objekte gegeneinander abwägen und diese somit *kompensatorisch* sind. Darüber hinaus ist die *Unabhängigkeit* der Merkmale im Design wichtig: Die Unabhängigkeit ist unterteilt in empirische (reale) Unabhängigkeit – die Merkmale sind unabhängig voneinander realisierbar – und Präferenzunabhängigkeit – die Merkmale entfalten ihre Präferenzwirkung unabhängig voneinander (vgl. Reiners 1996, S. 31 und Thomas 1979, S. 203).[19]

Somit können die Anforderungen an die Merkmale wie folgt zusammengefasst werden:

- Die Merkmale sollen *kompensatorisch sein*,
- empirisch und in Bezug auf die Präferenzen *unabhängig* sein,
- sie sollen *wichtig* sein und
- gleichzeitig zwischen den Stimuli *differenzieren.*[20]

In engem Zusammenhang zur Frage der *relevanten* Merkmale steht die Frage ihrer *Ausprägungen*. Für die Ausprägungen gilt (vgl. Green/Srinivasan 1978, Reiners 1996, S. 50 f. und Teichert 1999, S. 503 f.):

- Ihre Spanne sollte weiter ausgelegt sein als in der Realität, um die Genauigkeit der Parameterschätzung zu erhöhen, aber nicht unrealistisch sein. Für das Autobeispiel eines Wagens der Kompaktklasse sollte der Preis nicht unter 10.000 € liegen, weil die Probanden in der Regel wissen, dass es ein solches Auto zu diesem Preis nicht gibt.
- Subjektive Merkmalsausprägungen sind in Bezug auf die interpersonelle Vergleichbarkeit bedenklich. Eine subjektive Merkmalsausprägung könnte bei einem Auto der Sitzkomfort sein, denn je nach persönlichem Emp-

---

[18] Die linear-additive Verknüpfung stellt dabei eigentlich nur einen Spezialfall dar. Allerdings beschränken sich Wissenschaft und Praxis weitgehend auf diesen Fall (vgl. Thomas 1979, S. 199 f.). Der Grund für diese Beschränkung kann darin gesehen werden, dass sich das additive Modell in den meisten Fällen der Kaufverhaltensforschung als gut geeignet erwiesen hat (vgl. Aschenbrenner 1977, S. 34 und 1980, S. 152).

[19] Im Autobeispiel würde die empirische Unabhängigkeit verletzt, wenn der Motor die Ausprägung „Benziner 90 PS" aufweisen würde und gleichzeitig das Merkmal Verbrauch „8 l *Diesel* auf 100 km". Die Präferenzunabhängigkeit wäre verletzt, wenn Probanden beispielsweise das Kofferraumvolumen in einem Auto, das Platz für vier Erwachsene bietet, wichtiger beurteilen, als in einem Auto, das Platz für zwei Erwachsene und zwei Kinder bietet.

[20] In den Lehrbüchern zur Conjoint-Analyse finden sich leicht unterschiedliche, im Kern aber das gleiche aussagende, Kriterien (vgl. Backhaus et al. 1996, S. 501 f., Churchill 1995, S. 512, Teichert 1999, S. 502 f.). Ein interessanter, aber wenig beachteter Nebenaspekt ist die *Benennung* von Merkmalen und Ausprägungen, die durchaus Einfluss auf das Ergebnis haben kann (vgl. Schmidt 1990).

finden kann der gleiche Sitz von einem Probanden als „zu hart" und von einem anderen Probanden als „zu weich" empfunden werden.

- Unakzeptable Ausprägungen sind zu vermeiden, da sie dem kompensatorischen Modell zuwiderlaufen. Beim Autokauf kann beispielsweise der Preis eine unakzeptable Ausprägung sein, wenn er so hoch ist, dass der Proband ein Auto zu diesem Preis auf keinen Fall mehr wählen würde, selbst wenn dieses Auto bei allen anderen Merkmale besser bewertet würde als die Alternativen.

Bei der Wahl der Ausprägungen sind darüber hinaus zwei weitere Probleme zu bedenken: Das eine betrifft die *Abstufung*, da empirische Untersuchungen einen *„number of levels effect"* nachweisen, demzufolge Merkmale mit steigender Zahl an Ausprägungen tendenziell höher gewichtet werden (vgl. Currim/Weinberg/Wittink 1981, S. 72 und Steenkamp/Wittink 1994).[21] Das andere Problem ist die *Spanne*[22] der Ausprägungen und ihr Verhältnis zueinander. Dieses Problem wird in der Literatur vergleichsweise wenig behandelt, obwohl die Spanne der Ausprägungen die sich ergebenden Wichtigkeit determiniert: Würde zum Beispiel in einer Erhebung zum Autokauf bei sonst gleichen Merkmalen einmal der Preis von 15.000-20.000 € schwanken, das andere Mal aber von 10.000-30.000 €, so würde das Merkmal im zweiten Fall eine höhere Bedeutung erhalten, als im ersten, weil ein höherer Preis für ein *ansonsten gleiches* Auto dazu führen wird, dass dieses Merkmal die anderen Merkmale zunehmend dominiert.

Bezug zum Merkmalsproblem

Der Schritt 1 der traditionellen Conjoint-Analyse führt dazu, dass nach *inhaltlichen* Erwägungen eine bestimmte Anzahl von Merkmalen mit bestimmten Ausprägungen in das Untersuchungsdesign aufgenommen wird. Die Anforderung an die Merkmale, dass sie zum einen „determinierend" sein sollen und zum anderen den axiomatischen Grundlagen genügen, gibt keine Obergrenze für die Anzahl der Merkmale vor. Aus inhaltlichen Erwägungen sind abhängig von der Art der Kaufentscheidung unterschiedliche Anzahlen notwendiger Merkmale vorstellbar: Eher wenige im Konsumgüterbereich, im Industriegüterbereich („business to business") unter Umständen aber sehr viele.[23] Wie unten deutlich wird, ist die traditionelle Conjoint-Analyse in der praktischen Durchführung auf 5 bis 6 Merkmale begrenzt. Führen die inhaltlichen Erwägungen von Schritt 1 dazu,

---

[21] Als eine mögliche psychologische Erklärung wird die erhöhte Aufmerksamkeit genannt, die Probanden auf Merkmale mit mehr Stufen verwenden (vgl. Green/Srinivasan 1990, S. 7). Andere Autoren ziehen auch mathematische Ursachen in Betracht (vgl. Perrey 1996, S. 107 f. und Wittink/Krishnamurthi/Nutter 1982, S. 472 f.).

[22] Die Spanne ist die Differenz von der am höchsten bewerteten Ausprägung zu der am niedrigsten bewerteten Ausprägung.

[23] *Green/Srinivasan* (1978, S. 108) berichten von Studien mit bis zu 25 relevanten Merkmalen.

dass *mehr* Merkmale verwendet werden sollen, ist die traditionelle Conjoint-Analyse aufgrund dieser Beschränkung ungeeignet. Diese Beschränkung resultiert aus der Verwendung von Vollprofilstimuli[24] und der kognitiven Belastungsgrenze von 5 bis 6 Merkmalen, die ein durchschnittlicher Proband simultan bewerten kann. Die Verwendung von Vollprofilen wird in 1.3.3 näher erläutert.

1.3.2 Auswahl eines Präferenzmodells

Die folgenden Präferenzmodelle stellen unterschiedliche Möglichkeiten dar, die Präferenzen für *Eigenschaften* von Objekten mit den Präferenzen für das *Objekt selbst* zu verknüpfen (vgl. Büschken 1994, S. 76 f. und Green/Srinivasan 1978, S. 105 f.):

Das Vektormodell

Beim Vektormodell ergibt sich die Präferenz s_j für den Stimulus j wie folgt:

$$s_j = \sum_{p=1}^{t} w_p y_{ip}$$

Mit w_p als der individuellen Gewichtung für die t Merkmale und y_{ip} als Ausprägung des Merkmals p auf Stimulus j. Dieses Modell unterstellt einen linearen Zusammenhang zwischen den Ausprägungen und ihrem Nutzen. Als Beispiel kann der Preis eines Produkts herangezogen werden, hier gilt in der Regel: Je billiger, desto besser.

Das Idealpunktmodell

In diesem Modell hängt die Präferenz s_j negativ mit der quadrierten und gegebenenfalls gewichteten Entfernung des zu bewertenden Objekts y_{jp} zu einem „idealen“ Objekt x_p zusammen. Die Entfernung wird dabei wie folgt bestimmt: [25]

$$d_j^2 = \sum_{p=1}^{t} w_p (y_{jp} - x_p)^2$$

Ein Stimulus, der näher am Idealpunkt liegt und ein kleineres d_j^2 aufweist, wird dann mehr präferiert und ihm wird ein höheres s_j zugewiesen. Dieses Modell unterstellt, dass es eine ideale Ausprägung gibt und dass positive oder negative Abweichungen von dieser zu Nutzeneinbußen führen. Als Beispiel kann die Zimmertemperatur herangezogen werden, die abhängig von individuellen Präferenzen, ein Optimum aufweist, zum Beispiel 22 Grad Celsius, und von dem ausgehend geringere Temperaturen als zu kalt ebenso wenig geschätzt werden wie höhere als zu warm.

---

[24] Vollprofilstimuli enthalten im Unterschied zu Teilprofilstimuli alle Merkmale des Designs auf einer Karte, die der Proband simultan bewerten muss (siehe hierzu 1.3.3).

[25] In einer allgemeinen Form dieser Minkowski-Metrik kann der Exponent durch einen beliebigen anderen Exponenten ersetzt werden, was allerdings die Schätzung von x_p erschwert.

Das Teilnutzenmodell
Beim Teilnutzenmodell wird für die Präferenz eine Funktion der Form

$$s_j = \sum_{p=1}^{t} f_p(y_{ip})$$

angenommen. Dieses Modell ist sehr flexibel und erlaubt verschiedenartige Ausgestaltungen: Definiert man $f_p(y_{jp}) = -w_p(y_{jp} - x_p)^2$ erhält man das Idealpunktmodell, definiert man $f_p(y_{jp}) = w_p y_{jp}$ erhält man das Vektormodell. Graphisch kann man sich diese Modelle wie folgt veranschaulichen:

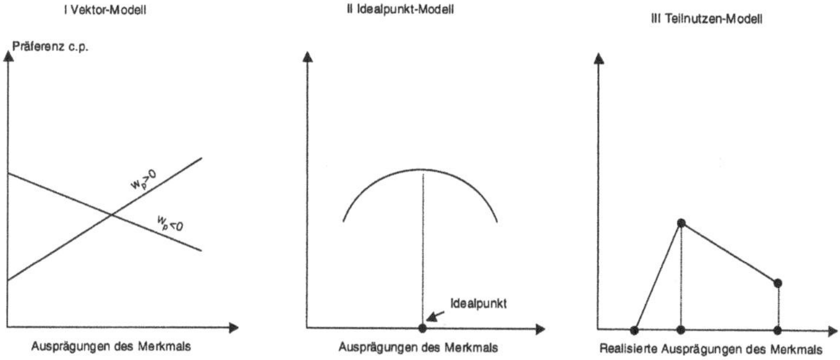

Abbildung 3: Alternative Präferenzmodelle (in Anlehnung an Green/Srinivasan 1978, S. 106)

Da das Teilnutzenmodell quasi ein *Obermodell* zu den beiden anderen Modellen darstellt, ist es für die Conjoint-Analyse universell einsetzbar, insbesondere wenn man a priori *keine Vorstellung* über das tatsächlich zugrundeliegende Modell hat. Diesem Vorteil des Teilnutzenmodells steht der Nachteil gegenüber, dass man in diesem Modell mehr Parameter bestimmen muss, als in den beiden anderen. Ein weiterer Vorteil des Teilnutzenmodells ist, dass es keine gehobenen Ansprüche an das Skalenniveau der verwendeten Merkmale stellt: Es lässt sich – im Gegensatz zu den beiden anderen Modellen – auch mit lediglich *nominal skalierten* Merkmalen anwenden (vgl. Green/Srinivasan 1978, S. 106).[26] Nach *Cattin/Wittink* (1982, S. 46) ist das Teilnutzenmodell das in der Praxis am weitesten verbreitete.

[26] Bei nominal skalierten Merkmalen wird für jede Ausprägung – für das Beispiel eines Autos zum Beispiel Airbag ja/nein – ein Teilnutzenwert geschätzt, ohne dass dadurch ein Teilnutzenwert für andere Ausprägungen dieses Merkmals, die nicht im Design enthalten sind (z. B. Beifahrerairbag), abgeleitet werden kann. Im Vorgriff auf 1.3.7 soll an dieser Stelle angemerkt werden, dass der Schätzalgorithmus unabhängig vom inhaltlich zugrundeliegenden Modell angewendet werden kann, wenn man das Teilnutzenmodell als Obermodell verwendet.

Bezug zum Merkmalsproblem

Die Auswahl eines Präferenzmodells berührt das Merkmalsproblem in indirekter Weise. Zunächst sind es inhaltliche Erwägungen, welche die Verwendung eines der drei Modelle für ein Merkmal bestimmen. Ein Zusammenhang zum Merkmalsproblem ergibt sich dennoch, weil die Modelle unterschiedliche Anforderungen an die Anzahl der zu schätzenden Parameter stellen: Wenn das *Teilnutzenmodell* zugrunde liegt, muss für jede Ausprägung ein eigener Parameter geschätzt werden. Liegt hingegen das *Vektormodell* zugrunde, kann ein funktionaler Zusammenhang zwischen den Teilnutzenwerten der Ausprägungen eines Merkmals angenommen werden und zwei Merkmale reichen rechnerisch aus, um die Steigung und den Achsenabschnitt einer linearen Funktion zu bestimmen. Die Verwendung des Vektormodells[27] kann auf diesem Weg in inhaltlich begründeten Fällen genutzt werden, um die Zahl der Ausprägungen eines Merkmals zu verringern.

Nachteilig an der Spezifizierung der Präferenzmodelle ist, dass eine genaue Kenntnis der Präferenzen der Probanden notwendig ist, um die Modelle *a priori* vor der Datenerhebung so spezifizieren zu können, dass die Modelle für *alle* Probanden gleichermaßen gelten, was nur in wenigen Fällen begründet ist. Aufgrund der Schwierigkeiten, die mit einer Spezifierung von Präferenzmodellen verbunden sind, wird für die weitere Arbeit die Möglichkeit, durch die Spezifizierung von Präferenzmodellen die Zahl der Ausprägungen zu verringern, ausgeklammert. Entsprechend wird das *Teilnutzenmodell* als Obermodell zugrunde gelegt.

1.3.3 Auswahl einer Datenerhebungsmethode

Bei den Datenerhebungsmethoden wird in der Literatur zumeist zwischen der *Vollprofilmethode* und der *Teilprofilmethode*, namentlich dem *Trade-off-Ansatz* unterschieden (vgl. Backhaus et al. 1996, S. 503 f. und Churchill 1995, S. 514 f.). Die gleichwertige Behandlung in der Literatur steht in einem Missverhältnis zu der in der Praxis stark überwiegendenVerwendung der Vollprofilmethode (vgl. Wittink/Cattin 1989, S. 92).

Trade-off-Methode

Die *Trade-off-Methode*, die auch 2-Faktor-Methode genannt wird, geht auf *Johnson* zurück. Diese Methode ist leicht durchzuführen und verhindert eine kognitive Überbeanspruchung der Probanden, weil sich der Proband immer nur zwischen *zwei Stimuli* entscheiden muss, die *zwei Merkmale* enthalten.

---

[27] Das Idealpunktmodell liegt in den Anforderungen zwischen Vektor- und Teilnutzenmodell.

• Verbrauch 8 l/100 km • Platz für 2 Erwachsene und zwei Kinder	• Verbrauch 10 l/100 km • Platz für 4 Erwachsene

Abbildung 4: Beispiel Trade-off-Methode

Nachteilig an dieser Methode ist die geringere Realitätsnähe und die unter Umständen prohibitiv hohe Zahl an Paarvergleichen, die dazu führt, dass die Trade-off-Methode nur in seltenen Fällen praktisch eingesetzt werden kann.[28] Aus diesen Gründen wird die Trade-off-Methode im weiteren Verlauf der Arbeit nicht mehr in die Betrachtungen einbezogen (vgl. Green/Srinivasan 1978, S. 107 f. und Johnson 1974, S. 121 ff.).[29]

Vollprofilmethode

Bei der *Vollprofilmethode* werden alle Merkmale des Designs auf jedem Stimulus verwendet, so dass die Probanden stets eine Entscheidung über alle Merkmale gleichzeitig treffen müssen. Dadurch ist die Vollprofilmethode realistischer als die Trade-off-Methode, weil die Probanden in realen Entscheidungssituationen auch alle Merkmale simultan bewerten und gegeneinander abwägen müssen. Die Haupteinschränkung dieser Methode liegt in der Möglichkeit der *kognitiven Überbelastung* der Probanden, die nur eine bestimmte Anzahl von Merkmalen gleichzeitig gegeneinander abwägen können. Eine Überbelastung könnte sie veranlassen, ihre Bewertung zu vereinfachen, indem sie zum Beispiel weniger wichtige Merkmale ignorieren.

Daraus folgt, dass die traditionelle Conjoint-Analyse in Bezug auf die Stimuli zwei Beschränkungen unterliegt, die auf die *begrenzte Belastbarkeit eines durchschnittlichen Probanden* zurückzuführen sind:

- Die auf einem Stimulus gleichzeitig verwendete Anzahl von Merkmalen sollte nach herrschender Meinung nicht größer als 6 sein und

---

[28] Zur Durchführung der Trade-off-Analyse werden *Trade-off-Matrizen* gebildet, die für zwei Merkmale alle Kombinationen der Ausprägungen enthält. Wenn es sich beispielsweise um ein Merkmal mit drei Ausprägungen und ein Merkmal mit zwei Ausprägungen handeln würde, enthielte die Trade-off-Matrix 6 (=2*3) Stimuli. Die Anzahl der notwendigen Matrizen ist *n* Merkmale ist $\binom{n}{2}$ (vgl. Backhaus et al. 1996, S. 504 f.). Ein Design mit 3 Merkmalen mit jeweils drei Ausprägungen enthielte 3*(3*3)=27 Paarvergleiche und ein Design mit vier Ausprägungen, die jeweils 4 Ausprägungen haben bereits 6*(4*4)=96 Paarvergleiche. Es wird deutlich, dass schon für relativ kleine Designs sehr viele Paarvergleiche notwendig sind.

[29] Theoretisch ist es natürlich auch möglich einen Paarvergleich mit Stimuli durchzuführen, die mehr als zwei Merkmale enthalten, so wie das bei ACA geschieht (vgl. Herrmann/Schmidt-Gallas/Huber 2000). Da ACA aber keine traditionelle Conjoint-Analyse ist, wird dieses Verfahren erst unter 2.2.1 behandelt.

- die Anzahl der in einer Untersuchung verwendeten Stimuli sollte 20 bis 30 nicht überschreiten.[30]

Bei Verwendung eines vollständigen Vollprofildesigns, das aus der Menge der möglichen Stimuli besteht, wird Grenze (2) sehr schnell erreicht. Für ein Design mit 3 Merkmalen, die jeweils 3 Ausprägungen aufweisen, besteht das vollständige Design aus 3*3*3=27 Stimuli. Werden 4 Merkmale mit jeweils 3 Ausprägungen verwendet, ergeben sich bereits 81 Stimuli. Aus diesem Grund verwendet die Conjoint-Analyse *reduzierte Designs*, die aus einer Teilmenge des vollständigen Designs bestehen. Die Konstruktion und die Grenzen reduzierter Designs zur Lösung des Merkmalsproblems werden im folgenden Abschnitt erläutert.

Bezug zum Merkmalsproblem
Die Verwendung von Vollprofilen und die begrenzte kognitive Belastbarkeit der Probanden führen zum *Merkmalsproblem*: Die traditionelle Conjoint-Analyse ist in Bezug auf die verwendbaren Merkmale und die Anzahl der Stimuli limitiert und kann nicht für Studien mit beliebig vielen Merkmalen eingesetzt werden.[31]

1.3.4 Konstruktion von Stimuli

Wie unter 1.3.3 begründet, beziehen sich die weiteren Ausführungen auf Designs mit Vollprofilen. Die Konstruktion der Stimuli betrifft vor allem die folgenden Probleme:

- Wie viele Stimuli werden benötigt?
- Wie wird mit Interaktionseffekten (Nebeneffekten) umgegangen?
- Nach welchen Regeln werden die Stimuli letztendlich erstellt?

Die Frage, *wie viele Stimuli* verwendet werden, hat zwei unterschiedliche Dimensionen: Zum einen sind Probanden nur begrenzt belastbar, das heißt, ihnen ist nur eine beschränkte Anzahl an Stimuli zuzumuten. Die andere Dimension ist der Schätzalgorithmus, der ausgehend von den zu schätzenden Parametern eine Mindestanzahl von Beobachtungen notwendig macht, wobei auch für eine Conjoint-Analyse gilt, dass die Schätzung umso besser ist, je größer das Verhältnis von Beobachtungen und zu schätzenden Parametern ist (vgl. Leigh/MacKay/Summers 1981, Teichert 1994 und Green/Srinivasan 1978, S. 109).[32]

---

[30] Diese Grenzen werden in 1.4 ausführlich dargestellt.

[31] In industriellen Studien besteht teilweise der Wunsch nach bis zu 25 Merkmalen (vgl. Green/Srinivasan 1978, S. 108).

[32] Die für eine Conjoint-Analyse *mindestens* notwendige Zahl an Stimuli beträgt: Anzahl der Ausprägungen minus Anzahl der Merkmale plus 1. Diese Grenze ergibt sich, weil für die zu-

Aufgrund der mit zunehmender Designgröße schnell anwachsenden Anzahl an Stimuli im vollständigen (*faktoriellen*) Design ist in der Conjoint-Analyse die Verwendung von reduzierten (*fraktioniert faktorieller*) Designs üblich (siehe 1.3.3), die mit wesentlich weniger Stimuli auskommen als ein vollständiges Design. In einem vollständigen Design können alle Haupteffekte und alle Nebeneffekte geschätzt werden. Haupteffekte bezeichnen die Wirkung, die allein auf eine einzelne Variable zurückzuführen ist und Nebeneffekte bezeichnen die Wirkung, die auf die Interaktion von mehreren Variablen zurückzuführen ist: 2-Faktor-Nebeneffekte beziehen sich auf die Interaktion von zwei Variablen und *n*-Faktor-Nebeneffekte entsprechend auf die Interaktion von *n* Variablen. Fraktioniert faktorielle Designs können je nach Ausmaß der Fraktionierung nur einen bestimmten Teil der Nebeneffekte schätzen. Ein Design, das aus $(\frac{1}{2})^p$ eines 2^n-Designs besteht wird als 2^{n-p} *fraktioniert* bezeichnet (vgl. Green/Carroll/Carmone 1978, S. 99 f. und Federer/Raktoe 1982, S. 189 ff.). Dabei hat es sich gezeigt, dass sich innerhalb der Effekte zumeist ein Hierarchie dergestalt ergibt, dass die Haupteffekte einen höheren absoluten Wert aufweisen als die 2-Faktor-Nebeneffekte, die wiederum einen höheren Wert aufweisen als die 3-Faktor-Nebeneffekte usw. Das führt dazu, dass die Nebeneffekte höherer Ordnung ab einem bestimmten Punkt häufig so *geringfügig* sind, dass man sie vernachlässigen kann (vgl. Box/Hunter/Hunter 1978, S. 374 f.).

Folgende Haupttypen fraktioniert faktorieller Designs können unterschieden werden (vgl. Green/Carroll/Carmone 1978, S. 102 und Teichert 1994, S. 612 ff.):

- *Resolution III*- bzw. Haupteffekt-Designs, die eine unverzerrte Schätzung aller Haupteffekte ermöglichen (diese sind *orthogonal*), bei denen aber die Haupteffekte mit möglicherweise vorhandenen 2-Faktor-Interaktionseffekten korrelieren und bei denen die 2-Faktor-Interaktionseffekte möglicherweise untereinander korrelieren.[33]

---

verlässige Schätzung der Teilnutzenwerte für jeden zu schätzenden Parameter mindestens eine Beobachtung notwendig ist. Da immer eine Ausprägung pro Merkmal von den anderen abhängig ist (siehe hierzu 3.2.2), verringert sich die Zahl der mindestens notwendigen Stimuli um die Zahl der Merkmale im Design (vgl. Hair et al. 1998, S. 406).

[33] Wird ein Resolution III-Design verwendet und es liegen 2-Faktor-Interaktionen vor, wird die Schätzung verzerrt. Resolution III-Designs nehmen daher an, dass *alle* Interaktionseffekte vernachlässigbar sind. Im Autobeispiel wäre ein solcher Nebeneffekt gegeben, wenn die Probanden davon ausgehen, dass ein großer Kofferraum in einem Auto, das genug Platz für vier Erwachsene bietet, wichtiger ist als in einem Auto, das nur Platz für zwei Erwachsene und zwei Kinder bietet. Indem die Bewertung des einen Merkmals (Kofferraum) von den Ausprägungen eines anderen Merkmals (Sitzkomfort) abhängt, liegt ein Nebeneffekt vor.

- *Resolution IV*-Designs, bei denen weder die Haupteffekte untereinander noch mit den 2-Faktor-Effekten korrelieren, bei denen die 2-Faktor-Effekte aber möglicherweise untereinander korrelieren.[34]
- *Resolution V*-Designs, bei denen weder die Haupteffekte mit den 2-Faktor-Nebeneffekten korrelieren, noch die 2-Faktor-Nebeneffekte miteinander.
- *Kompromisse* zwischen Resolution III und Resolution V, bei denen alle Haupteffekte und ausgewählte 2-Faktor-Nebeneffekte geschätzt werden können.

Wenn in Veröffentlichungen zur Conjoint-Analyse von einem *reduzierten Design* die Rede ist (vgl. zum Beispiel Backhaus et al. 1996, S. 506 und Hammann/Erichson 1994, S. 332), sind damit *Haupteffekt-Designs* gemeint. Es wird unterstellt, dass *alle Nebeneffekte*, also Interaktionen zweiter oder höherer Ordnung, vernachlässigbar sind. Das reduzierte Design ermöglicht dann die Schätzung der Haupteffekte, nicht aber der Nebeneffekte, da diese mit den Haupteffekten *konfundiert* sind.[35] Das bekannteste Beispiel für ein solches Design ist das *Lateinische Quadrat*, das aus drei Merkmalen mit jeweils drei Ausprägungen besteht. Wenn die Merkmale *A*, *B* und *C* heißen, sieht es wie folgt aus:

	A1	A2	A3
B1	C1	C2	C3
B2	C2	C3	C1
B3	C3	C1	C2

Tabelle 3: Lateinisches Quadrat (vgl. Schweikl 1985, S. 50)

Jede Merkmalsausprägung kommt in diesem Fall genau einmal mit jeder Ausprägung der anderen Merkmale vor. Diese Reduzierung wird durch die Annahme möglich, dass die Nebeneffekte AB, AC, BC und ABC gleich Null sind (vgl. Lewis-Beck 1993, S. 235). Dabei gibt es mehr als eine Möglichkeit, ein solches Lateinisches Quadrat zu bilden: Die Zeilen und Spalten können vertauscht werden, ohne dass sich dadurch die Eigenschaften des Designs verändern (vgl. Bandemer/Bellmann 1988, S. 53). Die Zahl der Stimuli reduziert sich von 27 (=3*3*3) im faktoriellen Design auf 9 im reduzierten Design.

Die in einem reduzierten Design für eine unverzerrte Parameterschätzung notwendige Anzahl an Stimuli verdeutlicht Tabelle 4 beispielhaft. In der Tabelle steht die „333“ in der ersten Zeile dafür, dass das Design drei Merkmale mit je-

[34] Die Haupteffekte korrelieren dann nur noch mit Interaktionen dritter oder höherer Ordnung. Um die gleiche Anzahl an Haupteffekten schätzen zu können, benötigt ein Resolution IV-Design mehr Stimuli als ein Resolution III-Design.

[35] Zu den Vor- und Nachteilen eines Haupteffekt-Designs in der Praxis siehe Hagerty (1986).

weils drei Ausprägungen aufweist. Im vollständigen Design enthält ein solches Design 27 Karten und im reduzierten Design 9.

Design	Stimuli	
	vollständiges Design	reduziertes Design
333	27	9
22225	80	16
24445	640	25
2223345	1.440	32
2334455	7.200	49
222355555	24.576	64

Tabelle 4: Beispiel für das mögliche Ausmaß der Reduzierung von Designs

Um reduzierte Designs zu erstellen, kann auf in der Literatur verfügbare *Basispläne* zurückgegriffen werden, die es für symmetrische und asymmetrische Fälle gibt und von denen weitere reduzierte Designs abgeleitet werden können.[36] So haben *Plackett und Burman* (1946, S. 305 ff.) Pläne für verschiedene symmetrische Designs erstellt und *Addleman* (1962, S. 47 ff. und 1972, S. 103 ff.) hat Erweiterungen für asymmetrische Fälle geliefert. Diese Veröffentlichungen enthalten aber keinen allgemeingültigen Algorithmus, der für alle denkbaren Designs funktioniert, sondern im wesentlichen *Basispläne* und Anleitungen, wie aus diesen Basisplänen verschiedene anderen Designs generiert werden können (vgl. Addleman 1962a, Addleman 1962b, Addleman 1972, Green 1974, S. 63 und Plackett/Burman 1946).

Neben der Verwendung von in der Literatur veröffentlichten Designs, kann auf verfügbare Softwarelösungen zurückgegriffen werden, die auf Grundlage dieser Basispläne orthogonale Designs erzeugen, wie die Funktion *Orthoplan* von SPSS (vgl. SPSS 1997, S. 389 ff.). Die Anzahl der Stimuli im reduzierten Design hängt dann von der verwendeten Software ab,[37] die im Regelfall die minimale Anzahl an Stimuli verwendet, um alle Haupteffekte schätzen zu können. SPSS hat dafür keinen Algorithmus, sondern eine Fülle von Einzelfallregeln, deren Ergebnis von den intern verwendeten Zufallszahlen abhängig ist: Abhängig vom Zufallsgenerator liefert SPSS für die gleiche Designstruktur unterschiedlich viele doppelte Stimuli, zum Beispiel führt ein Design 2x3x5 zu mindesten zwei, meist aber mehr, doppelten Stimuli. Im Ergebnis liegt ein or-

---

[36] Bei *symmetrischen* Designs haben alle Merkmale gleich viele Ausprägungen, zum Beispiel 2^n- oder 3^n-Designs.

[37] Hierzu kritisch: *Louviere* (1988, S. 41).

thogonales Haupteffekt-Design vor, das allerdings nicht *balanciert*[38] ist (vgl. SPSS 1997, S. 389 ff).

Bezug zum Merkmalsproblem

Die Konstruktion der Stimuli betrifft das Merkmalsproblem unmittelbar, denn die Verwendung fraktioniert faktorieller Designs verringert die Anzahl der Stimuli im Vergleich zu einem vollständigen Design. Nachteil dieser Designs ist, dass keine Informationen über etwaige Nebeneffekte vorliegen und die Annahme getroffen werden muss, dass diese vernachlässigbar sind. Bei Verwendung der in Bezug auf die Datenerhebung besonders effizienten Resolution III-Designs sind Designs mit bis zu sechs Merkmalen praktisch anwendbar.[39] Bei mehr als sechs Merkmalen führt auch diese starke Fraktionierung zu mehr als 30 Stimuli.

Die Fraktionierung mindert somit das Merkmalsproblem, ohne es für Designs mit mehr als sechs Merkmalen zu lösen. Tabelle 5 gibt einen Überblick über die sich ergebenden Stimuluszahlen anhand von 30 zufälligen Designs, die unter Verwendung der SPSS-Funktion *Orthoplan* gebildet wurden:

Merkmale	Stimuli	Merkmale	Stimuli
22225	16	23334445	32
24445	25	23344555	49
2223345	32	33334455	49
2223445	32	222333445	32
2224445	32	222333555	64
2233344	32	222355555	64
2233445	32	223333345	32
2234445	32	223334444	32
2244444	32	223344455	64
2334455	49	223344455	64
3333334	32	223445555	64
22223335	27	233334444	32
22233444	32	233444445	32
22234455	49	333334444	32
22444555	49	333444555	64

Tabelle 5: Ausmaß des Merkmalsproblems

---

38 Ein Design ist dann *balanciert*, wenn jede Ausprägung eines Merkmals gleich oft vorkommt (vgl. S. Kuhfeld/Tobias/Garrat 1994, S. 546). Eigene Analysen haben gezeigt, dass SPSS dieses Kriterium nicht erfüllt.

39 In Bezug auf die *Datenerhebung* sind solche Designs besonders effizient, die möglichst wenige Stimuli enthalten. Dieses Effizienzkriterium darf nicht mit der Effizienz des Designs in Bezug auf seine Schätzeigenschaften verwechselt werden, die über die Varianzen und Kovarianzen der Schätzparameter gemessen werden (vgl. Kuhfeld/Tobias/Garrat 1994, S. 546 f.).

Die Auswahl enthält nur Merkmale mit maximal 5 Ausprägungen, weil Merkmale mit mehr Ausprägungen bei größeren Designs[40] regelmäßig zu mindestens 49 Stimuli führen und somit über der Grenze von 20-30 Stimuli liegen. Tabelle 5 zeigt, dass auch für Haupteffekte-Designs sehr schnell die Grenze der Belastbarkeit von Probanden erreicht ist.

1.3.5 Präsentation der Stimuli

Die Stimuli können dem Probanden grundsätzlich in den folgenden unterschiedlichen Formen präsentiert werden (vgl. Green/Srinivasan 1978, S. 111 und Schubert 1991, S. 218):

- Verbale Gestaltung
  - Stimuluskarten
  - paragraph description (Beschreibung in der Form eines *Textes*)
- Visuelle Gestaltung
  - Fotomontage
  - Skizze, Zeichnung
  - Film
- Physische Gestaltung
  - Modell
  - reales Produkt

In der Praxis werden diese Möglichkeiten wie folgt genutzt:

	Europa (1986-1991)
verbal auf Karten	75%
bildlich	9%
physisch	6%
paragraph description	3%
Kombinationen	7%

Tabelle 6: Stimuluspräsentation in der Praxis (vgl. Wittink/Vriens/Burhenne 1994, S. 44)

[40] Mit größeren Designs sind Designs mit mehr als fünf Merkmalen gemeint.

Eine Stimuluskarte mit verbaler Beschreibung sieht zum Beispiel wie folgt aus:

	Karte Nr. 1
Motorart	Benziner
PS	115 PS
Fabrikat	BMW
Karosserie	Coupé
ABS	ja

Abbildung 5: Beispiel für eine Stimuluskarte aus dem Automobilbereich

Die oben stehenden Präsentationsformen können dahin gehend unterschieden werden, ob die Merkmale und Ausprägungen vom Forscher *explizit vorgegeben* werden oder ob sich die Beurteilungsdimensionen erst aus der Datenerhebung ergeben (vgl. Böcker 1986, S. 560 ff.). Die *verbale Beschreibung* verlangt, dass der Forscher die Merkmale und Ausprägungen explizit festlegt, die auf den Stimuluskarten präsentiert werden. Bei einer *physischen Gestaltung*, zum Beispiel mit Modellen, legt der Forscher zwar fest, wie die Modelle aussehen, er gibt den Probanden aber keine expliziten Bewertungsdimensionen vor. In diesem Fall kann er letztlich nicht wissen, nach welchen Kriterien die Probanden ihre Präferenzurteile gebildet haben. Der erhöhte Realitätsgrad eines solchen Vorgehens wird durch den erhöhten Interpretationsspielraum bei der Auswertung eingeschränkt. Dieser Umstand zusammen mit dem deutlich höheren Erhebungs- und Modellbildungsaufwand begründen die geringe Verbreitung in der Praxis (siehe Tabelle 6).

Die Vor- und Nachteile der unterschiedlichen Präsentationsformen hängen vom Untersuchungsziel ab: Untersuchungen, die neben verbal beschreibbaren Eigenschaften auch Eigenschaften erheben wollen, die nur durch direkten Kontakt des Probanden (Fühlen, Riechen, Anfassen) vermittelbar sind, eignen sich naturgemäß nicht für Stimuluskarten (vgl. Schubert 1991, S. 218 ff.). In den Fällen, in denen die verbale Beschreibung möglich ist, hat sie den Vorteil, dass die Beurteilung in jedem Fall aufgrund der explizierten Eigenschaften erfolgt.

Bezug zum Merkmalsproblem

Auf den ersten Blick könnte der Eindruck entstehen, dass bei einer bildlichen oder physischen Gestaltung von Stimuli das Merkmalsproblem nicht vorhanden ist, weil die Merkmale gegenüber dem Probanden nicht expliziert werden. Daraus folgt, dass der Forscher nicht wissen kann nach *welchen* und nach *wie vielen* unterschiedlichen Eigenschaften der Proband geurteilt hat. Wenn der Forscher den Probanden überschätzt, nimmt er zu viele Beurteilungsdimensionen an und wenn er ihn unterschätzt entsprechend zu wenig. Das Merkmalsproblem tritt also in *impliziter* Form auf. Die Probleme der Interpretation und die aufwendige Umsetzung physischer Modelle rechtfertigen, die weiteren Ausführungen auf die in der Praxis weit verbreiteten Stimuluskarten zu beschränken, für die das Merkmalsproblem in expliziter Form bei der Datenerhebung gegeben ist.

1.3.6 Auswahl einer Messskala

Die Skalen für die Bewertung der Stimuli als abhängige Variablen können wie folgt unterteilt werden (vgl. Green/Srinivasan 1978, S. 111 f.):

- nichtmetrisch
  - Paarvergleiche
    - einfach
    - graded pair
    - dollar metric
    - Konstant-Summen
  - Rangreihung (Ranking)
- metrisch
  - Ratingskalen, die Intervallskaleneigenschaft annehmen
  - Ratioskalen

Paarvergleiche
In ihrer *einfachsten Variante* erfragen *Paarvergleiche* nur, welcher von zwei vorgelegten Stimuli vorgezogen wird:

	Karte Nr. 1
Motorart	Benziner
PS	115 PS
Fabrikat	BMW
Karosserie	Coupé
ABS	ja

	Karte Nr. 2
Motorart	Benziner
PS	90 PS
Fabrikat	Audi
Karosserie	Limousine
ABS	ja

Abbildung 6: Beispiel für Paarvergleich

Die Probanden müssen sich nur zwischen *links* oder *rechts* entscheiden. Um zusätzlich noch das Ausmaß des Unterschieds abzufragen, besteht zum einen die Möglichkeit der *„graded paired comparisons"*, bei denen die Probanden auf einer vorgegebenen Skala, zum Beispiel von 1 bis 3, angeben wie *stark* sie den bevorzugten Stimulus präferieren. Wenn im Beispiel die linke Karte stark bevorzugt würde, würde ihr eine 3 zugewiesen, würde die linke Karte nur schwach bevorzugt, würde ihr entsprechend eine 1 zugewiesen.
Alternativ kann das Ausmaß der Bevorzugung in einer *„dollar metric"* angeben werden, indem der Geldbetrag erfragt wird, den der Proband für die präferierte Alternative mehr zu zahlen bereit wäre. Zum Beispiel könnte zu den Stimuli in

Abbildung 6 gefragt werden: „Wie viel sind Sie bereit für den Wagen auf Stimulus 1 zu bezahlen?"
Schließlich kann auch noch eine *Konstant-Summen-Skala* verwendet werden, bei der eine vorher definierte Anzahl an Punkten, zum Beispiel 100, auf die beiden Stimuli verteilt wird. Würde im Beispiel von Abbildung 6 der linke Wagen dreimal so gut bewertet wie der rechte, bekäme er 75 Punkte und der rechte entsprechend 25 (vgl. Schweikl 1985, S. 54 ff.).

Bei der vergleichenden Beurteilung der Paarvergleichsskalen spricht gegen den *einfachen Paarvergleich* sein geringer Informationsgehalt, der es notwendig macht, sehr viele Paarvergleiche zu erheben. Die Beurteilungsaufgabe wird für den Probanden zwar einfacher, dafür aber um so länger. Die entsprechende Frage zu Abbildung 6 würde bei einem 3-stufigen Paarvergleich lauten: „Welche der beiden Alternativen ist besser und wie *wichtig* ist dieser Unterschied von 1 = viel besser, 2 = etwas besser und 3 = kaum besser?"

Gegen die *„graded-pair"-Vergleiche* spricht ein logischer Einwand. Angenommen es gibt drei Stimuli, die wie folgt bewertet werden $A \succ\succ\succ B \succ\succ\succ C$, wobei $\succ\succ\succ$ für eine sehr starke Bevorzugung steht, dann würde ein Vergleich zwischen *A* und *B* mit dem höchsten Wert versehen, zum Beispiel drei Punkte bei einer Skala von null bis drei. Ebenso würde die Bevorzugung von *B* gegenüber *C* drei Punkte betragen. Ein Vergleich von *A* und *C* müsste dann, um transitiv zu sein, einen Unterschied von *sechs* Punkten ergeben. Da die Skala aber auf Werte von eins bis drei begrenzt ist, wird die Bevorzugung von *A* gegenüber *C* inkonsistent ebenfalls nur mit drei Punkten bewertet zugewiesen (vgl. Schweikl 1985, S. 117 ff).

Ranking

Bei Verwendung einer *Rankingskala* werden die Stimuli von den Probanden gemäß ihren Präferenzen sortiert, das heißt, es wird eine Rangfolge von der besten zur schlechtesten Karte erstellt und im Ergebnis liegen ordinalskalierte Daten vor. In der Praxis der Conjoint-Analyse wird zumeist unterstellt, dass die Stimuli des Rankings gleiche Abstände aufweisen und somit intervallskaliert sind. In Folge werden Schätzalgorithmen für metrische Verfahren – insbesondere die Kleinste-Quadrate-Schätzung[41] – auch für Rangskalen eingesetzt. Dadurch wird für die Daten eine höheres Skalenniveau unterstellt, als sie tatsächlich aufweisen. Dieses Vorgehen wird dadurch begründet, dass verschiedene Simulationsstudien gezeigt haben, dass die Ergebnisse vom Schätzverfahren weitgehend unabhängig sind (vgl. Green/Srinivasan 1978, S. 111 f. und Reiners 1996, S. 91 f.).[42]

---

[41] Die Kleinste-Quadrate-Schätzung wird in 3.2.1 erläutert.

[42] In der Praxis werden auch nichtmetrische Daten metrisch interpretiert, weil für übliche Werte von n (Anzahl der Stimuli) und N (zu schätzende Parameter) annähernd Intervallskaleneigenschaft gegeben ist. Green/Srinivasan gehen davon aus, dass der Vorteil einer metrischen Skala geringer wird, wenn das Verhältnis n/N groß ist (vgl. Green/Srinivasan 1978, S. 112).

Rating

Unter einer *Ratingskala* wird in der Literatur zumeist die *unabhängige* Bewertung der Stimuli innerhalb eines vorgegebenen Punktebereiches verstanden, zum Beispiel von 0 bis 100 (vgl. Reiners 1996, S. 92 f. und Schubert 1991, S. 171 f.). In diesen Fällen ist das Präferenzurteil nicht mehr *komparativ*, sondern *monadisch* (vgl. Schweikl 1985, S. 55). Im Rahmen dieser Arbeit wird eine andere Variante des Ratings verwendet, die eine Ratingskala komparativ gestaltet, indem man die Stimuli gleichzeitig auf *einer* Skala anordnen lässt. Für die vorliegende Arbeit wird eine Ratingskala so verstanden, dass auf einer Skala von 0 bis 100 die Stimuli so angeordnet werden, dass der beste Stimulus am oberen Ende der Skala bei 100 liegt und der schlechteste Stimulus am unteren Ende der Skala bei 0, was für die Probanden anspruchsvoller ist, als die zuvor vorgestellten Skalen.

Technisch umgesetzt werden kann eine solche Ratingskala über ein Maßband von zum Beispiel einem Meter, entlang dem der Proband die Stimulikarten nach seinen Präferenzen legt, mit der Möglichkeit sie bis zum Schluss beliebig zu verschieben, bis er meint, dass nicht nur die Reihenfolge seiner Präferenz entspricht, sondern auch die Präferenzabstände zwischen den Karten seine Präferenzunterschiede widerspiegeln (vgl. Thomas 1983, S. 359 ff.). Bei diesem Vorgehen ist die Ratingskala die genaueste der behandelten Skalen: Sie enthält zum einen die Rangfolge der Stimuli, zudem aber auch die Abstände der Stimuli untereinander und zwar genauer, als bei einem „graded pair-Vergleich".

Die Nachteile einer solchen *Ratingskala* sind komplementär zu den Vorteilen eines Rankings: Es wird verschiedentlich argumentiert, dass Probanden nicht in der Lage seien, mehr als nur ordinale Bewertungen abzugeben (vgl. Thomas 1979, S. 204).

Bezug zum Merkmalsproblem

Die Auswahl der Messskala hat einen indirekten Bezug zum Merkmalsproblem, weil die verschiedenen Skalen die Probanden unterschiedlich belasten. Skalen, die von den Probanden eine *simultane* Bewertung aller Stimuli verlangen, wie Ranking und Rating, führen bei einer hohen Zahl an Stimuli unter Umständen zu einer *kognitiven* Überbelastung der Probanden, wohingegen Messskalen, die Paarvergleiche verlangen, unter Umständen zu einer *zeitlichen* Überbelastung und somit zu Ermüdungserscheinungen führen können. Da allerdings beide Varianten, wenn auch aus unterschiedlichen Gründen, eine Obergrenze für die Anzahl der Stimuli aufweisen und zudem die Obergrenze für Merkmale auf einem Stimulus nicht beeinflussen, ist das Merkmalsproblem letztendlich für alle Skalen gegeben.[43]

---

[43] Siehe für die in der Literatur angenommenen Obergrenzen in Bezug auf Merkmale und Stimuli auch Tabelle 7 (Seite 28).

1.3.7 Auswahl des Schätzalgorithmus

Die Frage des Schätzalgorithmus bezieht sich darauf, mit welchem statistischen Verfahren die Teilnutzenwerte geschätzt werden. Grundsätzlich lassen sich hier drei Gruppen unterscheiden (vgl. Green/Srinivasan 1978, S. 112 ff.):

- Verfahren, die annehmen, dass die abhängige Variable weitgehend *ordinal* skaliert ist (zum Beispiel *MONANOVA*, *PREFMAP* oder *LINMAP*),
- Verfahren, die annehmen, dass die abhängige Variable *intervallskaliert* ist (vor allem die *Kleinste-Quadrate-Schätzung*) und
- Verfahren, die Paarvergleiche in ein Choice-Modell einbringen (zum Beispiel *LOGIT*).

Obwohl die einzelnen Verfahren für bestimmte Anwendungsfälle, vor allem bestimmte Skalenniveaus, entwickelt worden sind, hat sich bereits in frühen Simulationsstudien gezeigt, dass die *Kleinste-Quadrate-Schätzung* die anderen Verfahren approximiert. Das gilt nicht nur für die anderen metrischen Verfahren, sondern auch für die nichtmetrischen, so dass sich die Kleinste-Quadrate-Schätzung als Standardschätzverfahren historisch aufgrund der geringeren Anforderungen die es an Hard- und Software stellt, durchgesetzt hat (vgl. Jain et al. 1979, S. 313 ff. und Green/Srinivasan 1978, S. 113 ff.). In einer jüngeren Studie erweist sich die Kleinste-Quadrate-Schätzung in Bezug auf die Reproduktion simulierter Nutzenstrukturen gegenüber MONANOVA und LINMAP als überlegen (vgl. Darmon/Rouziès 1994).

Die Verwendung der Kleinste-Quadrate-Schätzung für Daten, die lediglich ordinal als Ranking erhoben wurden, macht die Annahme gleicher Abstände notwendig. Die Software *SPSS* führt stets eine Kleinste-Quadrate-Schätzung durch (für nähere Erläuterungen der Kleinste-Quadrate-Schätzung siehe 3.2.1), unabhängig davon ob die Daten als Ranking oder als Rating erhoben worden sind und trifft daher implizit diese Annahme (vgl. SPSS 1997, S. 67).

Bezug zum Merkmalsproblem

Die Verwendung des Schätzverfahrens ist vom Merkmalsproblem unabhängig, insbesondere weil die Kleinste-Quadrate-Schätzung die anderen Verfahren approximiert und somit auf unterschiedlichen Skalenniveaus angewendet werden kann. Das Merkmalsproblem ist kein Problem der rechnerischen *Schätzung* der Parameter, sondern ein Problem der begrenzten Belastbarkeit von Probanden. Aus diesem Grund hat das verwendete Schätzverfahren keinen Einfluss auf das Merkmalsproblem.

1.4 Das Merkmalsproblem und seine Einflussfaktoren

Aus den vorstehend beschriebenen Schritten der Conjoint-Analyse können diejenigen Faktoren abgeleitet werden, die das Merkmalsproblem hauptsächlich determinieren:

- Die inhaltliche Anforderung, in bestimmten Fällen mehr als sechs Merkmale zu verwenden, die abhängig vom Typ der Kaufentscheidung ist (Schritt 1).
- Die Verwendung von Vollprofilen, bei denen jeder Stimulus alle Merkmale im Design enthält, weil die Trade-off-Methode einerseits unrealistisch ist und andererseits zu sehr vielen Paarvergleichen führt (Schritt 3).
- Die Regeln zur Konstruktion der Stimuli, die eine bestimmte Anzahl Stimuli notwendig machen, um zumindest die Haupteffekte unverzerrt schätzen zu können (Schritt 4), wie beispielhaft Tabelle 5 (Seite 20) zeigt.

Die vorstehenden Anforderungen führen zusammen mit der begrenzten Belastbarkeit von Probanden zum Merkmalsproblem:

Abbildung 7: Das Merkmalsproblem

Dass Probanden grundsätzlich nur begrenzt belastbar sind, ist in der Literatur unumstritten, allerdings finden sich nur bei wenigen Autoren konkrete Grenzen und insbesondere die Autoren der Standardwerke geben keinen Grenzwert an. So spricht *Churchill* (1995, S. 512) von „only a handful ... attributes" und *Backhaus et al.* (1996, S. 502) empfehlen sich auf „relativ wenige Eigenschaften und je Eigenschaft auf wenige Ausprägungen zu beschränken." Konkrete Empfehlungen finden sich bei:

	Grenze	
Autor	**Merkmale**	**Stimuli**
Baier/Säuberlich (1997)		32
Büschken (1994)		20
Green/Srinivasan (1978 und 1990)	5-6	30
Hair et al. (1998)	6	
Hubel (1988)	5-6	
Müller/Kesselmann (1996)	5	20
Schrader (1990)	5	
Teichert (1999)		20
Thomas (1979 und 1983)	5	20

Tabelle 7: Literaturempfehlungen zur maximalen Merkmals- und Stimulizahl

Die Übersicht in Tabelle 7 zeigt, dass in Bezug auf das Merkmalsproblem im engen Sinn weitgehende Übereinstimmung besteht, dass die Grenze bei fünf bis sechs Merkmalen liegt. In Bezug auf das Stimulusproblem schwanken die Ansichten zwischen 20 und 32 Stimuli. Die Unterschiedlichkeit der Einschätzungen kann dadurch begründet werden, dass die kognitiven Fähigkeiten von Probanden unterschiedlich sind und daher sowohl das Bildungsniveau wie die berufliche Orientierung die Ergebnisse der Conjoint-Analyse beeinflussen (vgl. *Tscheulin/Blaimont* 1993).

Die Tabelle zeigt weiterhin, dass das Merkmalsproblem zwei unterschiedliche Dimensionen aufweist:

(1) Die limitierte Anzahl von Merkmalen auf einem Stimulus (Merkmalsproblem im engen Sinn) und

(2) die limitierte Anzahl von Stimuli im Design (Stimulusproblem).

Aus Tabelle 5 (Seite 20) wird erkennbar, dass zwischen (1) und (2) ein Zusammenhang besteht, denn je mehr Merkmale im Design vorhanden sind, desto mehr Stimuli weist das reduzierte Design tendenziell auf. Obwohl das Stimulusproblem nur vorkommt, wenn ein Design viele Merkmale enthält, ergibt sich kein funktionaler Zusammenhang, weil sich bestimmte Fälle – wie zum Beispiel symmetrische Designs, bei denen jedes Merkmal die gleiche Anzahl an Ausprägungen hat – besser Fraktionieren lassen als andere.

Wird die Belastbarkeit der Probanden überschritten, besteht die Gefahr, dass die Probanden in Folge eines „information overload" dazu übergehen „...to simplify the experimental task by ignoring variations in the less important factors or by simplifying the factor levels themselves" (Green/Srinivasan 1978, S. 108), weil sie der Komplexität der Aufgabe und in Folge den Anforderungen an ihre kognitive Leistungsfähigkeit nicht mehr gewachsen sind (vgl. Stallmeier 1992, S. 52). Dadurch können Reliabilität und Validität des Verfahrens erheblich eingeschränkt werden.

Mit der Fraktionierung von Designs (siehe 1.3.4) ist bereits eine Methode, das Stimulusproblem zu lösen, vorgestellt worden. Ohne Fraktionierung würden sich schon für kleine Designs zu viele Stimuli ergeben: So hat beispielsweise ein vollständiges „22225"-Design 80 Stimuli – im Vergleich zu 16 Stimuli im reduzierten Design. Am Merkmalsproblem im engen Sinn ändert die Fraktionierung hingegen nichts: Die maximale Anzahl an Merkmalen pro Stimulus bleibt gleich.[44] Die einzige bekannte dekompositionelle Methode dem Merkmalsproblem im engen Sinn zu begegnen ist die bereits beschriebene *Trade-off-Methode*, die allerdings wenig realistisch ist und zudem sehr viele Paarvergleiche notwendig macht. Im Endeffekt führt die Trade-off-Methode zwar nicht zu einer kognitiven Belastung des Probanden, statt dessen aber zu einer ausgedehnten zeitlichen Belastung und stellt daher keine Lösung des Merkmalsproblems dar (siehe 1.3.3).

1.5 Ziel und Vorgehensweise der Untersuchung

Die bisherigen Ausführungen zeigen(vgl. 1.4), dass die traditionelle Conjoint-Analyse ein Merkmalsproblem aufweist, weil sie nicht in der Lage ist, mehr als 5 bis 6 Merkmale in einem Design zu verwenden, ohne den Probanden unter Umständen zu stark zu belasten.

Motiviert durch den Wunsch von Forschern und Praktikern nach Präferenzstrukturmessungsverfahren mit mehr als 6 Merkmalen (vgl. Louviere 1984, S. 148), sind verschiedene Ansätze in dieser Richtung entwickelt worden, die vielfach auch unter den Begriff „Conjoint-Analyse" gefasst werden, ohne der Definition in 1.2 gerecht zu werden.

Ziel dieser Arbeit ist, ein dekompositionelles Verfahren der Präferenzstrukturmessung zu finden, das die Verwendung von mehr Merkmalen als in der traditionellen Conjoint-Analyse ermöglicht und gleichzeitig den Gütekriterien der Conjoint-Analyse genügt, indem es in der Lage ist, Präferenzstrukturen valide und reliabel zu messen. Dazu werden im ersten Schritt (Kapitel 2) die bekannten Verfahren der Präferenzstrukturmessung der Literatur vorgestellt und auf ihre Eignung, das Merkmalsproblem zu lösen, untersucht. Da es sich zeigt, dass kein Verfahren den Anforderungen uneingeschränkt genügt, wird ein eigenes Verfahren, die *gebrückte Conjoint-Analyse (GCA)*, entwickelt und durch eine Monte Carlo-Simulation getestet.

---

[44] Zudem zeigt Tabelle 5 (Seite 20), dass auch bei starker Fraktionierung für größere Designs die Grenze von 30 Stimuli überschritten wird.

Die gebrückte Conjoint-Analyse funktioniert nach dem gleichen Prinzip wie die in der Literatur bekannte *Bridging Conjoint-Analysis*, die in 2.2.2 vorgestellt wird. Da die gebrückte Conjoint-Analyse mit den veröffentlichten Ansätzen der Bridging Conjoint-Analysis nicht identisch ist und in wichtigen Punkten von der kommerziellen Implementierung *Bridger* abweicht, wird sie hier als „gebrückte Conjoint-Analyse“ bezeichnet.[45]

Kapitel 3 befasst sich mit der gebrückten Conjoint-Analyse, indem das Prinzip detailliert beschrieben wird und darauf aufbauend die Grundlagen des Brückens von Designs erläutert werden. Diesen Grundlagen begründen, dass das Brücken von Designs zulässig ist. Kapitel 3 endet mit einem Vergleich zwischen der gebrückten Conjoint-Analyse und der Bridging Conjoint-Analysis.

Die gebrückte Conjoint-Analyse wird in Kapitel 4 durch eine Simulation[46] geprüft.

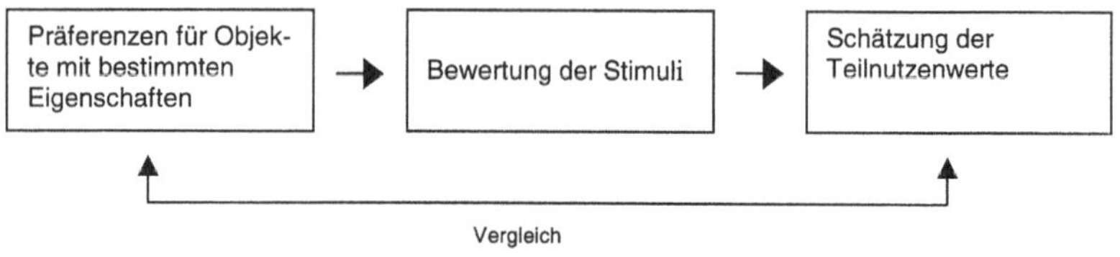

Abbildung 8: Simulation der Conjoint-Analyse

Abbildung 8 verdeutlicht den Unterschied zwischen der praktischen Anwendung der Conjoint-Analyse und der Simulation: Im praktischen Einsatz der Conjoint-Analyse haben Probanden Präferenzen für Objekte, die von den Eigenschaften der Objekte abhängen (siehe 1.1), aus denen Bewertungen für Stimuli resultieren. Die Conjoint-Analyse schätzt Teilnutzenwerte für die Merkmalsausprägungen der Stimuli, die den Präferenzen der Probanden für die Eigenschaften der Objekte entsprechen sollen. Die „wahren“ Präferenzen der Probanden bleiben dabei unbekannt.

Im Fall einer Simulation sind die „wahren“ Präferenzen hingegen bekannt, weil sie durch Zufallszahlen simuliert werden. Dadurch wird es möglich, die wahren Werte mit den geschätzten zu vergleichen und auf diesem Weg den Verlust, den die Bewertung der Stimuli auf einer bestimmten Skala und die

[45] Die Unterschiede zwischen den beiden Ansätzen werden in 3.5.2 erläutert.

[46] Der Begriff *Simulation* wird in der Literatur unterschiedlich aufgefasst: *Kleijnen/Groenendaal* (1992, S. 12) verstehen die numerische Lösung eines Modells unter Verwendung von Zufallszahlen als *Monte Carlo-Methode* und sprechen erst dann von einer *Simulation*, wenn das Modell eine Zeitkomponente enthält. *Mertens* (1982, S. 3) hingegen versteht die Monte Carlo-Methode als eine spezielle Simulationstechnik, die Zufallszahlen verwendet. Für die vorliegende Arbeit wird der Auffassung von *Mertens* gefolgt und von *Simulation* gesprochen, wenn ein Modell mithilfe von Zufallszahlen analysiert wird.

Schätzung der Teilnutzenwerte verursachen, zu berechnen.[47] Dadurch wird es möglich, den Verlust zu ermitteln, den ein Messverfahren (hier die Conjoint-Analyse) durch sein Prinzip verursacht.

Kapitel 4 beschreibt die durchgeführte Simulation und die Analyse der Simulationsergebnisse. Dazu wird zunächst die konkrete Umsetzung der Simulation von der Designgenerierung bis zum Vergleich der sich ergebenden Teilnutzenwerte beschrieben (Kapitel 4.1). Daran anschließend werden diejenigen *Einflussfaktoren* ermittelt, die das Ergebnis des Brückens beeinflussen können. Die Einflussfaktoren sind die Grundlage der Simulation, die so gestaltet wurde, dass es möglich ist, die Wirkung der Einflussfaktoren isoliert zu betrachten (Kapitel 4.2). Der dritte Teil von Kapitel 4 enthält die Analyse der Simulationsergebnisse und differenziert nach den zuvor ermittelten Einflussfaktoren. In diesem Kapitel wird auf Grundlage der Simulationsergebnisse analysiert, unter welchen Bedingungen die Simulation zu besonders guten oder zu besonders schlechten Ergebnissen führt. Ziel dieses Kapitels ist es, Konstellationen von Einflussfaktoren zu ermitteln, die mit hoher Wahrscheinlichkeit ein gutes Ergebnis der gebrückten Conjoint-Analyse erwarten lassen.

Kapitel 5 enthält eine Zusammenfassung der zentralen Ergebnisse der Simulation und leitet daraus Handlungsempfehlungen für eine praktische Implementierung und Anwendung der gebrückten Conjoint-Analyse ab.

---

[47] Darüber hinaus wäre es in einer empirischen Untersuchung nicht möglich gewesen, die gebrückte Conjoint-Analyse mit der traditionellen Conjoint-Analyse zu vergleichen, weil gerade solche Designs getestet werden, die annahmegemäß von den Probanden nicht mehr valide und reliabel bewertet werden können.

2 Alternativen zur traditionellen Conjoint-Analyse

Die Beschäftigung mit dem Problem, in der Conjoint-Analyse viele Merkmale zu verwenden (Merkmalsproblem) führt zu einer Auseinandersetzung mit anderen Methoden, die das gleiche Ziel verfolgen, auch wenn es sich bei diesen nicht um eine Conjoint-Analyse im in Kapitel 1.2 streng definierten Sinn handelt.

Im Gegensatz zur Unterscheidung in 1.2, bei der unterstellt wurde, dass es nur Modelle der Präferenzmessung gibt, die entweder dekompositionell oder kompositionell sind, existieren in der Praxis der Conjoint-Analyse verschiedene gemischte Verfahren, die sowohl dekompositionelle wie kompositionelle Anteile aufweisen, so dass die folgende Kategorisierung sinnvoll ist:

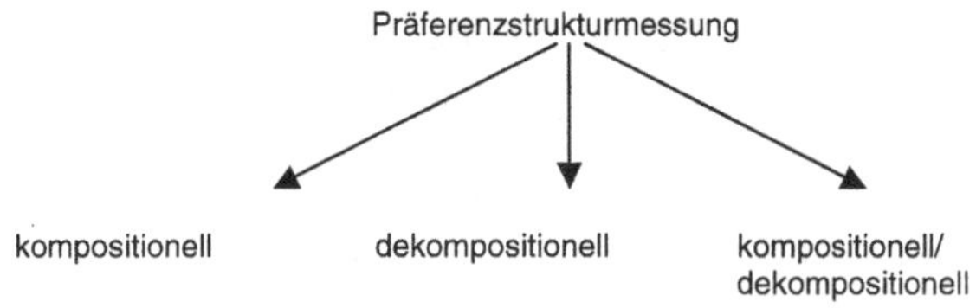

Abbildung 9: Verfahren zur Präferenzstrukturmessung (vgl. Green/Srinivasan 1990, S. 9)

Im weiteren Verlauf des Kapitels werden nur die dekompositionellen und die gemischten Verfahren analysiert: Die kompositionellen Verfahren sind bereits in 1.2 behandelt worden. Ihre Nachteile begründen die Notwendigkeit dekompositioneller Verfahren.

Neben der Unterscheidung in kompositionelle und dekompositionelle Verfahren gibt es weitere Eigenschaften, in denen sich Verfahren der Präferenzstrukturmessung unterscheiden (vgl. Backhaus/Voeth/Hahn 1998, S. 11, Perrey 1998, S. 91 und Stadie 1998, S. 73):

- Inhaltliche Validität: Die verschiedenen Ansätze zur Präferenzstrukturmessung sind inhaltlich unterschiedlich gut begründet. Für das Marketing wird ein Verfahren dadurch begründet, dass es den einer Kaufentscheidung vorgelagerten Präferenzbildungsprozess möglichst gut abbildet. So ist die traditionelle Conjoint-Analyse unter der Annahme, dass die Eigenschaften von Objekten *kompensatorisch* sind und simultan bewertet werden, gut begründet.
- Merkmalskapazität: Die Ansätze zur Präferenzmessung ermöglichen unterschiedlich viele Merkmale. Wie in 1.4 dargestellt, hat die traditionelle Conjoint-Analyse diesbezüglich vergleichsweise enge Grenzen. Komposi-

tionelle Modelle hingegen können fast unbegrenzt viele Merkmale erheben.

- Auswahlentscheidung: Wie in 1.1 erläutert, ist die Präferenzmessung mittels Conjoint-Analyse kein Selbstzweck, sondern ein Zwischenschritt mit dem Ziel, Käuferverhalten zu prognostizieren. Da innerhalb der traditionellen Conjoint-Analyse Auswahlentscheidungen nicht einbezogen werden, sind Alternativen entwickelt worden, die Kaufentscheidungen explizit einbeziehen.
- Belastung der Probanden: Die Conjoint-Analyse beansprucht die Probanden in zwei unterschiedlichen Dimensionen. Zum einen können die Probanden kognitiv überfordert werden und zum anderen ist eine zeitliche Überforderung, die zur Ermüdung führt, möglich. Die Überforderung der Probanden kann Inkonsistenzen verursachen, welche die Ergebnisse beeinträchtigen und somit die Validität des Verfahrens einschränken (vgl. Thomas 1979, S. 204 und Tscheulin/Blaimont 1993).
- Individualität: In der traditionellen Conjoint-Analyse wird die Präferenzmessung für einen Probanden allein auf Basis der von ihm selbst erhobenen Beobachtungen vorgenommen. Verfahren, die nicht individuell vorgehen, beziehen Informationen von anderen Probanden ein und schätzen die Teilnutzenwerte auf Gruppenebene.
- Merkmalsgleichheit: In der traditionellen Conjoint-Analyse entscheidet der Forscher vor der Erhebung über die in die Untersuchung eingehenden Merkmale. Einige Ansätze ermöglichen dem Probanden vor der eigentlichen Erhebung aus den vom Forscher vorgegebenen Merkmalen die für ihn relevanten Merkmale auszuwählen und beschränken die anschließende Erhebung auf diese individuell relevanten Merkmale. Dadurch wird die Untersuchung unter Umständen realistischer, wenn man annimmt, dass die Käufer in Bezug auf die relevanten Merkmale nicht homogen sind, sondern für unterschiedliche Käufer unterschiedliche Merkmale relevant sind. Nachteilig ist, dass Präferenzen, die auf Grundlage unterschiedlicher Merkmale gemessen worden sind, nicht mehr ohne weiteres interpersonell verglichen werden können, was die Aggregation und Vergleichbarkeit von Probanden erschwert.
- Realitätsnähe: Die Verfahren der Präferenzmessung unterscheiden sich in ihrem Realitätsgrad, so gilt die traditionelle Conjoint-Analyse aufgrund der simultanen Bewertung aller Merkmale einerseits als sehr realistisch, andererseits aber als unrealistisch, weil sie keine Entscheidungen einbezieht. Die Realitätsnähe ist daher das Ergebnis aus dem unter *inhaltliche Validität* gefassten Präferenzbildungsprozess und dem unter *Auswahlentscheidung* behandelten Entscheidungsprozess. Daher ist die Realitätsnähe indirekt bereits erfasst und wird im weiteren nicht mehr eigenständig in die Betrachtungen einbezogen.

- Statistische Eigenschaften: Die statistischen Eigenschaften betreffen die Fähigkeit eines Verfahrens, die erhobenen Präferenzurteile *rechnerisch* richtig in Teilnutzenwerte umzusetzen, so dass unter Verwendung der Teilnutzenwerte (Output-Daten) die Präferenzurteile (Input-Daten) möglichst gut rekonstruiert werden können. Um die statistischen Eigenschaften eines Verfahrens bewerten zu können, ist eine genaue Kenntnis des Schätz-Algorithmus notwendig. Nur ein in diesem Sinne „offenes" Verfahren kann – zum Beispiel durch eine Simulation – entsprechend getestet werden. Simulationen sind deshalb zum Test der statistischen Eigenschaften besonders gut geeignet, weil die Input-Werte bekannt sind und so ermöglicht wird, die statistischen Eigenschaften eines Verfahrens anhand hoher Fallzahlen für unterschiedliche Präferenzstrukturen zu überprüfen (vgl. Dougherty 1992, S. 76 ff.).

Eine Übersicht über die Eigenschaften bekannter Conjoint-Verfahren findet sich am Ende dieses Kapitels in Tabelle 10 auf Seite 53.

2.1 Neuere Ansätze ohne direkten Bezug zum Merkmalsproblem

Die obenstehende Aufzählung von Eigenschaften, in denen sich Verfahren zur Präferenzstrukturmessung unterscheiden können, zeigt, dass die Fähigkeit, viele Merkmale verarbeiten zu können, nur ein Kriterium unter anderen ist. Insbesondere die Verbesserung des Realitätsgrades durch Einbeziehung von Auswahlentscheidungen ist ein weiteres Problem, das in den letzten Jahren intensiv diskutiert worden ist (vgl. Zwerina 1997, S. 5ff.). Obwohl diese Verfahren keinen direkten Bezug zum Merkmalsproblem haben, werden sie an dieser Stelle aus zwei Gründen behandelt: Zum einen, weil sie einen indirekten Bezug zum Merkmalsproblem haben, so fließt die *Limit Conjoint-Analyse* in die unter 2.2.2 behandelte *Hierarchische Individualisierte Limit Conjoint-Analyse* ein und zum anderen um zu zeigen, dass die Einbeziehung von Auswahlentscheidungen, wie bei der *Choice-based Conjoint-Analyse*, das Stimulusproblem verschärft.

Choice-based Conjoint
Das *„choice-based conjoint"*-Verfahren, das teilweise auch als *„Discrete-Choice"*-Analyse bezeichnet wird, nimmt für sich in Anspruch, Kaufsituationen oder allgemein Auswahlentscheidungen realistischer wiederzugeben, als die traditionelle Conjoint-Analyse.

Die Choice-based Conjoint-Analyse (CBC) legt dem Probanden ein Stimulusset vor, das hier als *evoked set*[48] interpretiert wird, fragt aber nur nach den-

[48] Beim *evoked set* handelt es sich um einen „subjektiv wahrgenommenen Ausschnitt aller Produkt- bzw. Markenalternativen." (Becker 1993, S. 42)

jenigen Stimuli, die der Proband zu wählen (bzw. zu kaufen) bereit wäre. Dabei hat der Proband sowohl die Möglichkeit, *alle* Stimuli als kaufwürdig zu erachten, wie auch die Möglichkeit, *keinen* der vorgelegten Stimuli zu wählen. Mit der Erhebung dieser Information (Kauf vs. Nichtkauf) ist die Choice-based Conjoint-Analyse im Unterschied zur traditionellen Conjoint-Analyse in der Lage, auch für die abhängigen Variablen nominal skalierte Informationen zu berücksichtigen.[49]

Ein weiterer Unterschied zur traditionellen Conjoint-Analyse ist, dass die Choice-based Conjoint-Analyse nicht nur einen Zusammenhang zwischen dem Auswahlverhalten des Probanden und den Eigenschaften des vorgelegten Objekts annimmt, sondern zusätzlich zwischen dem Auswahlverhalten des Probanden und persönlichen Charakteristika: Die Choice-based Conjoint-Analyse nimmt eine vom Individuum unabhängige *homogene Nutzenstruktur* an und führt individuelle Abweichungen auf unterschiedliche Charakteristika der Probanden zurück (vgl. Hahn 1997, S. 84). Auch die Aufnahme probabilistischer Elemente[50] unterscheidet sie von der deterministischen Conjoint-Analyse.

Entscheidend ist, dass die Analyse auf aggregiertem Niveau erfolgt, da mit diesem Verfahren nur sehr schwer genügend Beobachtungen für eine individuelle Schätzung erhoben werden können.[51] Dadurch kann die individuelle Nutzenstruktur weder analysiert werden, noch können darauf aufbauend Segmentierungen vorgenommen werden.[52]

Die Zielrichtung der Discrete Choice-Analyse ist *Realitätsnähe*, indem sie von einem *evoked set* ausgeht, aus dem ein Käufer mehrere Produkte wählen kann, aber nicht muss. Dazu werden dem Probanden in mehreren Runden jeweils Auswahl-Sets vorgelegt, aus denen er jeweils eine Alternative wählt, die er kaufen würde. Alternativ kann er, wie oben erwähnt, *alle* Alternativen im Set als kaufunwürdig bewerten. Weitere Präferenzurteile über die nichtgewählten Alternativen im Set werden nicht erhoben, wodurch aus den einzelnen Runden weniger Informationen gewonnen werden können, als durch eine traditionelle Conjoint-Analyse. Somit berührt dieser Ansatz das Problem vieler Merkmale nicht, im Gegenteil wird die Datenerhebung wesentlich aufwendiger, so dass sie nur noch auf aggregiertem Niveau praktikabel ist (vgl. Hahn 1997, S. 83 ff., Hair 1998, S. 425 ff., Perrey 1998 , S. 87 ff. und Voeth 2000, S. 92 ff.).

---

[49] Deshalb darf dieses Verfahren nach Ansicht von *Hahn* (1997, S. 83) nicht zur Conjoint-Analyse gerechnet werden, er spricht statt dessen von Discrete-Choice Analyse.

[50] Die CBC enthält eine zufällige Komponente, die den Teil der Bewertung beschreibt, der *nicht* durch die beobachtbaren Charakteristika von Objekten und Probanden dargestellt wird (vgl. Hahn 1997, S. 101).

[51] Die CBC verwendet zur Parameterschätzung *Maximum-Likelihood-Methode*, die für erwartungstreue Schätzungen mindestens 100 Auswahlentscheidungen benötigt (vgl. Voeth 2000, S. 97).

[52] Zu neueren Ansätzen, die versuchen diesem Problem zu begegnen siehe *Stadie* (1998, S. 62 ff.) und *Voeth* (2000, S. 98 ff.).

Limit Conjoint-Analyse

Die *Limit Conjoint-Analyse* geht auf *Hahn und Voeth* (vgl. Backhaus/Voeth/Hahn 1998, S. 13) zurück. Sie erweitert die traditionelle Conjoint-Analyse um eine sog. *Limit-Card*, welche die *Kaufgrenze* in einem nach der Präferenz sortierten Stimulusset darstellt. Die Limit-Card trennt diejenigen Stimuli, die ein Proband gerade noch zu kaufen bereit ist, von denen, die er nicht mehr kaufen würde und interpretiert die Position der Limit-Card als individuellen *Nutzennullpunkt*: nur Stimuli, die besser sind stiften einen positiven Nutzen.

Die Limit Conjoint-Analyse geht von einem Ranking aus, erhebt zusätzlich binär die Kaufwürdigkeit (ja/nein) und nimmt anhand dieser Grenze eine Skalentransformation vor, indem für die ursprünglich ordinalen Daten das Niveau einer Verhältnisskala angenommen wird. Da für die Erhebung eines Rankings gilt, dass die beste Karte auf Platz 1 diejenige mit dem höchsten Gesamtnutzen ist, kann man den Zusammenhang zwischen Gesamtnutzen und Position im Ranking wie folgt darstellen:[53]

$G_w^i = (K+1) - R^i$, mit G_w^i als Gesamtnutzen des Stimulus *i*, *K* der Anzahl von Stimuli und R^i als Rangplatz des Stimulus *i*. Um zu erreichen, dass alle Stimuli unterhalb der Limit-Card einen negativen Gesamtnutzen haben und alle darüber liegenden einen positiven Gesamtnutzen aufweisen, wird die folgende Skalentransformation durchgeführt:

$G_L^i = G_w^i - (K - L^i + 0{,}5) = L^i - R^i + 0{,}5$

Mit G_L^i als Gesamtnutzenwert in der Limit Conjoint-Analyse und L_i als Rangplatz, *hinter* den die Limit-Card gelegt wurde.[54] Abbildung 10 verdeutlicht das Vorgehen: Die Limit-Card als Nutzennullpunkt erhält den Wert 0 und diskriminiert zwischen Stimuli mit positiven und negativen Werten. Stimuli oberhalb der Limit-Card erhalten positive Werte, Stimuli unterhalb der Limit-Card erhalten negative Werte. Mit diesem Ansatz sind verschiedene Probleme verbunden, die vor allem damit zusammenhängen, dass die Limit-Card in ein *reduziertes Design* gelegt wird. So wird angenommen, dass die Differenz zwischen dem ersten nicht mehr akzeptierten Stimulus und dem letzten noch akzeptierten Stimulus – in Abbildung 10 sind das die Stimuli auf den Rangplätzen 3 und 4 – so groß ist, wie die Differenz zwischen den akzeptierten Stimuli untereinander bzw. zwischen den nicht-akzeptierten Stimuli untereinander, der immer „1" ist. Dadurch wird die Möglichkeit ausgeschlossen, dass zwischen dem letzten noch akzeptierten Stimulus und dem ersten nicht mehr akzeptierten Stimulus ein „Nutzengra-

---

[53] *Backhaus/Voeth/Hahn* (1998, S. 14 f.) verwenden andere Symbole, die Darstellung an dieser Stelle orientiert sich hingegen an den in dieser Arbeit durchgängig verwendeten Symbolen.

[54] Eine Alternative zu dem von *Backhaus/Voeth/Hahn* vorgeschlagenen Vorgehen, wäre die Limit-Card erst nach der Schätzung der Teilnutzenwerte zu berücksichtigen, indem der geschätzte Gesamtnutzenwert für die Limit-Card von den Gesamtnutzen der verwendeten Stimuli subtrahiert wird. Diese Möglichkeit ist unter Umständen einfacher, wenn eine standardisierte Software der traditionellen Conjoint-Analyse für die Limit Conjoint-Analyse verwendet werden soll.

ben“ liegt, weil der Abstand zwischen diesen beiden Stimuli größer ist, als die Abstände der anderen Stimuli untereinander.

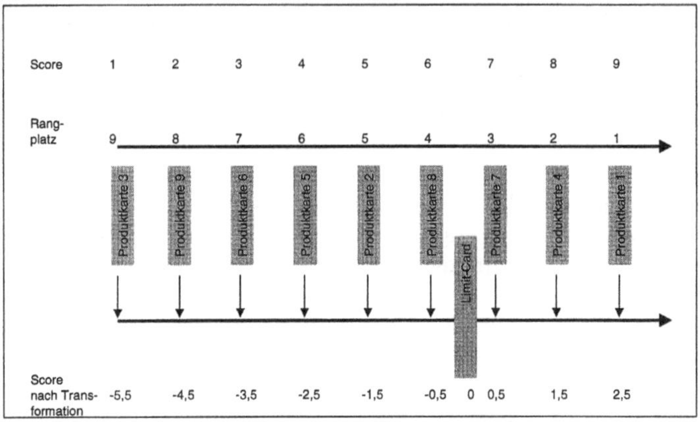

Abbildung 10: Beispiel für Limit Conjoint-Analyse (vgl. Hahn/Voeth 1997, S. 14)

Weiterhin sind zwei Spezialfälle mit Schwierigkeiten verbunden. Wenn die Limit-Card mit der schlechtesten Karte gleichgesetzt wird, weil der Proband alle Alternativen kaufen würde, kann es dennoch sein, dass im *vollständigen* Design Stimuli enthalten sind, die der Proband *nicht* mehr kaufen würde. Vice versa kann es sein, dass der Proband die Limit-Card *über* den besten Stimulus legt, es aber dennoch im Gesamtdesign Kombinationen gibt, die er zu kaufen bereit wäre. Daraus folgt, dass die Limit-Card Conjoint-Analyse unter Umständen zu falschen Marktpotentialschätzungen führt (vgl. Stadie 1998, S. 70), weil die Limit-Card eigentlich in ein vollständiges Design gelegt werden sollte (vgl. Backhaus/Voeth/Hahn 1998, Hahn 1997, S. 201 ff. und Voeth 2000, S. 77 ff.).

2.2 Ansätze zur Lösung des Merkmalsproblems

2.2.1 Gemischte Verfahren

Unter gemischte Verfahren werden diejenigen Ansätze gefasst, die kompositionelle und dekompositionelle Methoden verbinden, indem kompositionelle und dekompositionelle Datenerhebung kombiniert werden.

Hybride Methoden

Hybride Conjoint-Analyse (HCA) verstehen einige Autoren als Oberbegriff für Verfahren, die dekompositionelle und kompositionelle Datenerhebung verbinden. In der vorliegenden Arbeit werden als *hybrid* hingegen nur solche gemischten Verfahren verstanden, die den dekompositionellen Teil auf Gruppenebene erheben (vgl. Herrmann/Schmidt-Gallas/Huber 2000, S. 256). Die HCA verfolgt zwei unterschiedliche Ziele (vgl. Reiners 1996, S. 111 f.):

- Die Möglichkeit zu bieten, mehr Merkmale zu verarbeiten als die traditionelle Conjoint-Analyse oder
- zusätzlich zu den Haupteffekten der traditionellen Conjoint-Analyse einzelne Nebeneffekte schätzen zu können,

ohne den *einzelnen* Probanden mehr zu belasten. Erreicht wird dies, indem die dekompositionellen Teile nicht mehr individuell, sondern auf Gruppenebene erhoben werden und jeder Proband nur noch einen Teil der Stimuli *(Subset)* zu bewerten hat. Dazu ist die Annahme notwendig, dass es einen Zusammenhang zwischen den Eigenschaften von Probanden und ihren Präferenzen für die Eigenschaften eines bestimmten Konstrukts gibt und die Probanden daher in Gruppen zusammengefasst werden können.[55] Das Grundmodell einer hybriden Conjoint-Analyse sieht wie folgt aus (vgl. Green 1984, S. 157):

$$Y_{i_1 i_2 \ldots i_J k} \cong a + bU_{i_1 i_2 \ldots i_J k} + \sum_{j=1}^{J} v_{i_j} + \sum_{j<j'} t_{i_j i_{j'}}$$

wobei $U_{i_1 i_2 \ldots i_J k} = \sum_{j=1}^{J} w_{jk} u_{i_j k}$ ist. Es bedeuten

$u_{i_j k}$	das Ausmaß der Gewünschtheit von Ausprägung *i* des Merkmals *j* bei Proband *k*
w_{jk}	die Wichtigkeit, die Proband *k* dem Merkmal *j* beimisst
$Y_{i_1 i_2 \ldots i_J k}$	die Wertungen (in der Regel Ratings) des Probanden k zu einigen Vollprofilen, die aus dem Master-Design[56] so ausgewählt werden, dass sie ein Merkmal des Designs repräsentieren. Die Ausprägungsstufen dieses Merkmals müssen dazu über die ausgewählten Vollprofile „balanciert" sein.[57]
v_{i_j} ; $t_{i_j i_{j'}}$	die Haupteffekte sowie ausgewählte Nebeneffekte, unabhängig vom Probanden.

In diesem Modell geht nur der direkt abgefragte Teil *U* allein auf die individuellen Probanden zurück. Alle anderen Parameter des Modells werden zunächst auf aggregiertem Niveau berechnet und in einer zweiten Stufe disaggregiert. Dazu wird unter Verwendung der individuell erhobenen Daten eine Cluster-Analyse durchgeführt, um Gruppen zu ermitteln, für die jeweils ein gruppenspezifisches Modell erstellt wird.

---

[55] Eine Idee, die aus der *„componential segmentation"* stammt (vgl. Green/DeSarbo 1979, S. 83 f.).

[56] Das Master-Design ermöglicht die Schätzung aller Haupteffekte und der ausgewählten Nebeneffekte.

[57] Ein Design ist *balanciert*, wenn die unterschiedlichen Ausprägungen eines Merkmals gleich oft im Design enthalten sind (vgl. Kuhfeld/Tobias/Garratt 1994, S. 546).

Die Einbeziehung des dekompositionellen Teils soll die Einwände, die gegen „self-explicated"-Modelle erhoben werden relativieren. Obwohl auf dieser Grundlage verschiedene hybride Modelle entwickelt worden sind (vgl. Green/Krieger 1996, S. 854 ff.), finden diese Methoden in der Praxis kaum Verwendung (vgl. Wittink/Vriens/Burhenne 1994, S. 44). Dies ist vermutlich auch darauf zurückzuführen, dass für diese keine Standardsoftware am Markt verfügbar ist bzw. darauf, dass der sehr ähnliche *ACA*-Ansatz, der nachfolgend erläutert wird, kommerziell sehr erfolgreich ist.

Die Stärken der hybriden Conjoint-Analyse liegen darin, dass sie in der Lage ist, Designs mit vielen Merkmalen zu verwenden, ohne den einzelnen Probanden zeitlich oder kognitiv zu sehr zu belasten. Für Problemstellungen, bei denen es auf die individuelle Analyse von einzelnen Probanden ankommt, scheidet diese Methode allerdings aus, denn es müssen genügend Probanden in die Untersuchung eingehen, um die Teilnutzenwerte auf Gruppenebene schätzen zu können.

Negativ zu bewerten ist die inhaltliche Validität, die davon abhängt, ob die Probanden in tatsächlich homogene Gruppen unterteilt werden können: Nur dann ist die Schätzung von Teilnutzenwerten auf Gruppenebene zulässig. Andernfalls besteht die Gefahr, dass Informationen über die Präferenzen der Probanden durch die Gruppenbildung verloren gehen. Die statistischen Eigenschaften eines hybriden Verfahrens hängen ebenfalls von der Gruppenbildung ab, weil die individuell erhobenen Daten nur dann *valide* mit den auf Gruppenebene erhobenen Daten verrechnet werden können, wenn die Gruppe auch tatsächlich die Präferenzen des Probanden repräsentiert. Aus diesem Grund sind die statistischen Eigenschaften des hybriden Modells im Einzelfall kritisch zu hinterfragen.[58]

Weiterhin gelten einige Kritikpunkte des kompositionellen Verfahrens, wie die unzuverlässige direkte Abfrage von Wichtigkeit und Gewünschtheit, auch für die HCA und neue Kritikpunkte kommen hinzu: Die Vermischung von individuellen Daten mit auf Gruppenebene erhobenen Daten wirft die Frage auf, wieso individuelle Daten auf diesem Weg verbessert werden können bzw. warum nicht gleich das Modell auf Gruppenebene gebildet wird (vgl. Reiners 1996, S. 113 f.). Aufgrund ihrer Schwächen im inhaltlichen und statistischen Bereich ist die hybride Conjoint-Analyse daher kein geeignetes Verfahren, um das Merkmalsproblem zu lösen.

[58] Siehe hierzu auch *Green/Helsen* (1989) und *Green/Krieger/Schaffer* (1993), die sich mit der Durchschnittsbildung von Conjoint-Ergebnissen beschäftigen und feststellen, dass auf diesem Weg die Vorhersagekraft individueller Daten nicht erhöht werden kann.

Adaptive Conjoint-Analyse

Die *adaptive Conjoint-Analyse* (im weiteren ACA) ist ein in der Praxis sehr verbreitetes Softwareprodukt (vgl. Wittink/Vriens/Burhenne 1994, S. 44) der Firma *Sawtooth*, das eine interaktive Erhebung am PC durchführt und theoretisch bis zu 30 Merkmale mit jeweils bis zu 9 Ausprägungen in ein Design aufnehmen kann (vgl. Carmone 1987, S. 325). ACA ist insofern *hybrid*, als auch hier dekompositionelle Teile mit kompositionellen verbunden werden. Im Unterschied zu anderen hybriden Verfahren arbeitet ACA strikt individuell und erhebt keine Daten auf Gruppenebene. Dieser Umstand sowie die weite Verbreitung in der Praxis rechtfertigen es, ACA als eigenen Ansatz zu behandeln.

ACA ist Gegenstand vieler wissenschaftlicher Veröffentlichungen, obwohl es sich um ein kommerzielles Produkt handelt, dessen genauer Algorithmus nicht öffentlich bekannt ist und die Beurteilung des Verfahrens somit zu Teilen *„black box"* bleibt – ein Umstand, der häufig kritisiert wird (vgl. Carmone 1987, S. 327, Green/Krieger/Agarwal 1991, S. 217 und Herrmann/Schmidt-Gallas 1999). Trotzdem ist das *prinzipielle* Vorgehen von ACA dokumentiert, so dass eine Behandlung und Bewertung an dieser Stelle möglich ist.

Neben dem Prinzip von ACA ist vor allem der Umgang des Programms mit „unacceptable levels" heftig diskutiert worden, obwohl das kein konstitutives Merkmal dieses Ansatzes darstellt (vgl. Green/Krieger/Bansal 1988 und Green/Srinivasan 1990, S. 13). ACA bietet dem Probanden die Möglichkeit, aus seiner Sicht vollständig unakzeptable Ausprägungen aus der Untersuchung auszuschließen, weil diese dem kompensatorischen Charakter des Modells widersprechen. Da Probanden „unacceptables" nicht unbedingt als *vollständig* unakzeptabel auffassen, sondern lediglich als sehr unerwünscht, schließt ACA diese rechnerisch nicht aus, sondern bewertet sie nur mit sehr niedrigen Teilnutzenwerten (vgl. Herrmann/Schmidt-Gallas/Huber 2000, S. 258). Durch diese rechnerische Andersbehandlung ist das Vorgehen nicht widerspruchsfrei: Entweder sind die Ausprägungen völlig unakzeptabel und nicht kompensierbar, dann müssen sie ausgeschlossen werden oder sie sind kompensierbar, dann müssen sie in der Analyse verbleiben.

Ein *ACA*-Interview besteht aus vier Phasen, die im nachfolgenden dem Prinzip nach beschrieben werden, ohne aber aufgrund der unvollständigen Dokumentation auf die Details eingehen zu können (Green/Krieger/Agarwal 1991, S. 216 f. und Reiners 1996, S. 114 ff.):

(1) In der *ersten Phase* werden die Ausprägungen der Merkmale durch die Probanden direkt bewertet: welches ist die beste, welches die zweitbeste usw. Hier besteht dann die oben angesprochene Möglichkeit, bestimmte Ausprägungen als unakzeptabel zu definieren.

(2) In der *zweiten Phase* wird die Wichtigkeit der Merkmale erfasst, indem gefragt wird, für wie gewichtig der Proband den Unterschied von der schlechtesten zur besten Ausprägung hält, er hat dabei eine Skala von 1 bis 4 zur Verfügung. Mit diesen beiden Phasen ist der kompositionelle Teil von ACA abgeschlossen, es erfolgt eine Berechnung von *„prior utili-*

ties", indem die Ergebnisse der beiden Phasen multiplikativ verknüpft werden.

(3) *Phase 3* ist der Kern des Verfahrens, die *adaptive* Komponente. Den Probanden werden ausgewählte Paarvergleiche vorgelegt, die auf einer graded-pair-Skala bewerten werden. Das Verfahren ist adaptiv, weil die Auswahl der Paarvergleiche von den zuvor gegebenen Antworten abhängt: ACA versucht die Vergleichspaare so anzulegen, dass dem Probanden möglichst gleichwertige Stimuli vorgelegt werden. Nach jedem Paarvergleich wird die Parameterschätzung ausgehend von den „prior utilities" angepasst, wobei die Anzahl der durchgeführten Paarvergleiche von den Ergebnissen der Paarvergleiche selbst abhängig ist.

(4) *Phase 4* dient der Reskalierung der Ergebnisse aus den kompositionellen Phasen und der dekompositionellen Phase. Hierzu wird für verschiedene Vollprofile mit bis zu acht Merkmalen auf einer Prozentskala die Wahrscheinlichkeit abgefragt, mit der man diese Alternative wählen bzw. kaufen würde.

Eine abschließende Bewertung dieses Ansatzes fällt schwer, weil dazu eine genaue Analyse des Algorithmus notwendig wäre, um zu beurteilen zu können, inwieweit die Werte des kompositionellen Teils das Ergebnis des Paarvergleichs präjudizieren bzw. ob ein schlechter „self-explicated"-Teil durch die Paarvergleiche noch ausgeglichen werden kann. *Green/Krieger/Agarwal* (1991) setzen sich mit diesen und anderen Problemen von ACA auseinander, müssen sich aber in der Antwort von *Johnson* (1991) methodisch fragwürdiges Vorgehen vorwerfen lassen, weil sie in ihrer vergleichenden Untersuchung bei allen Probanden ACA als erstes Verfahren getestet haben und somit die Möglichkeit eines Lerneffekts ignorieren.

Da die empirischen Ergebnisse[59] kein einheitliches Bild ergeben, können sie zu einer abschließenden Bewertung nicht herangezogen werden. In einer Simulation hat *Agarwal* (1988) einen Monte Carlo-Vergleich mit anderen *Schätzalgorithmen* durchgeführt: Ein solcher Vergleich ist aufwendig, weil ACA keine Schnittstelle zu anderen Programmen aufweist, so dass ein zweites Programm notwendig ist, das die ACA-Paarvergleiche anhand vorher ermittelter Zufallszahlen konsistent bewertet. Die Übertragung der Daten von einem zum anderen Programm erfolgte von Hand. Daher beschränkte *Agarwal* sich auf 100 Vergleiche, für welche die Korrelation der angenommenen wahren Teilnutzenwerte mit den geschätzten Teilnutzenwerten berechnet wurde, wobei in der Conjoint-Analyse unterschiedlich viele Stimuli verwendet wurden. Die Ergebnisse fallen, abhängig von der Stimulizahl der traditionellen Conjoint-Analyse, insgesamt leicht zugunsten von ACA aus (vgl. Agarwal 1988, S. 294). Allerdings ist das Ergebnis mehr als kritisch zu betrachten: Grundsätzlich ist zu hinterfragen, ob

[59] In einer Untersuchung von *Green/Krieger/Agarwal* (1991) ist ACA der traditionellen Conjoint-Analyse unterlegen, *Huber et al.* (1993) ermitteln hingegen eine Vorteilhaftigkeit mehrstufiger Verfahren wie ACA gegenüber der traditionellen Conjoint-Analyse.

kompositionelle und *dekompositionelle* Verfahren simulativ miteinander verglichen werden dürfen, weil die theoretischen Einwände gegen kompositionelle Methoden wie in 1.2 erläutert, in einer Simulation nicht abgebildet werden. Der kompositionelle Teil von ACA wird somit tendenziell zu gut bewertet und wie oben erläutert sind diese Phasen für das Gesamtergebnis unter Umständen präjudizierend. Des weiteren verwendet *Agarwal* nur ein Design (5 Merkmale mit jeweils 3 Ausprägungen), was die Verallgemeinerung seiner Ergebnisse stark einschränkt.

Die Vorteile von ACA sind somit die Fähigkeit des Verfahrens, sehr viele Merkmale zu verwenden, ohne dabei den Probanden zeitlich oder kognitiv zu sehr zu belasten. Im Gegensatz zu den oben vorgestellten hybriden Verfahren wird das nicht durch die Befragung auf Gruppenebene erreicht, sondern durch die Kombination von kompositionellen und dekompositionellen Teilen auf individueller Ebene. Zudem bewerten alle Probanden anhand der gleichen Merkmale (wenn der Forscher es so spezifiziert), so dass ein interpersoneller Vergleich und die Aggregation der Ergebnisse möglich ist. Bis hierhin ist ACA gut geeignet, das Merkmalsproblem zu lösen.

Die Nachteile des Verfahrens in Bezug auf die inhaltliche Validität und die statistischen Eigenschaften sind allerdings erheblich: Das Vorgehen von ACA und die Kombination kompositioneller und dekompositioneller Teile ist auf *Effizienz* und nicht auf *Effektivität* gerichtet. ACA kombiniert nicht deshalb diese beiden Methoden, weil so der Präferenzbildungsprozess am realistischsten nachempfunden wird, sondern weil es auf diesem Weg möglich wird, eine Vielzahl von Merkmalen mit vergleichsweise geringem Aufwand zu erheben.

Die Beurteilung der statistischen Eigenschaften wird dadurch erschwert, dass der Algorithmus nur dem Prinzip nach bekannt ist.[60] Die statistischen Eigenschaften von ACA sind insbesondere deshalb kritisch zu hinterfragen, weil die Zahl der maximalen Paarvergleiche, also des dekompositionellen Teils, limitiert ist, so dass zum Ausgleich einer schlechten Berechnung der „prior utilities" relativ wenig Paarvergleiche zur Verfügung stehen, die zudem von den „prior utilities" abhängen. Auf diese Art können „prior utilities", die weit von den wahren Teilnutzenwerten entfernt liegen, nicht mehr ausgeglichen werden. Wenn aber eine gute Schätzung der „prior utilities" Voraussetzung für die Güte des Verfahren ist, dann stellt sich die Frage, wozu die Paarvergleiche notwendig sind: Sind sie nur das „Feintuning" für die „prior utilities"? Darauf deutet die Verwendung möglichst gleichwertiger Stimuli im Paarvergleich hin.

Daher ist auch heute noch, 14 Jahre nach der Markteinführung, die *Validität* und *Reliabilität* des Verfahrens ein aktuelles Thema, weil die *Effektivität* des Verfahrens nicht nachgewiesen ist und wie oben begründet angezweifelt werden muss (vgl. Herrmann/Schmidt-Gallas/Huber 2000).

---

[60] Die resultierenden Schwierigkeiten ACA simulativ zu testen sind oben erläutert worden.

2.2.2 Dekompositionelle Verfahren

Eine Möglichkeit bei dekompositionellen Ansätzen große Designs zu verwenden, ist die unter 1.3.4 beschriebene Fraktionierung, die das Stimulusproblem abschwächt, das Merkmalsproblem im engen Sinn aber nicht verringert. Die Methoden zur Erstellung fraktioniert faktorieller Designs werden für die folgenden Betrachtungen vorausgesetzt, indem Verfahren behandelt werden, die auf diese Methoden zurückgreifen, um dem Merkmalsproblem zu begegnen.

Bridging Conjoint-Analyse

Eine Idee, die an verschiedenen Stellen in der Literatur (vgl. Albaum 1989, Baalbaki/Malhorta 1995, Green/Krieger 1996, S. 865, Green/Srinivasan 1990, S. 9, Reiners 1996, S. 107 f. und Voeth 2000, S. 127 f.) erwähnt wird, ist, zwei Vollprofildesigns durch ein *gemeinsames Merkmal* – dem sogenannten *Brückenmerkmal* – zu verbinden, das in beiden Designs vorkommt.[61] Allerdings ist keine Veröffentlichung bekannt, die eine genaue Umsetzung dieses als *Bridging* bezeichneten Vorgehens beschreibt und die Methode kritisch hinterfragt bzw. mit anderen Conjoint-Arten vergleicht. Ein möglicher Grund für die bislang geringe Resonanz dieses Ansatzes kann darin begründet liegen, dass es keine veröffentlichte Studie gibt, welche die Qualität dieses Ansatzes zeigt. Das Vorliegen einer solchen Erfolgsstudie halten *Carroll/Green* (1995, S. 388) für eine entscheidende Voraussetzung, um einen Ansatz im Markt zu etablieren. Nicht zuletzt ist die vorhandene Implementierung *Bridger* von Bretton-Clark wenig kommentiert und die Software genügt modernen Anforderungen nicht mehr (DOS-basiert, keine grafische Benutzeroberfläche).

Bridger arbeitet wie folgt:[62] Der Anwender teilt ein Gesamtdesign so in zwei unabhängige auf, dass genau ein Merkmal in beiden Teildesigns vorkommt.[63] Den Probanden werden beide Designs *nacheinander* zur Bewertung vorgelegt. Die geschätzten Teilnutzenwerte eines Teildesigns werden dann so angepasst, dass sich die Teilnutzenwerte des Brückenmerkmals aus den beiden Teildesigns möglichst gut entsprechen. Zu diesem Zweck wird eine Kleinste-Quadrate-Schätzung durchgeführt, mit den Teilnutzenwerten des Brückenmerkmals aus dem ersten Teildesign als abhängige Variablen und den Teilnutzenwerte des Brückenmerkmals im anderen Teildesign als unabhängige Variablen. Dadurch soll ein Faktor ermittelt werden, mit dem die Teilnutzenwerte eines Teildesigns multipliziert werden müssen, damit sich im Ergebnis die Teilnut-

---

[61] Als Vorläufer dieses Ansatzes können die Ideen von *Green* (1974) gelten, der verschiedene Möglichkeiten diskutiert, eine hohe Merkmalszahl *mehrstufig* zu erheben und dabei im wesentlichen auf orthogonale Designs zurückgreift (vgl. Green 1974).

[62] In Ermangelung anderer Quellen erfolgt die Darstellung des zugrundliegenden Algorithmus nach dem Handbuch des Bridgers (vgl. Bretton-Clark 1988).

[63] Wird das Teilnutzenmodell (siehe 1.3.2) verwendet, müssen die Merkmale identisch sein und die gleichen Ausprägungen aufweisen.

zenwerte des Brückenmerkmals in den beiden Teildesigns möglichst entsprechen. Das folgende Beispiel verdeutlicht das Vorgehen: Angenommen, das Brückenmerkmal hat drei Ausprägungen und es ergeben sich die folgenden Teilnutzenwerte:

	Ausprägung 1	Ausprägung 2	Ausprägung 3
Design 1	-3	2	1
Design 2	-6	4	2

Tabelle 8: Beispiel Bridger

Dann werden alle Teilnutzenwerte – also nicht nur die des Brückenmerkmals – des zweiten Designs in diesem Beispiel mit 2 multipliziert, um zu erreichen, dass die Teilnutzenwerte für das Brückenmerkmal in beiden Teildesigns gleich sind.[64] Grafisch kann das Prinzip wie folgt veranschaulicht werden:

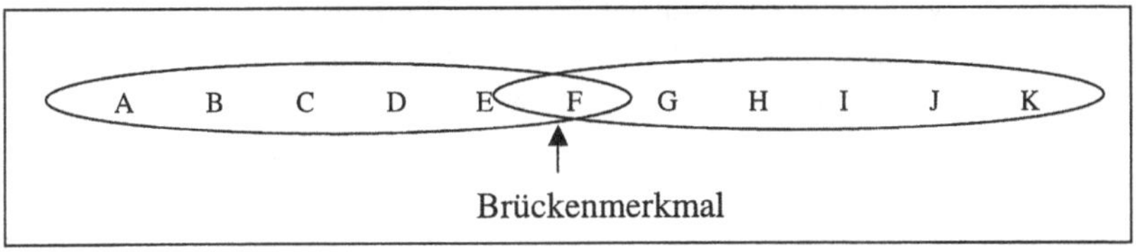

Abbildung 11: Prinzip des gebrückten Designs

Green/Srinivasan (1990, S. 9) bewerten ein solches Brücken wie folgt: „However, to estimate part-worths at the respondent level, a multiple card sort is needed, leading to possible respondent fatigue and reduced reliability of the results.“

Obwohl diese Sicht nachvollziehbar ist, kann sie nicht uneingeschränkt geteilt werden. Die Frage der Ermüdung von Probanden ist vor allem eine Frage des Aktivierungsgrades der Befragten. *Green/Srinivasan* mögen für ein „low interest product“ durchaus damit recht haben, dass Probanden nur für eine begrenzte Zeit bereit sind, sich auf die Erhebung zu konzentrieren. Im Fall eines solchen Produktes sind allerdings nur wenige Kriterien für die Präferenz entscheidend, so dass eine Conjoint-Analyse mit vielen Merkmalen in diesen Fällen gar nicht notwendig ist. Eine andere Situation ergibt sich für extensive Kaufentscheidungen bzw. im Industriegüterbereich (B2B) allgemein. Hier kommen unter Umständen sehr viele Kriterien zum Tragen, die von einem professionellen Entscheider bewertet werden. Einem solchen Probanden ist durchaus eine mehrfache Sortierung von Stimuli zuzumuten.

---

64 Da dieses Vorgehen nicht für alle Brückenmerkmale mit mehr als zwei Ausprägungen zu einer vollständigen Übereinstimmung führt, verwendet der Bridger bei Abweichungen den Mittelwert.

Im Status-quo ist in Bezug auf *Bridger* vor allem problematisch, dass das Brücken von Designs bislang nicht ausreichend getestet worden ist, so dass wenig über die statistischen Eigenschaften von gebrückten Designs bekannt ist; ein Problem, mit dem sich die vorliegende Arbeit im weiteren beschäftigt (siehe hierzu die Ergebnisse in 4.2). Darüber hinaus erscheint das konkrete Vorgehen des Bridgers bedenklich, weil die Teilnutzenwerte der Conjoint-Analyse als Differenz des Mittelwertes von Stimuli, die dieses Merkmal enthalten, zum Gesamtmittelwert der Stimuli interpretiert werden: Ein Teilnutzenwert von 2 bedeutet beispielsweise, dass Stimuli mit diesem Merkmal durchschnittlich 2 Plätze über dem mittleren Stimulus gelegen haben. Damit ist die Interpretation der Teilnutzenwerte vom Gesamtmittelwert bzw. der Anzahl der Karten im Design abhängig,[65] weil 2 Plätze bei einem kleinen Design eine höhere Bedeutung haben, als bei einem großen Design.[66] Diesem Problem trägt der Ansatz von Bretton-Clark keine Rechnung.

Die inhaltliche Validität des *Bridgers* hängt davon ab, ob es zulässig ist, den Bewertungsprozess des Probanden in zwei Teile zu zerlegen.[67] Die inhaltliche Begründung der traditionellen Conjoint-Analyse ist die Annahme, dass Probanden Produkteigenschaften kompensatorisch und *simultan* bewerten. Das Brücken von Designs gibt diese Annahme teilweise auf, indem nur noch die Merkmale der Teildesigns simultan bewertet werden. Ob das inhaltlich zulässig ist, hängt davon ab, *welche* Merkmale in die Teildesigns sortiert werden: Einige Autoren (vgl. Louviere 1984) vertreten die Ansicht, bei geteilten Designs sollten die einzelnen Teildesigns *sachlich* zusammenhängen, weil Probanden ein komplexes Bewertungsproblem in Subprobleme zerlegen. Andere Autoren (vgl. Voeth 2000, S. 161 ff.) gehen hingegen davon aus, dass Probanden zunächst die *wichtigsten* Merkmale simultan bewerten und die Teildesigns daher nach der Wichtigkeit der Merkmale zusammengefasst werden sollten. Die Zweiteilung des Bewertungsprozesses ist daher unter unterschiedlichen Annahmen vollziehbar.[68]

Der Bridger kann doppelt so viele Merkmale verarbeiten wie die traditionelle Conjoint-Analyse, kann dabei auf individueller Basis eingesetzt werden und vermeidet eine kognitive oder zeitliche Überbelastung der Probanden und erscheint somit grundsätzlich als geeigneter Ansatz, dem Merkmalsproblem zu begegnen.

Gegen die statistischen Eigenschaften des Bridgers spricht die oben erwähnte Verwendung von nicht-standardisierten Teilnutzenwerten, die von der

[65] Im Fall eines Rankings ist der Mittelwert von n Stimuli unabhängig von der Reihenfolge der Stimuli $\frac{1}{n}\sum_{i=1}^{n} i$.

[66] Für detailliertere Ausführungen zur Interpretation der Teilnutzenwerte siehe 3.2.1.

[67] Insofern betreffen diese Ausführungen auch die *gebrückte* Conjoint-Analyse, die in Kapitel 3 vorgestellt wird. Die gebrückte Conjoint-Analyse arbeitet nach dem gleichen Prinzip wie der Bridger, unterscheidet sich aber in der konkreten Implementierung.

[68] Siehe hierzu auch die ausführlichen Ausführungen in 3.3.

Anzahl an Stimuli im Design abhängen.[69] Unter der Voraussetzung, dass sich das Verfahren statistisch bewährt, erscheinen gebrückte Designs somit gut geeignet, dem Merkmalsproblem zu begegnen, wenn auch gegen die konkrete Implementierung des Bridgers einige Einwände erhoben werden können.

Hierarchische Informationsintegrations-Conjoint Analyse

Ein ähnlicher Ansatz, der allerdings nicht mit Blick auf das Merkmalsproblem entwickelt worden ist, sondern die Conjoint-Analyse besser an den tatsächlichen Präferenzbildungsprozess anpassen will, ist die *Hierarchische Informationsintegrations-Conjoint Analyse (HICA)*. Dieses Verfahren geht auf die hierarchische Informationsintegrationstheorie zurück (Louviere 1984), der zufolge Probanden bei komplexen Beurteilungen die Eigenschaften zunächst nach inhaltlichen Erwägungen zu übergeordneten Konstrukten gruppieren. Die *Hierarchische Informationsintegrations-Conjoint Analyse* spiegelt das wider, indem sie für jedes dieser übergeordneten Konstrukte eine eigene Conjoint-Analyse durchführt. Grafisch kann das wie folgt veranschaulicht werden:

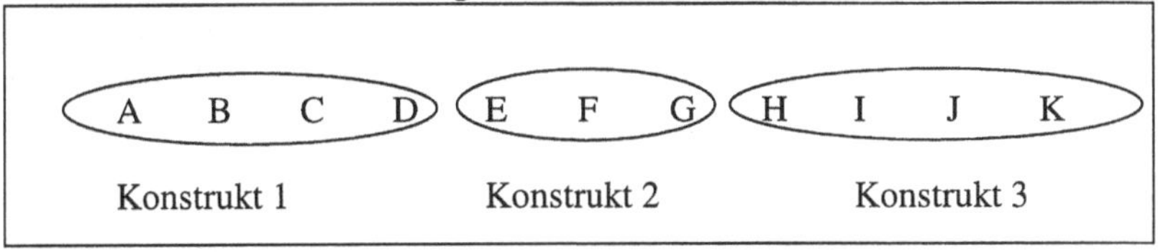

Abbildung 12: Informationsintegrations-Conjoint Analyse (vgl. Reiners 1996, S. 109)

Zuletzt wird eine Meta-Conjoint-Analyse durchgeführt, welche die Konstrukte als Merkmale enthält.[70] Obwohl sich die Vertreter dieses Ansatzes in ihren Beispielen in Richtung des Marketings bewegen, hat dieser Ansatz bislang in der Marketing-Wissenschaft keine große Resonanz außerhalb des an der Entwicklung beteiligten Personenkreises gefunden (vgl. Louviere/Gaeth 1987 und Louviere/Timmermans 1992).

Hauptkritik an diesem Ansatz ist, dass nicht erwiesen ist, ob sich der erheblich erhöhte Komplexitätsgrad gegenüber gebrückten Designs wie BCA auszahlt. Es sind keine Studien bekannt, welche die Eigenschaften dieses Ansatzes mit denen anderer Conjoint-Verfahren vergleichen. Eine marketingbezogene Anwendung des Verfahrens findet sich bei *Perrey* (1998), die auch die Schwierigkeiten dieses Ansatzes in der Praxis verdeutlicht, ohne dass der Autor die Schwierigkeiten explizit thematisiert. *Perrey* untersucht Präferenzen für eine Bahnreise mit den Konstrukten, „Service, Ausstattung, Reisezeitaufwand und

---

[69] Eine Möglichkeit der Standardisierung von Teilnutzenwerten wird in 3.2.2 vorgestellt.

[70] *Oppewal/Louviere/Timmermans* (1994) entwickeln diesen Ansatz weiter, indem sie die Ergebnisse der Konstrukte untereinander aufnehmen, das heißt Konstrukt *i* ist ein Merkmal der Konstrukte *j* (*j*=1..*n*, *j*≠*i*).

Sozialer Nutzen", die bei ihm *Metakriterien* heißen. Unter jedes dieser Metakriterien fallen jeweils zwischen vier und fünf Merkmale, die jeweils wieder zwischen zwei und drei Ausprägungen aufweisen. Problematisch ist, dass im *Metadesign* als Merkmale zwar notwendigerweise die Metakriterien verwendet werden, als *Ausprägungen* aber eigene *Meta*ausprägungen, zum Beispiel für Service „Basisservice" und „erweiterter Service" (siehe Tabelle 9). Diese stehen in keiner unmittelbaren Beziehung zu den Merkmalen und Ausprägungen des entsprechenden Subdesigns, die davon unabhängig für Service aus „Sauberkeit, Betreuung, Verpflegung und Sicherheitskräfte" bestehen, jeweils mit zwei bis drei eigenen Ausprägungen:

Metakriterium	Subdesigns
Service • Basisservice • Erweiterter Service	• Sauberkeit - Standardreinigung - mehrfache Reinigung • Betreuung - geringe Auskunftsfunktion - umfassende Auskunftsfunktion - intensive persönliche Betreuung • Verpflegung - keine Verpflegung - Imbissmöglichkeit - Imbiss- und Speisemöglichkeit • Sicherheitskräfte - Bahnhof - Bahnhof und Zug

Tabelle 9: Beispiel Metakriterium mit Subdesigns (vgl. Perrey 1998, S. 176 ff.)

Die Gewichte der Merkmale des Subdesigns werden berechnet, indem das Gewicht aus dem Subdesign mit dem Gewicht des zugehörigen *Metakriteriums* multipliziert wird. Wenn zum Beispiel der Service auf Subdesignebene das Gewicht 26,3% erhält und das Metakriterium Service das Gewicht 10,1%, erhält das Merkmal Service letztendlich das Gewicht 2,7%. Da, wie in 1.3.1 erläutert, die Spanne der Ausprägungen von entscheidender Bedeutung für das Gewicht eines Merkmals ist, stellt sich bei diesem Vorgehen insbesondere die Frage, ob zum Beispiel „Basisservice" und „erweiterter Service" von den Probanden entsprechend der Vorstellung des Forschers verstanden und im Vergleich zu den anderen Metakriterien richtig gewürdigt werden, denn die Assoziation der Probanden zu „Basisservice" und „erweiterter Service" bestimmt das Gewicht des Metakriteriums Service und damit das Gewicht der Ergebnisse der Subdesigns (vgl. Perrey 1998, S. 174 ff.).

Für die Verwendung der HICA spricht die inhaltliche Fundierung durch die Informationsintegrationstheorie. Darüber hinaus ist die Analyse auf individuellem Niveau mit vielen Merkmalen positiv zu bewerten.[71] Die statistischen Eigenschaften des Verfahrens sind aufgrund der Ähnlichkeit zur traditionellen Conjoint-Analyse als unproblematisch anzusehen.

Dennoch ist die HICA in der Praxis nur für sehr kleine Subdesigns geeignet: In allen anderen Fällen stellt die HICA an den Probanden sehr hohe kognitive Ansprüche und beansprucht seine Zeit prohibitiv lange, weil nicht nur Daten für die Subdesigns erhoben werden, sondern zusätzlich für das Metadesign. In der praktischen Durchführung ist die HICA daher tendenziell weniger geeignet, das Merkmalsproblem zu lösen, weil sie die Probanden zeitlich extrem belasten kann und aufgrund bei Erhebung der Metadesigns vom Probanden einen hohes Maß an Abstraktionsfähigkeit verlangt und somit auch kognitiv sehr stark belastet kann.

Hierarchische Individualisierte Limit Conjoint-Analyse

Eine neue Variation der Conjoint-Analyse stellt die Hierarchische Individualisierte Limit Conjoint-Analyse (HILCA) von *Voeth* (2000) dar. Ziel dieses Verfahrens ist nicht unmittelbar die Ausweitung der Merkmale in einem Conjoint-Design, sondern vor allem der Versuch, die Conjoint-Analyse durch Individualisierung und Hierarchisierung *realistischer* zu machen (vgl. Voeth 2000, S. 163). Dieses Verfahren hat einen unmittelbaren Berührungspunkt zum Brücken von Designs und baut auf den folgenden schon erläuterten Verfahren zur Präferenzmessung auf:

- der traditionellen Conjoint-Analyse (TCA),
- den Ansätzen zur Individualisierung der Conjoint-Analyse (ICA),[72]
- der Conjoint-Analyse mit Limit-Card und der
- Hierarchischen Informationsintegrations Conjoint-Analyse (HICA).

Aus diesen Ansätzen wählt die HILCA einzelne Komponenten aus und verbindet diese zu einem neuen Ansatz mit drei Varianten. Ausgangspunkt des Verfahrens ist die Überlegung, dass Probanden *mehrstufig* entscheiden, indem sie ein Objekt zuerst aufgrund der besonders wichtigen Eigenschaften bewerten und erst in einer zweiten Stufe aufgrund der weniger wichtigen Merkmale. Daher unterscheidet die HILCA *Ebenen der Wichtigkeit* von Merkmalen und die Probanden bewerten jeweils nur Merkmale einer Ebene simultan in einem Design. Das *Grundmodell* der HILCA geht davon aus, dass Probanden im Bewertungsprozess zunächst *allein die wichtigen* Merkmale simultan und kompensatorisch

---

[71] Im Gegensatz zu anderen Conjoint-Verfahren ist für die HICA das Vorliegen einer gewissen Mindestanzahl von Merkmalen sogar notwendig, weil sonst keine Merkmalsgruppen gebildet werden können.

[72] Neben ACA sind hier vor allem die Arbeiten von *Boecker/Schweikl* (1988) und *Schweikl* (1985) zu nennen.

bewerten und *nachrangige* Merkmale nur dann herangezogen werden, wenn Stimuli aufgrund der wichtigen Merkmale gleich bewertet würden. Es besteht somit keine Kompensationsbeziehung zwischen Merkmalen verschiedener Ebenen. Merkmale, welche die Probanden für völlig *unwichtig* erachten, werden ganz ausgeschlossen. Zu diesem Zweck ordnen die Probanden *vor* der eigentlichen Conjoint-Phase die Merkmale verschiedenen Wichtigkeitsgruppen zu, zum Beispiel „sehr wichtig", „weniger wichtig" und „völlig unwichtig und somit auszuschließen", so dass eine *Grobsortierung* der Merkmale in Wichtigkeitsgruppen entsteht.[73] Anschließend wird für jede dieser Gruppen eine eigene traditionelle Conjoint-Analyse durchgeführt,[74] deren sich ergebende Teilnutzenwerte verwendet werden, um *lexikografisch*[75] eine Auswahlentscheidung zu simulieren, ohne die Ergebnisse unterschiedlicher Ebenen miteinander verknüpfen zu müssen: Die Bewertung erfolgt so lange allein anhand der obersten Ebene, bis zwei Alternativen gleich bewertet werden. Erst dann werden die Ergebnisse der unteren Ebenen hinzugezogen, um zwischen den auf der obersten Ebene gleichwertigen Alternativen zu diskriminieren.

Die HILCA bezieht eine *Limit-Card* wie in 2.1 beschrieben in die Untersuchung ein, und erhebt so Informationen darüber, welche Stimuli individuell kaufwürdig sind, weil sie einen positiven Nutzen stiften. Die Limit-Card wird allerdings nur in der wichtigsten Ebene erhoben, weil davon ausgegangen wird, dass „die Entscheidung über die generelle Akzeptanz oder Nicht-Akzeptanz von Objekten allein anhand der Merkmale der zentralen Merkmalsebene getroffen wird" (Voeth 2000, S. 172). Diese Argumentation ist einerseits plausibel, erscheint andererseits problematisch, da wie in 2.1 argumentiert, die Limit-Card eigentlich in das vollständige Design gelegt werden sollte. Statt dessen wird sie in der HILCA nun in einen *Teil* des reduzierten Designs gelegt. Eine Technik, die nur unter den spezifischen Annahmen der HILCA möglich ist.

Die *erste Modellerweiterung* der HILCA gibt die Annahme auf, dass es keine Kompensationsbeziehung zwischen Merkmalen unterschiedlicher Ebenen gibt, sondern lässt diese ausdrücklich zu. Dazu wird jeweils ein Merkmal einer höheren Ebene in das Design der nächstniedrigen Ebenen aufgenommen. Die Teilnutzenwerte werden über einen *Quotienten*, der sich aus dem Verhältnis der Spannweiten des gemeinsamen Merkmals ergibt, verbunden (vgl. Voeth 2000,

---

[73] Für die Behandlung der Spezialfälle, dass der Proband jedes Merkmal in eine eigene Gruppe bzw. alle Merkmale in die gleiche Gruppe sortiert siehe *Voeth* (2000, S. 169 f.).

[74] Traditionelle Conjoint-Analyse heißt mit den Vollprofilen eines orthogonalen, fraktioniert faktoriellen Designs. Da vor der Erhebung unbekannt ist, wie der Proband die Merkmale auf die Gruppen verteilt, muss eine entsprechend große Anzahl an Designs vorgehalten werden, bei 10 Merkmalen beispielsweise 375 Designs (vgl. Voeth 2000, S. 171).

[75] Lexikografisch bedeutet die Entscheidung zwischen zwei Alternativen auf das *wichtigste* Merkmal zu reduzieren und erst wenn zwei Alternativen in Bezug auf dieses Merkmal gleich bewertet werden, das nächstwichtige Merkmal einzubeziehen (vgl. Wright 1975, S. 61).

S. 185 ff. und S. 265 f.).[76] Das Vorgehen weist somit in diesem Teil große Ähnlichkeit zu der oben erläuterten Bridging Conjoint-Analyse auf. Da diese erste Erweiterung des Modells in unmittelbarem Zusammenhang zum Brücken von Designs steht, beschränken sich die folgenden Ausführungen auf diese erste Modellerweiterung. Die zweite und dritte Modellerweiterung, die zum einen *K.O.-Ausprägungen* ausschließen und zum anderen die Berücksichtigung von *Merkmalsinteraktionen* ermöglichen, werden nicht betrachtet.
Die Verwendung des Brückens von Designs in der HILCA überrascht, weil *Voeth* dieses Verfahren zwar erwähnt, aber nicht diskutiert, und die von ihm angegebenen Quellen das Brücken eher negativ bewerten.[77] (vgl. Voeth 2000, S. 127 f.). Zudem weist das Brücken von Designs im Rahmen der HILCA, wie von *Voeth* vorgestellt, verschiedene Besonderheiten auf: Die HILCA verwendet zur Berechnung des Brückungsquotienten nur den jeweils höchsten und niedrigsten Wert des Brückenmerkmals in den beiden Teildesigns. Die Teilnutzenwerte *zwischen* dem höchsten und niedrigsten gehen nicht in die Berechnung ein. Aus *Voeths* Ansatz geht nicht hervor, wie diese „mittleren" Teilnutzenwerte zu behandeln sind, weil er das Beispiel eines Brückenmerkmals mit zwei Ausprägungen verwendet, bei dem es keine mittleren Teilnutzenwerte gibt.[78]

Des weiteren nimmt die HILCA explizit Bezug auf die Informationsintegrationstheorie, aus deren Sicht heraus *Oppewal/Louviere/Timmermans* (1994), das Brücken von Designs *prinzipiell* ablehnen.[79] Das heißt *Voeth* handelt sich einen Widerspruch ein, der sich aus der Bezugnahme auf die Informationsintegrationstheorie einerseits und dem Brücken von Designs andererseits ergibt: Das Brücken verschiedener Ebenen weicht den hierarchischen Charakter auf.

In seinem empirischen Test kommt *Voeth* (2000, S. 291 ff.) zu dem Ergebnis, dass die erste Modellerweiterung etwas – aber nicht signifikant – schlechter ist als das Grundmodell. *Voeth* überprüft dazu, inwieweit die HILCA in der Lage ist, eine Auswahlentscheidung richtig zu prognostizieren. Dazu wäh-

---

[76] Die *Spannweite* eines Merkmals berechnet sich aus der Differenz des höchsten und des niedrigsten Teilnutzenwertes dieses Merkmals. Der Brückungsquotient der HILCA berechnet sich dann durch die Division dieser beiden Spannweite. Eine formalere Darstellung dieses Vorgehens findet sich unter 3.2.1.

[77] Voeth verweist auf Reiners (1996) und Oppewal/Louviere/Timmermans (1994).

[78] Wenn zum Beispiel ein dreistufiges Brückenmerkmal in einem Teildesign die Teilnutzenwerte -1, -2 und 3 und im anderen Teildesign die Werte -1, -3 und 4 erhält, ergibt sich ein Quotient der Spannen q=4/5. Die Multiplikation des zweiten Teildesigns mit q führt zu den neuen Teilnutzenwerten -0,8, -2,4 und 3,2, so dass sich ebenfalls die Spanne 4 ergibt. Offen bleibt, welche Teilnutzenwerte für das Gesamtdesign verwendet werden sollen, weil jetzt zwar die Spannen identisch sind, nicht aber die Teilnutzenwerte. Im Fall eines zweistufigen Designs ergeben sich hingegen immer betragsgleiche Teilnutzenwerte mit unterschiedlichen Vorzeichen (zum Beispiel -1, 1 oder -0,5, 0,5), so dass das Problem inkonsistenter Brückenmerkmale nicht auftritt. Dieses Problem sowie die Berechnung der Spannen wird in Zusammenhang mit der gebrückten Conjoint-Analyse in 4.3.2.2 eingehend behandelt.

[79] „This method is rather ad hoc, and its statistical properties are not well understood." (Oppewal/Louviere/Timmermans 1994, S. 92)

len die Probanden aus einem Set von drei Karten eine aus. Es handelt sich somit *nicht* um einen Validitätstest im engen Sinn, da kein *wirkliches* Verhalten im Sinne eines tatsächliches Kaufs berücksichtigt wird.[80]

Die Stärken der ersten Modellerweiterung HILCA sind somit ihre inhaltliche Validität, unter der Annahme, dass Probanden zum einen mehrstufig entscheiden und zum anderen die Eigenschaften kompensatorisch bewerten. In dieser Variante kommt die HILCA einer gebrückten Conjoint-Analyse sehr nahe, der Unterschied besteht in der Individualisierung, die dazu führt, dass in der HILCA *probandenspezifische Designs* verwendet werden. Weitere Stärke des Verfahrens ist, dass die Daten auf individuellem Niveau erhoben und geschätzt werden, so dass die HILCA auch mit einem einzelnen Probanden durchführbar ist, ohne diesen kognitiv zu überfordern. Die zeitliche Belastung ist allerdings je nach Design erheblich.

Da die HILCA gebrückte Designs verwendet, ergibt sich folgender Zusammenhang zwischen der Arbeit von *Voeth* und der vorliegenden Arbeit: Wenn sich im Rahmen dieser Arbeit erweisen sollte, dass es sich beim Brücken von Designs um eine *statistisch* zulässige Maßnahme handelt, kann weitergehend überlegt werden, ob die Teildesigns in einer *hierarchischen* Beziehung zueinander stehen sollten oder nicht. Fällt das Ergebnis der Arbeit negativ aus, ist damit auch die erste Modellerweiterung der HILCA infrage gestellt.

Zu dem Problem, die Zahl verwendeter Merkmale in der Conjoint-Analyse zu erhöhen, trägt das Konzept der HILCA wenig bei, da das Problem im Grundmodell aufgrund der lexikografischen Entscheidungsregel umgangen wird und in der Modellerweiterung das Problem der Verbindung der Teildesigns nicht thematisiert wird. Weiterhin bleiben die „Validitätsergebnisse" für das Problem nur begrenzt aussagefähig, weil keine gebrückte Conjoint-Analyse ohne Individualisierung in den Vergleich einbezogen worden ist.[81]

2.3 Vergleich der Verfahren zur Conjoint-Analyse

Die Eigenschaften der zuvor besprochenen Ansätze zur Präferenzmessung sind in der folgenden Tabelle zusammengefasst. In der Literatur finden sich an verschiedenen Stellen ähnliche Übersichten (vgl. Backhaus/Voeth/Hahn 1998, S. 11, Perrey 1998, S. 91 und Stadie 1998, S. 73), die nicht unmittelbar vergleichbar sind, weil unter die verschiedenen *Gruppen* von Conjoint-Verfahren ver-

---

[80] Dass ein Conjoint-Verfahren grundsätzlich valide ist, kann streng genommen nur mit einem ganz anderen, eventuell kompositionellen Ansatz, oder besser, mit tatsächlich beobachtetem Verhalten nachgewiesen werden, wobei die Präferenzen nicht beobachtet werden können, sondern nur das Kaufverhalten (vgl. Bateson/Reibstein/Boulding 1987, S. 472 f.).

[81] Zudem bezieht *Voeth* die Erkenntnisse von Srinivasan/Park (1997) nicht in seine Betrachtungen ein, deren ähnlicher Individualisierungsansatz sich empirisch nicht bestätigt.

schiedene Ansätze gefasst werden können.[82] Die nachfolgende Übersicht bezieht sich auf die Verfahren wie sie im Rahmen dieser Arbeit vorgestellt worden sind:

	TCA	BCA	HCA	ACA	HICA	HILCA
Inhaltliche Validität[83]	+	o	-	-	+	+
Vielzahl an Merkmalen	-	+	+	+	+	+
Individuelle Analyse[84]	+	+	-	+	+	+
Auswahlentscheidung	-[85]	-[86]	-	-	-	+
gleiche MM für alle	+	+	-	+	+	-
kognitive Belastung	o	o	o	+	-	-
zeitliche Belastung	o	o	o	+	-	-
Statist. Eigenschaften[87]	+	?	-	?	+	?

Tabelle 10: Vergleich unterschiedlicher Conjoint-Verfahren[88]

Es bedeuten:

TCA: traditionelle Conjoint-Analyse (Verwendung von Vollprofilen, jeder Proband bewertet alle Stimuli des Gesamtdesigns)

BCA: gebrückte Conjoint-Analyse (Verwendung von Vollprofilen, Bildung von Teildesigns mit einem überlappenden Merkmal, Brücken des Designs wie bei *Bridger*)

HCA: hybride Conjoint-Analyse (Kombination von kompositioneller und dekompositioneller Datenerhebung, Schätzung von Teilnutzenwerten auf Gruppenebene)

---

[82] So gibt es zum Beispiel Ansätze, die hybride Conjoint-Analyse und die Choice-based Conjoint-Analyse zu individualisieren (vgl. Green/Krieger 1996).

[83] Mit inhaltlicher Validität ist an dieser Stelle die theoretische Begründung des Verfahrens gemeint.

[84] Damit einhergehend ist eine *a-posteriori-Segmentierung* möglich, also eine Segmentierung auf Basis der Teilnutzenwerte.

[85] Positiv, wenn die TCA um eine Limit-Card erweitert wird.

[86] Die Integration einer Limit-Card ist hier nicht ohne weiteres möglich. Die Lösung, die *Voeth* (2000, S. 185) in der 1. Modellerweiterung der HILCA anwendet, basiert darauf, dass die Teildesigns unterschiedlich wichtige Merkmale enthalten, so dass die Limit-Card auf das Teildesign angewendet werden kann, das die wichtigen Merkmale enthält. Eine allgemeine gebrückte Conjoint-Analyse teilt aber die Merkmale nicht zwingend nach der a priori erhobenen Wichtigkeit auf. In diesem Fall kann die Limit-Card nicht erhoben werden.

[87] Bezieht sich darauf, inwieweit die statistischen Eigenschaften des Verfahrens bereits *bekannt* sind.

[88] Für die Erläuterung der Kriterien siehe Kapitel 2, S. 33 ff.

ACA: adaptive Conjoint-Analyse (Kombination von kompositioneller und dekompositioneller Datenerhebung auf individuellem Niveau, Algorithmus nicht öffentlich)

HICA: Hierarchische Informationsintegrations Conjoint-Analyse (Verwendung von Meta- und Subdesigns für die jeweils eine eigen TCA durchgeführt wird, die TCA der Metadesigns wird zur Gewichtung der Subdesigns verwendet)

HILCA: Hierarchische Individualisierte Limit Conjoint-Analyse (Aufteilung des Gesamtdesigns in Teildesigns nach a priori erhobener Wichtigkeit der Merkmale, Verbindung der Teildesigns ähnlich wie BCA, zusätzliche Verwendung einer Limit-Card, um den „Nutzennullpunkt" zu bestimmen)

sowie:

+ : gut
o : neutral
– : schlecht
? : (weitgehend) unbekannt

Hervorgehoben sind diejenigen Kriterien, die gegen die Verwendung des jeweiligen Ansatzes zur Lösung des Merkmalsproblems sprechen. Die HCA scheidet aufgrund ihrer fragwürdigen inhaltlichen Validität und eingeschränkten statistischen Eigenschaften, die von der richtigen Gruppenzugehörigkeit abhängen, als Verfahren das Merkmalsproblem zu lösen, aus. Der Ansatz ACA hat viele Vorteile, die sich aber vor allem auf die Effizienz des Vorgehens beziehen, die inhaltliche Validität ist gering und die wichtigen statistischen Eigenschaften sind nicht veröffentlicht. Die HICA ist ein wohlbegründeter Ansatz der Präferenzmessung, der allerdings den großen und entscheidenden Nachteil hat, dass er die Probanden vor allem zeitlich extrem belastet. Die HILCA beruht auf Prinzipien von BCA und HICA und hängt in der Bewertung an den statistischen Eigenschaften der BCA.

Die BCA erscheint als eine vielversprechende Möglichkeit, umfangreiche Merkmale zu verwenden. Allerdings ist das Verfahren in Bezug auf seine konkrete Ausgestaltung kritisch zu hinterfragen, so dass im weiteren Verlauf dieser Arbeit nicht die statistischen Eigenschaften der BCA, sondern der vom Prinzip ähnlichen *gebrückten Conjoint-Analyse* (GCA) überprüft werden.[89]

[89] Die Unterschiede zwischen BCA und GCA finden sich in 3.5.2.

3 Die gebrückte Conjoint-Analyse

3.1 Das Verfahren im Überblick

Die Phasen einer gebrückten Conjoint-Analyse können wie folgt veranschaulicht werden:

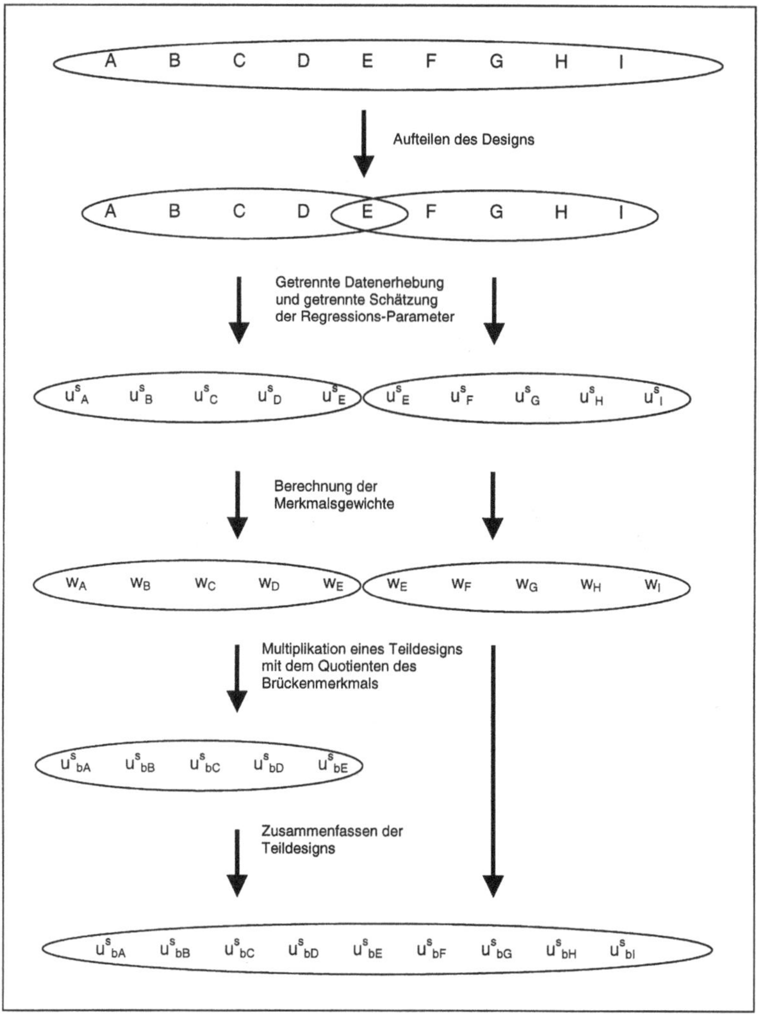

Abbildung 13: Ablaufschritte der GCA

In Abbildung 13 bedeuten:

A bis I	die Merkmale des Designs
u^s_A	die standardisierten Teilnutzenwerte von Merkmal A
u^s_{bA}	die standardisierten und gebrückten Teilnutzenwerte von Merkmal A
w_A	das Gewicht von Merkmal A

Phasen der gebrückten Conjoint-Analyse

In der *ersten Phase* der gebrückten Conjoint-Analyse wird das *Gesamtdesign* bestimmt, das sind alle Merkmale und Ausprägungen, die für die Untersuchung relevant sind (in Abbildung 13 die Merkmale A bis I).

In der *zweiten Phase* wird das Gesamtdesign so auf zwei Teildesigns aufgeteilt, dass genau ein Merkmal als Brückenmerkmal in beiden Teildesigns vorhanden ist. Das Brückenmerkmal kann jedes Merkmal des Gesamtdesigns sein, wichtig ist nur, dass es in beiden Teildesigns die gleichen Ausprägungen aufweist (in der Abbildung Merkmal E).

Ab der *dritten Phase* werden die Teildesigns wie eigenständige traditionelle Conjoint-Analysen behandelt, indem die Datenerhebung mit Vollprofilen durchgeführt wird und mittels einer Kleinste-Quadrate-Schätzung die Teilnutzenwerte geschätzt werden, so dass für jede Ausprägung der Nicht-Brückenmerkmale ein Teilnutzenwert vorliegt und für die Ausprägungen des Brückenmerkmals jeweils zwei Teilnutzenwerte vorliegen. Die Teilnutzenwerte werden standardisiert, um sie von der Anzahl der Stimuli im Design unabhängig zu machen.[90] Standardisierte Teilnutzenwerte weisen die Eigenschaft auf, dass der geringste Teilnutzenwert eines Merkmals gleich 0 ist und sich die Summe der besten Ausprägungen über alle Merkmale zu 1 addiert.

In der *vierten Phase* wird das *Gewicht* der Merkmale in den Teildesigns berechnet. Das Gewicht eines Merkmals ist der relative Einfluss, den ein Merkmal auf den Gesamtnutzen ausübt, wenn die Ausprägungen des Merkmals ceteris paribus von der am niedrigsten bewerteten Ausprägung zur am höchsten bewerteten Ausprägung dieses Merkmals variiert werden. Rechnerisch entspricht das Gewicht eines Merkmals der Spanne von der niedrigsten bis zur höchsten Ausprägung im Verhältnis zur Summe der Spannen der anderen Merkmale. Bei standardisierten Teilnutzenwerte kann das Gewicht unmittelbar abgelesen werden, weil es der höchsten Ausprägung eines Merkmals entspricht. Das folgende Beispiel eines Designs mit drei Merkmalen verdeutlicht das:

	A1	*A2*	*B1*	*B2*	*B3*	*C1*	*C2*
standardisierte Teilnutzenwerte	0	0,20	0	0,10	0,48	0,32	0

Tabelle 11: Beispiel standardisierter Teilnutzenwerte

[90] Zur Begründung siehe die Ausführungen in 3.2.1.

Den niedrigsten Gesamtnutzenwert hat in diesem Beispiel der Stimulus mit A1, B1 und C2 (Gesamtnutzenwert 0). Der beste Stimulus ist der mit A2, B3 und C1 und hat den Gesamtnutzenwert 1. Die Spanne vom schlechtesten zum besten Stimulus ist bei standardisierten Teilnutzenwerten immer 1. Das Merkmal A kann den Gesamtnutzenwert eines Stimulus um maximal 0,2 ändern, wenn die Ausprägung von der schlechtesten (Wert 0) zur besten (Wert 0,2) variiert wird, was 20% der maximalen Spanne entspricht: Das Merkmal A hat ein Gewicht von 20% im Vergleich zu B (48%) und C (32%).[91]

In der *fünften Phase* der gebrückten Conjoint-Analyse werden die Teilnutzenwerte so transformiert, dass das Brückenmerkmal nach der Transformation in beiden Teildesigns das gleiche Gewicht hat. Hierzu wird ein Brückenfaktor q berechnet, der sich aus dem Quotienten der beiden Gewichte des Brückenmerkmals ($\frac{w^1}{w^2}$) berechnet und mit dessen reziprokem Wert alle Teilnutzenwerte des ersten Teildesigns multipliziert werden,[92] so dass sich für dieses Teildesign neue Teilnutzenwerte ergeben. Die *Verbindung* der Teildesigns stellt also das *Gewicht* des Brückenmerkmals dar.[93]

Abschließend werden in *Phase 6* alle Teildesigns erneut standardisiert, so dass jetzt die Spanne vom schlechtesten Stimulus im Gesamtdesign zum besten Stimulus wieder 1 beträgt.

Inhaltliche Begründung der gebrückten Conjoint-Analyse

Die gebrückte Conjoint-Analyse baut unmittelbar auf der traditionellen Conjoint-Analyse auf und ist daher inhaltlich ähnlich fundiert.[94] Wie bei der traditionellen Conjoint-Analyse ist der Ausgangspunkt der Analyse ein „evoked set", für das die Probanden Präferenzurteile bilden, indem sie die Eigenschaften der Objekte beurteilen (siehe 1.1). Die gebrückte Conjoint-Analyse geht vom gleichen linear-additiven Modell aus, demzufolge die Beurteilungen für einzelne Eigenschaften kompensatorisch zu einem Gesamturteil für das Objekt verknüpft werden und behält die Annahme bei, dass *alle* betrachteten Merkmalseigenschaften aus den beiden Teildesigns zu einem Gesamturteil verknüpft werden, auch wenn die Datenerhebung nicht mehr für alle Merkmale simultan erfolgt.

Die *inhaltlich* kritische Frage ist, ob es zulässig ist, den Bewertungsprozess der Probanden in zwei Teilprozesse zu zerlegen, wie es in der gebrückten Conjoint-Analyse geschieht. Die Teilung ist dann zulässig, wenn Probanden erstens *mehrstufig* entscheiden und zweitens die Beurteilungen der unterschiedlichen Stufen zueinander in einer *Kompensationsbeziehung* stehen. Indem die gebrückte Conjoint-Analyse die Ergebnisse der Teildesigns in ein Gesamtergeb-

---

91 Für die Berechnung standardisierter Teilnutzenwerte siehe 3.2.2.

92 Alternativ können alle Teilnutzenwerte des Teildesigns 2 direkt mit q multipliziert werden.

93 Die algorithmische Umsetzung wird in 4.1.4 erläutert.

94 Für den Zusammenhang zwischen traditioneller und gebrückter Conjoint-Analyse siehe 3.5.1.

nis überführt, setzt sie voraus, dass die beiden Teilergebnisse kompensatorisch sind.

Dass Käufer bei einer extensiven oder limitierten Kaufentscheidung mehrstufig entscheiden können, ist in der Literatur unumstritten (vgl. Kroeber-Riel/Weinberg 1996, S. 371 ff.). Auch die traditionelle Conjoint-Analyse trifft diese Annahme, indem sie ein – wie auch immer gebildetes – „evoked set“ annimmt (1. Stufe), für das die Präferenzurteile abgefragt werden (2. Stufe).[95] Hinterfragt werden muss daher nicht die Mehrstufigkeit an sich, sondern die *kompensatorische* Verknüpfung der Stufen. Zwei Ansätze der mehrstufigen Präferenzmessung sind bereits in 2.2.2 diskutiert worden:

- Die HICA gewichtet nach *inhaltlichen* Überlegungen gebildete Teildesigns über ein übergeordnetes Metadesign. Die gewichteten Ergebnisse der Teildesigns können additiv verknüpft werden und sind somit kompensatorisch (vgl. Louviere 1984).
- Die HILCA geht davon aus, dass sich die Teildesigns nach der *Bedeutung* der Merkmale unterscheiden sollen, weil Probanden zunächst die wichtigen Merkmale kompensatorisch und simultan bewerten und erst in einer nachfolgenden Stufe die weniger wichtigen Merkmale beurteilen. In der ersten Modellerweiterung ist die Beziehung zwischen den Ergebnissen unterschiedlicher Stufen kompensatorisch (vgl. Voeth 2000, S. 263 ff.).

Die gebrückte Conjoint-Analyse verlangt keine bestimmte Aufteilung der Merkmale und ist daher flexibel anwendbar. Folgt man den Annahmen der HILCA, können die Teildesigns nach der Wichtigkeit der Merkmale verbunden werden, indem dasjenige Merkmal als Brückenmerkmal verwendet wird, das die Grenze zwischen den sehr wichtigen und den weniger wichtigen Merkmalen darstellt. Teilt man hingegen die Annahmen der HICA kann man die Teildesigns nach inhaltlichen Kriterien bilden und als Brückenmerkmal ein Merkmal verwenden, das inhaltlich zu beiden Teildesigns passt.

Ob die Aufteilung grundsätzlich zulässig ist, hängt daher von den Annahmen ab, die man über das Präferenzbildungsverhalten im Einzelfall trifft und der daraus resultierenden Aufteilung der Merkmale auf die Teildesigns. Eine problemadäquate Auswahl der Merkmale (siehe 1.3.1) stellt sicher, dass die Ergebnisse der Teildesigns kompensatorisch sind und es obliegt der Entscheidung des Forschers, ob er die Merkmale nach inhaltlichen Erwägungen, nach der Wichtigkeit oder nach anderen Kriterien aufteilt. Die gebrückte Conjoint-Analyse ist in diesem Punkt flexibel, weil die einzige Anforderung die das Verfahren an die Aufteilung stellt, das Vorhandensein eines gemeinsamen Brückenmerkmals ist. Für das Funktionieren der gebrückten Conjoint-Analyse ist daher *nicht die Aufteilung* der Merkmale entscheidend, sondern dass die Verbindung von Teildesigns über die Gewichte eines Brückenmerkmals rechnerisch zulässig ist (siehe hierzu 3.3).

[95] Für die mehrstufige Präferenzmessung vgl. Green (1974).

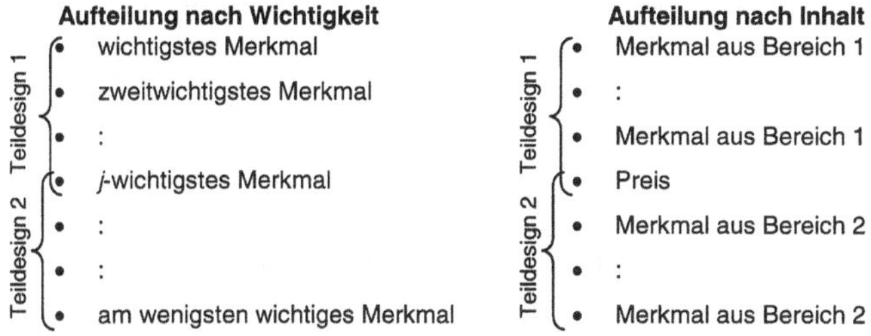

Abbildung 14: Möglichkeiten der Aufteilung des Gesamtdesigns

3.2 Die Umsetzung des Verfahrens

3.2.1 Die Berechnung der Teilnutzenwerte

Gebrückt werden die Teildesigns, wie in 3.1 angesprochen, unter Verwendung des Merkmalsgewichts. Dazu wird ein Quotient q gebildet, der das Verhältnis der Merkmalsgewichte des Brückenmerkmals in den beiden Teildesigns widerspiegelt. In einigen Fällen kann es vorkommen, dass das Gewicht des Brückenmerkmals in mindestens einem der beiden Teildesigns 0 ist, weil die Ausprägungen den gleichen Teilnutzenwert aufweisen. Liegt ein solcher Fall vor, ist aus logischer Sicht kein Brücken möglich: Ein vollkommen unwichtiges Merkmal kann nicht dazu verwendet werden, zwei Designs zu verbinden, selbst wenn es in beiden Teildesigns gleichermaßen mit dem Merkmalsgewicht 0 bewertet würde. Der Grund ist, dass für ein Merkmal mit Gewicht 0 kein Verhältnis zu den anderen Merkmalen im Design berechnet werden kann.[96] Da ein solches Verhältnis die Voraussetzung für die Verbindung von Teildesigns ist, kann bereits an dieser Stelle – vor der simulativen Überprüfung – festgehalten werden, dass es bestimmte Fälle gibt, in denen kein Brücken möglich ist.

In einem Beispiel mit drei Merkmalen A, B und C bei dem B das Brückenmerkmal ist, sieht die gebrückte Conjoint-Analyse wie folgt aus:

[96] Siehe hierzu die ausführlichen Ausführungen in 3.3.

	A1	*A2*	*B1*	*B2*	*B3*	*C1*	*C2*
Teildesign 1 $\hat{u}^{1s}$	0	0,3	0	0,14	0,7		
Teildesign 2 $\hat{u}^{2s}$			0	0,1	0,6	0,4	0

Tabelle 12: Beispiel Teilnutzenwerte im gebrückten Design (1)

Somit ist der Quotient $q = \frac{\max(\hat{u}_{b1}^{1s}..\hat{u}_{b3}^{1s})}{\max(\hat{u}_{b1}^{2s}..\hat{u}_{b3}^{2s})} = \frac{0,7}{0,6} \approx 1,17$

mit $\hat{u}_{bi}^{js}$ = Teilnutzenwert der Ausprägung *i* des Brückenmerkmals *B* in Teildesign *j*

Mit diesem Quotienten werden alle Teilnutzenwerte des Teildesigns 2 multipliziert, so dass das Brückenmerkmal anschließend in beiden Teildesigns das gleiche Gewicht hat.[97]

	A1	*A2*	*B1*	*B2*	*B3*	*C1*	*C2*
Teildesign 1	0	0,3	0	0,14	0,7		
Teildesign 2_g			0	0,12	0,7	0,46667	0

Tabelle 13: Beispiel Teilnutzenwerte im gebrückten Design (2)

In diesem Beispiel kann das Brückenmerkmal *B* nicht konsistent transformiert werden, weil zwar prinzipbedingt die beste Merkmalsausprägung in beiden Teildesigns gleich ist, die nicht in den Quotienten eingegangene Ausprägungen *B2* in beiden Teildesigns aber nicht genau gleich groß ist. Das ist in der Praxis der Conjoint-Analyse aufgrund von Schätzungenauigkeiten und Inkonsistenzen im Bewertungsverhalten von Probanden der Regelfall. Liegen Abweichungen vor verwendet die gebrückte Conjoint-Analyse für das Gesamtdesign den *Mittelwert der abweichenden Teilnutzenwerte.*

Das gebrückte Designs sieht im Beispiel wie in der letzten Zeile der nachstehenden Tabelle aus:

---

97 Alternativ können die Teilnutzenwerte des Teildesigns 1 mit $\frac{1}{q}$ multipliziert werden.

	A1	A2	B1	B2	B3	C1	C2
Teildesign 1	0	0,3	0	0,14	0,7		
Teildesign 2_g			0	0,12	0,7	0,46667	0
Brückendesign	0	0,3	0	0,13	0,7	0,46667	0

Tabelle 14: Beispiel Teilnutzenwerte im gebrückten Design (3)

Wird das Brückendesign erneut standardisiert, liegen Teilnutzenwerte vor, die prinzipiell denen entsprechen, die aus einer Conjoint-Analyse des Gesamtdesigns hervorgegangen wären:

	A1	A2	B1	B2	B3	C1	C2
Brückendesign (standardisiert)	0	0,20	0	0,09	0,48	0,32	0

Tabelle 15: Beispiel Teilnutzenwerte im gebrückten Design (Ergebnis)

3.2.2 Die Notwendigkeit zur Standardisierung der Teilnutzenwerte

Wie in Tabelle 12 und Tabelle 15 in 3.2.1 erkennbar, arbeitet die gebrückte Conjoint-Analyse mit *standardisierten Teilnutzenwerten*, bei denen sich die Summe der besten Ausprägungen über alle Merkmale zu 1 addiert und die jeweils geringste Ausprägung eines jeden Merkmals 0 ist. Die Standardisierung ist notwendig, weil die Teilnutzenwerte der Conjoint-Analyse üblicherweise in *Abhängigkeit von den Stimuli interpretiert* werden.

Interpretation unstandardisierter TNW

Ausgangspunkt ist der Mittelwert der Stimulibewertungen m, der sich für jedes Ranking mit n Stimuli wie folgt berechnet: $m = \frac{1}{n}\sum_{i=1}^{n} i$. Ein Teilnutzenwert von –2 für eine Ausprägung bedeutet, dass Stimuli mit dieser Ausprägung durchschnittlich 2 Rangplätze unter dem mittleren Stimulus gelegen haben und ein Teilnutzenwert von +2 bedeutet entsprechend, dass Stimuli mit dieser Ausprägung durchschnittlich 2 Plätze über dem mittleren Stimulus gelegen haben. Die Interpretation der Teilnutzenwerte hängt damit von der Anzahl der Stimuli im Design *n* ab, weil zwei Rangplätze in einem kleinen Design mehr Gewicht haben als in einem großen Design. Um diese Interpretation nachvollziehen zu können, ist die Kenntnis der in der Conjoint-Analyse üblichen Dummy-Kodierung notwendig.

Effektkodierung der Dummies

Zur Schätzung der Teilnutzenwerte für die Merkmalsausprägungen werden in der Conjoint-Analyse *Dummyvariablen* für die Ausprägungen der Stimuli eingeführt. Die Dummyvariablen weisen den Wert 1 auf, wenn eine Ausprägung auf einem Stimulus vorhanden ist und den Wert 0, wenn die Ausprägung auf einem Stimulus nicht vorhanden ist. Das Beispiel in Tabelle 20 verdeutlich die Bildung von Dummies für ein Design mit zwei Merkmalen. Das Merkmal *A* enthält drei Ausprägungen und das Merkmal *B* zwei, so dass sich die folgenden sechs Stimuli ergeben (in Anlehnung an Kalinowski o. J., S. 50):

	Ausprägungen		*Kodierung mit Dummies*				
Stimulus Nr.	A	B	A1	A2	A3	B1	B2
1	1	1	1	0	0	1	0
2	1	2	1	0	0	0	1
3	2	1	0	1	0	1	0
4	2	2	0	1	0	0	1
5	3	1	0	0	1	1	0
6	3	2	0	0	1	0	1

Tabelle 16: Kodierung von Variablen

Mit diesen Dummyvariablen kann direkt noch keine Kleinste-Quadrate-Schätzung durchgeführt werden, weil stets eine Ausprägung eines Merkmals von den anderen Ausprägungen desselben Merkmals *abhängig* ist: Wenn zum Beispiel für Stimulus 6 bekannt ist, dass der Stimulus weder die Ausprägung A1 noch die Ausprägung A2 enthält, dann *muss* der Stimulus die Ausprägung A3 aufweisen. Um diesem Problem zu begegnen, ist in der Conjoint-Analyse, zum Beispiel bei SPSS, die *Effektkodierung*[98] der Variablen üblich (vgl. Bortz 1993,

[98] Der Begriff Effektkodierung („effect coding") geht auf *Kerlinger/Pedhazur* (1973, S. 116 ff.) zurück. Die Interpretation der Effektkodierung ist wie folgt: Die Regressionskonstante entspricht dem Gesamtmittelwert der abhängigen Variablen (vgl. Bortz 1993, S. 450) und der Wert eines Stimulus setzt sich aus dieser Regressionskonstante (interpretiert als eine Art Grundnutzen) und den Teilnutzenwerten seiner Merkmalsausprägungen zusammen. In Rahmen der Effektkodierung werden ausgehend von diesem Grundnutzen Ausprägungen, deren

S. 448 ff. und SPSS 1997, S. 68), die auf das Beispiel angewendet zu folgender Designmatrix führt:

$$\mathbf{X} = \begin{pmatrix} 1 & 1 & 0 & 1 \\ 1 & 1 & 0 & -1 \\ 1 & 0 & 1 & 1 \\ 1 & 0 & 1 & -1 \\ 1 & -1 & -1 & 1 \\ 1 & -1 & -1 & -1 \end{pmatrix} \quad \text{(Spalten 2–4: A1, A2, B1)}$$

Die Designmatrix **X** enthält für jedes Merkmal mit *i* Ausprägungen *i*-1 Spalten, im Beispiel entsprechend zwei Spalten für A und eine für B. Die erste Spalte der Design-Matrix **X** steht für das absolute Glied und enthält in jeder Zelle eine 1. Die *Zeilen* repräsentieren die einzelnen Stimuli, sie enthalten eine:

- 1, wenn die jeweilige Ausprägung auf dem Stimulus vorhanden ist, eine
- –1 wenn die letzte (abhängige) Ausprägung auf dem Stimulus vertreten ist und eine
- 0 in den anderen Fällen.

Mit der so kodierten Designmatrix **X** rechnet SPSS eine Kleinste-Quadrate-Schätzung, die in Anlehnung an *Chatterjee/Price* (1995, S. 96 f.) vorgestellt wird.[99] Das lineare Modell lautet: $\mathbf{Y} = \mathbf{X}\,\boldsymbol{\beta} + \mathbf{u}$.

X ist die Matrix der unabhängigen Variablen, wie oben beschrieben, und **Y** ist der Vektor der Stimulibewertungen, als abhängige Variablen der Regression. Würden im obigen Beispiel den sechs Stimuli der Reihe nach die Rangplätze 4, 5, 3, 1, 2, 6 zugewiesen ist $\mathbf{Y} = \begin{pmatrix} 3 \\ 2 \\ 4 \\ 6 \\ 5 \\ 1 \end{pmatrix}$, weil sich die *Werte* y_i nach der Formel $(n+1)-r_i$ berechnen (mit n als Anzahl der Stimuli im Design und r_i als Rangplatz von Stimulus i; vgl. SPSS 1997, S. 68 f.).

$\boldsymbol{\beta}$ repräsentiert den Vektor der zu schätzenden Parameter, das sind im Sprachgebrauch der Conjoint-Analyse die *Teilnutzenwerte*. Für den Störterm **u** gelten die Annahmen $E(\mathbf{u}) = 0$ und $Var(\mathbf{u}) = E(\mathbf{uu'}) = \sigma^2\, \mathbf{I}_n$, das heißt die einzelnen u_i haben den Mittelwert 0 und konstante Varianzen. Ziel der Kleinste-

Teilnutzenwerte kleiner als Null sind als „ungünstig" interpretiert, weil sie den Grundnutzen verringern. Ausprägungen, deren Teilnutzenwert größer als Null sind, werden entsprechend als „günstig" interpretiert.

[99] Für die leicht abweichende Umsetzung bei SPSS siehe SPSS (1997, S. 67 ff.).

Quadrate-Schätzung ist es, $S(\boldsymbol{\beta}) = \mathbf{u'u} = (\mathbf{Y} - \mathbf{X}\,\boldsymbol{\beta})'(\mathbf{Y} - \mathbf{X}\,\boldsymbol{\beta})$ zu minimieren, was zu dem Gleichungssystem $(\mathbf{X'X})\,\mathbf{b}=\mathbf{X'Y}$ führt, das nach $\mathbf{b} = (\mathbf{X'X})^{-1}\mathbf{X'Y}$ aufgelöst werden kann, unter der Voraussetzung, dass die Inverse von $(\mathbf{X'X})$ existiert. Inhaltlich bedeutet die Minimierung von $S(\boldsymbol{\beta})$ den Versuch, eine Parameterkonstellation zu finden, bei welcher der Störterm möglichst gering ist.

Aus diesem Vorgehen – Kleinste-Quadrate-Schätzung mit Effektkodierung – ergeben sich die folgenden Konsequenzen für die Interpretation des Regressionsergebnisses:

- Die Konstante entspricht dem Gesamtmittelwert der abhängigen Variablen, das sind bei einer Conjoint-Analyse der Mittelwerte der Stimulibewertungen. Im Beispiel eines Rankings mit 6 Stimuli ist die Konstante immer 3,5 = (1 + 2 + 3 + 4 + 5 + 6) / 6, unabhängig von der Reihenfolge in der die Stimuli vom Probanden im Einzelfall gelegt werden.
- Die Summe der Teilnutzenwerte eines Merkmals ist 0, denn der Teilnutzenwert der letzten Ausprägung entspricht der negativen Summe der anderen Ausprägungen: $\beta_n = -\sum_{i=1}^{n-1} \beta_i$.

Das Ergebnis des Beispiels sieht in SPSS wie folgt aus:

```
Factor    Model Levels   Label
A           d      3
B           d      2
(Models: d=discrete, l=linear, i=ideal, ai=antiideal, <=less, >=more)

All the factors are orthogonal.
-

SUBJECT NAME:         1,00

Importance    Utility(s.e.)   Factor

                                 A
 ----------
| 71,43    |  -1,0000(1,2247)  ---|             1
 ----------    1,5000(1,2247)     |----         2
          |    -,5000(1,2247)    -|                   3,00
          |
                                 B
       ---
28,57 |   |     ,5000( ,8660)     |-            1
       ---     -,5000( ,8660)    -|             2
          |
               3,5000( ,8660) CONSTANT

Pearson's R   =  ,697                      Significance =   ,0619

Kendall's tau =  ,600                      Significance =   ,0454
```

Abbildung 15: Conjoint-Ergebnis von SPSS

Die Spalte *Utility* weist die Teilnutzenwerte aus, die für die einzelnen Ausprägungen geschätzt wurden: –1 für A1, 1,5 für A2, –0,5 für A3 sowie 0,5 für B1

und –0,5 für B2. Mit diesen Teilnutzenwerten können die *Gesamtnutzenwerte* der Stimuli berechnet werden, ein Stimulus, der A1 und B1 enthält hat den Gesamtnutzen: –0,5 = –1 + 0,5.
Die Spalte *Importance* steht für das relative Gewicht der Merkmale zueinander und berechnet sich aus dem Verhältnis der Spanne des einzelnen Merkmals zur Summe der Spannen. Die Spanne ist dabei die Differenz von der besten zur schlechtesten Ausprägung. Im Beispiel ist die Spanne für A: 1,5-(-1) = 2,5 und für B: 0,5-(-0,5) = 1. Daraus ergeben sich die Gewichte für A: 2,5/3,5 = 71,43% und für B: 1/3,5 = 28,57 % .

Das Gewicht zeigt an, inwieweit Veränderungen der Ausprägungen den Gesamtnutzen eines Stimulus beeinflussen. Da das Merkmal A in der Lage ist, den Gesamtnutzen beim Wechsel von der besten zur schlechtesten Ausprägungen – also von A2 zu A1 – um 2,5 zu verringern, ist Merkmal A wichtiger als Merkmal B, das nur eine Veränderung um 1 bewirken kann.

Die Teilnutzenwerte werden in *Abhängigkeit vom mittleren Stimulus* interpretiert und das *Vorzeichen* eines Teilnutzenwertes gibt an, ob das Merkmal positiv oder negativ wirkt. Stimuli mit A1 liegen durchschnittlich einen Rangplatz *unter* dem mittleren Stimulus, Stimuli mit A2 hingegen liegen durchschnittlich 1,5 Plätze *über* dem mittleren Stimulus. Den Platz des mittleren Stimulus gibt das absolute Glied (*constant*) an, das wie oben begründet 3,5 ist.

Daraus folgt, dass Teilnutzenwerte, die aus unterschiedlichen Regressionen – bzw. unterschiedlichen Designs – stammen, *nicht unmittelbar verglichen* werden dürfen, weil die Teilnutzenwert nur in Abhängigkeit von der Anzahl der Stimuli im Design interpretiert werden können. Für das Beispiel eines Rankings heißt das, ein Teilnutzenwert von 4 steht in einem Design, das nur insgesamt 9 Karten enthält, steht für eine deutlich überdurchschnittlich bewertete Ausprägung. Der gleiche Teilnutzenwert stünde in einem Design, das insgesamt 16 Stimuli enthielte aber nur für eine mäßig überdurchschnittliche Ausprägung.

Daher ist eine Standardisierung der Teilnutzenwerte für die gebrückte Conjoint-Analyse notwendig, um Teilnutzenwerte, die aus unterschiedlichen Designs stammen, zu verrechnen. Es gibt unterschiedliche Möglichkeiten der Standardisierung (vgl. Reiners 1996, S. 138 f.), die für die gebrückte Conjoint-Analyse verwendete und nachfolgend vorgestellte Variante stammt aus *Backhaus et al.* (1996, S. 518 ff.).[100]

[100] Bei Backhaus et al. (1996) wird die Zulässigkeit dieser Standardisierung nicht thematisiert.

Standardisierung der Teilnutzenwerte

Schritt 1 der Standardisierung
Die jeweils geringste Ausprägung eines Merkmals wird auf 0 gesetzt, indem der geringste Teilnutzenwerte eines Merkmals von jeder Ausprägung dieses Merkmals subtrahiert wird:

$$\hat{u}'_{ji} := \hat{u}_{ji} - \min(\hat{u}_{j1}..\hat{u}_{jn})$$

mit: $\hat{u}_{ji}$ = Teilnutzenwert der Ausprägung *i* von Merkmal *j*

$\min(\hat{u}_{j1}..\hat{u}_{jn})$ = geringster Teilnutzenwert der Ausprägungen von Merkmal *j*

Schritt 2 der Standardisierung
Im zweiten Schritt werden alle Teilnutzenwerte so transformiert, dass die Summe der jeweils besten Ausprägungen der Merkmale 1 ergibt. Dazu werden alle Teilnutzenwerte durch die Summe der maximalen Ausprägungen der Merkmale dividiert:

$$\hat{u}^{s}_{ji} := \frac{\hat{u}'_{ji}}{\sum_{j=1}^{J} \max(\hat{u}'_{j1}..\hat{u}'_{jn})}$$

Diese Standardisierung erleichtert die Interpretation in Bezug auf das Gewicht der jeweiligen Merkmale, weil jetzt der höchste Teilnutzenwert eines Merkmals gleichzeitig sein Gewicht darstellt: Ein Wert von 0,5 bedeutet zum Beispiel, dass der Proband diesem Merkmal ein relatives Gewicht von 50% zumisst.

Ein Beispiel
Um diese Standardisierung näher zu erläutern, sei das folgende kleine Beispiel mit drei Merkmalen *A*, *B* und *C* verwendet, von denen *A* und *C* je zwei Ausprägungen haben und *B* drei Ausprägungen.

Schritte	*A1*	*A2*	*B1*	*B2*	*B3*	*C1*	*C2*
Ausgangsposition $\hat{u}$	-2	2	-4	-2	6	3	-3
Schritt 1 $\hat{u}'$	0	4	0	2	10	6	0
Schritt 2 $\hat{u}^{s}$	0	<u>0,20</u>	0	0,10	<u>0,50</u>	<u>0,30</u>	0

Somit hat in diesem Beispiel *A* ein Merkmalsgewicht von 20%, *B* von 50% und *C* von 30%. Die folgende Abbildung veranschaulicht das Ergebnis der Standardisierung:

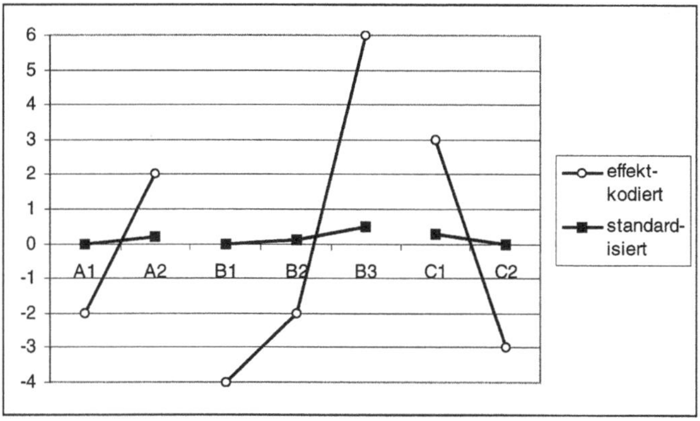

Abbildung 16: Beispiel Standardisierung

Für alle Merkmale in der Abbildung ist die geringste Ausprägung (A1, B1 und C2) nach der Standardisierung 0. Die Summe der höchsten Ausprägungen (A2, B3 und C1) ergibt 1 und wegen A3 > B1 ist das Gewicht von Merkmal A höher als von Merkmal B.

Da diese Art der Transformation der Teilnutzenwerte nicht augenscheinlich zulässig ist, erfolgen an dieser Stelle einige Überlegungen zur Zulässigkeit der Standardisierung: Zulässig ist die Standardisierung dann, wenn sie die Fähigkeit der geschätzten Teilnutzenwerte zur Reproduktion der Eingangsdaten, hier also der erhobenen Bewertungen der Stimuli, nicht beeinträchtigt, denn das ist das *Validitätskriterium* des Schätzverfahrens: Wie gut ist es in der Lage, die Eingangsdaten zu reproduzieren?

Zulässigkeit der Standardisierung

Intermerkmalssicht

Ausgehend von den geschätzten Teilnutzenwerten $\hat{u}_{ij}$ des Merkmals *i* ist die Spannweite des Merkmals *i*: $S_i = \max(\hat{u}_{i1}..\hat{u}_{in}) - \min(\hat{u}_{i1}..\hat{u}_{in})$, mit *n* als Anzahl der Ausprägungen des Merkmals *i*. Das Gewicht des Merkmals *i* ist $w_i = \frac{S_i}{\sum_{j=1}^{m} S_j}$, mit *m* als Anzahl der Merkmale im Design. Die Addition einer Konstanten zu allen

Ausprägungen eines Merkmals, wie im ersten Schritt der Standardisierung, ändert nichts an der Spannweite des Merkmals:

$$\hat{u}_{ij}^{neu} := \hat{u}_{ij} + a \text{ für } j = 1..n$$
$$S_i^{neu} = \max(\hat{u}_{i1}^{neu}..\hat{u}_{in}^{neu}) - \min(\hat{u}_{i1}^{neu}..\hat{u}_{in}^{neu})$$
$$= \max[(\hat{u}_{i1} + a)..(\hat{u}_{in} + a)] - \min[(\hat{u}_{i1} + a)..(\hat{u}_{in} + a)]$$
$$= \max(\hat{u}_{i1}..\hat{u}_{in}) + a - \min(\hat{u}_{i1}..\hat{u}_{in}) - a$$
$$= S_i$$

Der erste Schritt der Standardisierung, die geringsten Teilnutzenwerte je Merkmal auf Null zu setzen ist somit zulässig.

Die Multiplikation aller Merkmalsausprägungen mit einer Konstanten ändert hingegen die absoluten Spannweiten der Merkmale:

$$\hat{u}_{ij}^{neu} := \hat{u}_{ij} \cdot a \text{ für } i = 1..m \text{ und } j = 1..n$$
$$S_i^{neu} = \max(\hat{u}_{i1}^{neu}..\hat{u}_{in}^{neu}) - \min(\hat{u}_{i1}^{neu}..\hat{u}_{in}^{neu})$$
$$= \max[(\hat{u}_{i1} \cdot a)..(\hat{u}_{in} \cdot a)] - \min[(\hat{u}_{i1} \cdot a)..(\hat{u}_{in} \cdot a)]$$
$$= \max(\hat{u}_{i1}..\hat{u}_{in}) \cdot a - \min(\hat{u}_{i1}..\hat{u}_{in}) \cdot a$$
$$= S_i \cdot a$$

Die relativen Spannweiten (die Gewichte) bleiben aber unverändert:

$$w_i^{neu} = \frac{a \cdot S_i}{\sum_{j=1}^{m} a \cdot S_i} = \frac{a \cdot S_i}{a \cdot \sum_{j=1}^{m} S_i} = \frac{S_i}{\sum_{j=1}^{m} S_i} = w_i$$

Die Standardisierung verändert auch die Spannweiten der Merkmale nicht und ist daher für die Interpretation der Ergebnisse der Conjoint-Analyse aus dieser *Intermerkmalssicht* zulässig.

Intramerkmalssicht

Für die Interpretation der Ausprägungen gilt, dass das Verhältnis der Teilnutzenwerte zueinander durch den ersten Schritt der Standardisierung verändert wird. Das folgende Beispiel mit den zwei Merkmalen A und B illustriert dies:

Ausprägung	A1	A2	A3	B1	B2	B3
effektkodiert	-4	1	3	3	-2	-1
Min auf 0	0	5	7	5	0	1
standardisiert	0	5/12	7/12	5/12	0	1/12

Tabelle 17: Auswirkung der Standardisierung auf die Teilnutzenwerte

Bei Teilnutzenwerten, wie sie aus der Conjoint-Analyse kommen, zeigt das Vorzeichen an, ob die Merkmale positiv oder negativ im Vergleich zum Durchschnitt wirken. In obigem Beispiel hat die Ausprägung A3 den dreifachen positiven Abstand vom Mittelwert der Stimuli bewirkt wie die Ausprägung A2. Die Ausprägung A1 hingegen führt zu einer negativen Abweichung. Diese Informationen gehen in der standardisierten Form verloren: Weder ist zu erkennen, welche Auswirkungen zu einer durchschnittlich positiven oder negativen Abweichung geführt haben, noch wie das Verhältnis zueinander ist. Dafür kann jetzt das Merkmalsgewicht (7/12 = 58% für A und 5/12 = 42% für B) direkt abgelesen werden.

Obwohl sich das Verhältnis der Teilnutzenwerte verändert hat, bleibt das *Verhältnis der Stimuli* gleich, was eine Betrachtung des vollständigen Designs verdeutlicht:

Stimulus	A	B	Gesamtnutzen effektkodiert	Gesamtnutzen standardisiert	Rangplatz
1	1	1	-1	5/12	6
2	1	2	-6	0	9
3	1	3	-5	1/12	8
4	2	1	4	10/12	2
5	2	2	-1	5/12	6
6	2	3	0	6/12	5
7	3	1	6	12/12	1
8	3	2	1	7/12	4
9	3	3	2	8/12	3

Tabelle 18: Verhältnis der Stimuli nach Standardisierung

Unmittelbar ablesen kann man, dass sich die Rangfolge der Stimuli nicht ändert, weil jedes Merkmal auf jedem Stimulus vorkommt und sich die Transformationen wieder aufheben. Daraus ergibt sich unmittelbar, dass die Standardisierung für ein Ranking unproblematisch ist. Gleiches gilt für ein Rating, denn die Abstände der Stimuli stehen nach wie vor im gleichen Verhältnis. Die Gesamtspanne vom besten bis zum schlechtesten Stimulus ist für die Effektkodierung 6-(-6)=12 und für die Standardisierung 1. Der Stimulus 1 ist vom Stimulus 2: 41,7% der Gesamtspanne entfernt, wie man für die Standardisierung direkt ablesen kann (5/12). Für die Effektkodierung gilt das gleiche, weil die Gesamtspanne 12 ist und der Abstand von -6 zu –1: 5 beträgt und sich ebenfalls ein Abstand von 5/12 ergibt. Daher ist die Standardisierung auch aus *Intramerkmalssicht* zulässig.[101]

Da die beiden Darstellungsweisen Effektkodierung und Standardisierung ineinander überführbar sind und sich in ihrer Fähigkeit, die Eingangsdaten zu reproduzieren nicht unterscheiden, ist die Standardisierung zulässig. Es wird

[101] Da ein solches Rating die Grundlage für die Simulation der gewichteten Paarvergleiche ist, gilt das Ergebnis auch für die Graded-pair-Skalen.

deutlich, dass die Teilnutzenwerte nicht absolut interpretiert werden dürfen, sondern immer nur in Bezug auf die Veränderung, die sie hinsichtlich des Gesamtnutzens bewirken (vgl. Hair et al. 1998, S. 394 ff.).

3.3 Das Gewicht des Brückenmerkmals als Verbindung der Teildesigns

Die in 3.1 herausgearbeitete Bedeutung der Merkmalsgewichte für das Brücken macht eine nähere Auseinandersetzung mit den Merkmalsgewichten notwendig.

Rechnerische Begründung der Verbindung über die Merkmalsgewichte
Ausgehend von einem vollständigen Design, das alle Merkmale enthält, hat jedes Merkmal i ein relatives Gewicht $w_i^g = \max(u_{i1}^s..u_{in}^s)$,[102] mit u_{ij}^s als standardisiertem Teilnutzenwert der Ausprägung j von Merkmal i. Teilt man das Design in zwei Teildesigns auf, hat das Brückenmerkmal in jedem Teildesign ein eigenes relatives Gewicht w_i^1 bzw. w_i^2, die beide größer als w_i^g sind, es sei denn, alle anderen Gewichte im Teildesign sind gleich Null.

Für die weiteren Ausführungen sei ein Design mit n Merkmalen angenommen, die beliebig viele Ausprägungen aufweisen. Die Merkmale seien so auf die Teildesigns aufgeteilt, dass Teildesign 1 die Merkmale 1 bis i und Teildesign 2 die Merkmale von i bis n enthält und i somit das Brückenmerkmal darstellt (mit $1 < i < n$). Für die Merkmalsgewichte der Teildesigns gilt:

$$0 < w_i^1 < 1;\ 0 < w_i^2 < 1;\ \sum_{j=1}^{i} w_j^1 = 1 \text{ und } \sum_{j=i}^{n} w_j^2 = 1.$$

Weiter sei $q = \frac{w_i^1}{w_i^2}$ der Quotient der beiden Gewichte. Wenn $q > 1$ ist, heißt das, dass die Nicht-Brückenmerkmale im Teildesign 1 im Vergleich zum Gewicht des Brückenmerkmals weniger wichtig sind, als die Nicht-Brückenmerkmale des Teildesign 2 im Vergleich zum Brückenmerkmal. Das Brückenmerkmal ist somit der *Referenzpunkt*, der eine Aussage über die Summe der anderen Merkmale im Teildesign ermöglicht und es gilt:

Für $w_i^1 \geq w_i^2 \Rightarrow \sum_{j=1}^{i-1} w_j^1 \leq \sum_{j=i+1}^{n} w_j^2$ und

für $w_i^1 \leq w_i^2 \Rightarrow \sum_{j=1}^{i-1} w_j^1 \geq \sum_{j=i+1}^{n} w_j^2$.

---

[102] Zum Verständnis der gebrückten Conjoint-Analyse ist zu beachten, dass *standardisierte* Teilnutzenwerte verwendet werden. Die Standardisierung erfolgt so, dass die jeweils geringste Ausprägung eines Merkmals auf 0 gesetzt wird und die Summe der besten Ausprägungen in einem Design über alle Merkmale 1 ergibt. Die höchste Ausprägung eines Merkmals entspricht dann dem Gewicht des Merkmals. Daher gibt $\max(u_{i1}^s..u_{in}^s)$ das Gewicht von Merkmal i an.

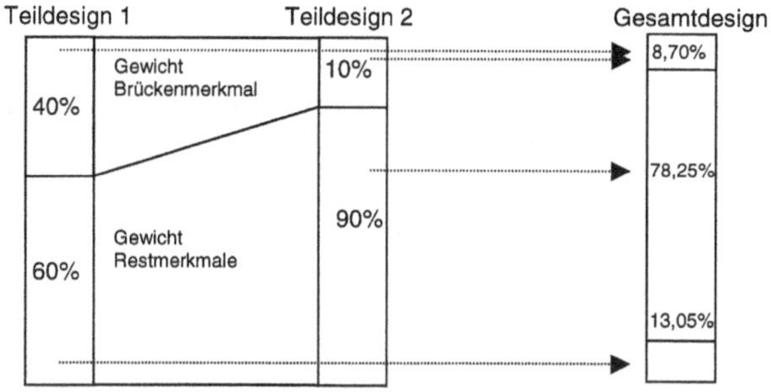

Abbildung 17: Verhältnis Gewicht Brückenmerkmal zu den restlichen Merkmalen

Abbildung 17 verdeutlicht den Zusammenhang beispielhaft für den Fall, dass das Brückenmerkmal im Teildesign 1 ein Gewicht von 40% hat und im Teildesign 2 von 10%. Die Verhältnisse des Brückenmerkmals zu den Restmerkmalen $\frac{w_i^1}{\sum_{j=1}^{i-1} w_j^1}$ und $\frac{w_i^2}{\sum_{j=i+1}^{n} w_j^2}$ von 2:3 bzw. 1:9 dürfen durch das Brücken nicht verändert werden und müssen auch im Gesamtdesign gelten. Auch die Größenverhältnisse der Restmerkmale zueinander ändern sich durch das Brücken nicht, denn es gilt:

Für $q > 1$: $w_i^1 := qw_i^2 \Rightarrow \sum_{j=1}^{i-1} w_j^1 < q \sum_{j=i+1}^{n} w_j^2$ bzw.

für $q < 1$: $w_i^1 := qw_i^2 \Rightarrow \sum_{j=1}^{i-1} w_j^1 > q \sum_{j=i+1}^{n} w_j^2$.

In Abbildung 17 sind die Restmerkmale des Teildesigns 2 im Vergleich zum Brückenmerkmal wichtiger als die Restmerkmale des Teildesigns 1 und diese Beziehung spiegelt sich auch im Gesamtdesign wider. Das Beispiel verdeutlicht den Zusammenhang:

	A	B	C	D	E	Verhältnis C zu A+B	Verhältnis C zu D+E
Gewicht in Teildesign 1	20%	40%	40%			2/3	
Gewicht in Teildesign 2			10%	30%	60%		1/9

Tabelle 19: Beispiel Merkmalsgewichte

In diesem Design mit fünf Merkmalen ist C das Brückenmerkmal. C hat in Teildesign 1 ein Gewicht von 40% und in Teildesign 2 von 10%. q ist somit 40/10 = 4. Die Multiplikation von Teildesign 2 mit q führt zu folgendem Ergebnis:

	A	B	C	D	E	Verhältnis C zu A+B	Verhältnis C zu D+E
Werte in Teildesign 1	20	40	40			2/3	
Zwischenschritt Teildesign 2			40	120	240		1/9
Zwischenschritt Gesamtdesign	20	40	40	120	240	2/3	1/9
Gewicht im Gesamtdesign	4,35%	8,70%	8,70%	26,08%	52,17%	2/3	1/9

Tabelle 20: Beispiel Merkmalsgewichte (Ergebnis)

In der letzten Zeile von Tabelle 20 stehen die Gewichte der Merkmale im Gesamtdesign. Es ist ersichtlich, dass das Brücken nichts am *Verhältnis* der Merkmale zueinander geändert hat, immer noch hat C zu A+B ein Verhältnis von 2:3 und C zu D+E ein Verhältnis von (gerundet) 1:9. Auf diesem Weg können Merkmale aus zwei Teildesigns in ein Gesamtdesign übertragen werden.

Dieser Zusammenhang begründet den in 3.2.1 angesprochenen Umstand, dass kein Brücken möglich ist, wenn das Brückenmerkmal in einem der Teildesigns ein Gewicht von 0 aufweist. Ein solches Brückenmerkmal lässt keine Aussage über die restlichen Merkmale im Teildesign zu, weil diese nicht zueinander in Beziehung gesetzt werden können.

Inhaltliche Begründung der Verbindung über die Merkmalsgewichte

Inhaltlich begründet wird das Brücken von Designs durch die *Kontextabhängigkeit* der Merkmalsgewichte: Das relative Gewicht eines Merkmals beruht nicht auf der Bedeutung des Merkmals im Vergleich zu *allen* Eigenschaften des zu bewertenden Objektes, sondern nur auf dem Vergleich der im Design enthaltenen Merkmale, die den *Entscheidungskontext*[103] des Probanden bilden. Die Idee des Brückens ist, dass ein *Gesamtkontext* (Gesamtdesign) durch zwei *verbundene Teilkontexte* (Teildesigns) ersetzt werden kann.

Das Brücken von Designs über das Gewicht eines gemeinsamen Merkmals darf daher nicht unkritisch angewendet werden, weil vorausgesetzt wird,

[103] Ein *Kontext* ist definiert als „die Charakteristika der Kontextobjekte sowie die zeitliche Reihenfolge, in der diese Objekte und ihre spezifischen Charakteristika kognitiv berücksichtigt werden" (Höser 1998, S. 29) und darf nicht mit dem weiter gefassten Begriff der Rahmenbedingungen gleichgesetzt werden, die auch situative Faktoren und Eigenschaften des Beurteilers umfassen (vgl. Mellers/Birnbaum 1982, S. 582).

dass der *Bewertungsprozess* ebenso geteilt werden darf. Daher kommt der *Unabhängigkeitsannahme* (siehe 1.3.1) der Conjoint-Analyse besondere Bedeutung zu: Wenn die Merkmale *nicht* unabhängig voneinander bewertet werden, hängt das Ergebnis davon ab, *wie* die Merkmale auf die Teildesigns aufgeteilt werden. *Höser* (1998, S. 227) hat ermittelt, dass in bestimmten Fällen die Präferenzen erst durch die Conjoint-Analyse gebildet werden: In solchen Fällen sind die Merkmale im Design für die Präferenzbildung relevant und die Beurteilungen der Merkmale sind nicht mehr unabhängig voneinander. Ein Problem, das in der Simulation nicht untersucht werden kann, weil in der Simulation durch Verwendung des linear-additiven Präferenzmodells prinzipbedingt die Unabhängigkeitsannahme gilt. Für die praktische Anwendung der gebrückten Conjoint-Analyse impliziert das die Verantwortung des Anwenders solche Fälle a priori auszuschließen und das Verfahren nur anzuwenden, wenn von einem abgeschlossenen Präferenzbildungsprozess auszugehen ist.

Ein weiteres Problem des Brückens ist die systemimmanente *Ungenauigkeit der Schätzung* von Teilnutzenwerten, die bei jeder Regressionsanalyse auftreten. Ungenauigkeiten, welche die Gewichte des Brückenmerkmals betreffen, werden durch das Brücken verstärkt, weil die Ungenauigkeiten auf die anderen Merkmale im Design übertragen werden. Das Brücken setzt somit vermutlich eine höhere Genauigkeit der Schätzung voraus als die traditionelle Conjoint-Analyse, ein Problem, das in der Simulation analysiert werden wird.

3.4 Axiomatische Grundlagen

3.4.1 Die Axiome der traditionellen Conjoint-Analyse

In Kapitel 1.2 ist die Conjoint-Analyse in Anlehnung an *Green/Srinivasan* (1978) sehr weit definiert worden, indem alle solchen Verfahren unter den Begriff Conjoint-Analyse gefasst wurden, die eine dekompositionelle Datenerhebung mit dem Ziel durchführen, Präferenzstrukturen von Probanden zu messen. Diese Definition ist für die Marktforschung zweckmäßig, weil sie solche Verfahren subsumiert, die mit *ähnlichem* Vorgehen das *gleiche* Ziel verfolgen. Die Entwicklung des *Conjoint Measurement*, aus dem die Conjoint-Analyse hervorgegangen ist, erfolgte hingegen nicht nur mit Fokus auf die Messung von Konsumentenpräferenzen, sondern zielte allgemeiner auf solche Probleme des Messens ab, bei denen *nicht* angenommen werden kann, dass die Faktoren auf *natürlichem* Weg miteinander verknüpft sind.[104] Dabei können verschiedene Arten der Verknüpfung unterschieden werden (*A*, *P* und *U* repräsentieren drei unterschiedliche Faktoren; vgl. *Krantz/Tversky* 1971, S. 153):

[104] Ein in diesem Zusammenhang genanntes Beispiel ist die physikalische Größe *Impuls*, die von der *Geschwindigkeit* und der *Masse* der Objekte abhängt (vgl. Krantz et al. 1971, S. 267).

- additiv: $A + P + U$
- distributiv: $(A + P)\, U$
- dual-distributiv: $A\, P + U$
- multiplikativ: $A\, P\, U$

Obwohl somit grundsätzlich vier Verknüpfungsarten möglich sind, beschränkt sich die Conjoint-Analyse im Marketing in der Regel auf den ersten Fall, die additive Verknüpfung. Der Grund für diese Beschränkung kann darin gesehen werden, dass der Forscher in der Regel *a priori* eine Verknüpfungsregel unterstellen muss und empirische Studien die Eignung der additiven Verknüpfung in Bezug auf das Konsumentenverhalten gezeigt haben (vgl. Aschenbrenner 1980, S. 151 f. und Green/Rao 1971, S. 356).[105]

Die Grundlagen des *additiven* Conjoint Measurement stammen von *Luce/Tukey* (1964), die notwendige und hinreichende Bedingungen entwickelt haben, „die eine empirisch erhobene Ordnung von Beurteilungsobjekten erfüllen muß, damit auf Basis einer bestimmten Verknüpfungsregel metrische Skalen für die **abhängige Variable** (globale Objektpräferenz) und die **unabhängigen Variablen** (Objektmerkmale) konstruiert werden können" (Thomas 1979, S. 200, Hervorhebungen im Original).

Die *Grundvoraussetzung* für die Anwendung des linearen Conjoint Measurement sind zwei unterschiedliche Formen der *Unabhängigkeit* (vgl. Krantz et al. 1971, S. 246 f.):

- Die gemeinsam gemessenen Merkmale müssen unabhängig voneinander *realisierbar* sein.
- Die Effekte der gemeinsam gemessenen Merkmale *wirken* unabhängig voneinander.

Angenommen, a, b und c seien Ausprägungen eines Merkmals X_1 und p, q und r seien entsprechend die Ausprägungen eines Merkmals X_2, dann verlangt das additive Conjoint Measurement, dass für alle Elemente der Verknüpfungsmenge $\Omega = X_1 \times X_2$ gilt:[106]

$(a, p) \succeq (b, q)$ dann und nur dann, wenn $f_1(a) + f_2(p) \geq f_1(b) + f_2(q)$, wobei $\succeq$ eine schwache *empirische* Ordnungsrelation bezeichnet und f_1 bzw. f_2 reelwertige, auf X_1 und X_2 definierte Funktionen bezeichnen (vgl. Thomas 1979, S. 202).

Damit die oben stehende Beziehung gegeben ist, müssen die folgenden sechs Axiome erfüllt sein. Die Darstellung erfolgt in enger Anlehnung an *Krantz et al.* (1971, S. 245 ff. und S. 254 ff.) und *Thomas* (1979, S. 202 f.). Dort finden sich auch die Ableitung der Axiome und die zugehörigen Beweise.

---

[105] „Dabei erwies sich das additive Modell ... meist als hervorragend geeignet" (Aschenbrenner 1980, S. 152).

[106] Die Ausführungen an dieser Stelle beschränken sich auf den Fall von zwei Merkmalen. Für den Fall von mehr als zwei Merkmalen siehe *Krantz et al.* (1971, S. 301 f.).

Axiom 1: Schwache Ordnung
Die auf Ω definierte Relation $\succeq$ ist eine schwache Ordnung, das heißt es gilt:

$(a, p) \succeq (a, p)$ für alle $a \in X_1$ und $p \in X_2$ (Reflexivität)

$(a, p) \succeq (b, q)$ und $(b, q) \succeq (c, r) \Rightarrow (a, p) \succeq (c, r)$ (Transitivität)

entweder $(a, p) \succeq (b, q)$ oder $(b, q) \succeq (a, p)$ oder beides (Vollständigkeit)

Axiom 2: Unabhängigkeit
Die auf Ω definierte Relation $\succeq$ ist unabhängig, das heißt es gilt:

Wenn für $a, b \in X_1$ $(a, p) \succeq (b, p)$ für einige $p \in X_2$, dann $(a, q) \succeq (b, q)$ für jedes $q \in X_2$ und wenn für $p, q \in X_2$ $(a, p) \succeq (a, q)$ für einige $a \in X_1$, dann $(b, p) \succeq (b, q)$ für jedes $b \in X_1$.

Axiom 3: Doppelte Kürzbarkeit

Die auf Ω definierte Relation $\succeq$ ist doppelt kürzbar, das heißt für $a, b, c \in X_1$ und jedes $p, q, r \in X_2$ gilt, dass aus $(a, q) \succeq (b, p)$ und $(b, r) \succeq (c, q)$ folgt $(a, r) \succeq (c, p)$.[107]

Axiom 4: Archimedisches Axiom

Ist $\{a_i, p_i\}$ eine nichtriviale duale Standardfolge und ist $b \in X_1$ und $q \in X_2$, dann existieren positive oder negative ganze Zahlen *n* und *m* derart, dass $(a_n, p_n) \succeq (b, q) \succeq (a_m, p_m)$. Das heißt jede streng begrenzte Standardfolge ist endlich.

Die Konsequenz für das Conjoint Measurement ist, dass die Wirkungen der Ausprägungen von X_1 und X_2 miteinander vergleichbar sind und das Verhältnis ihrer Wirkungen nicht infinit und daher messbar ist.

Axiom 5: Beschränkte Lösbarkeit

Die auf Ω definierte Relation $\succeq$ ist beschränkt lösbar, das heißt

(1) immer dann, wenn es $a, b', b'' \in X_1$ und $p, q \in X_2$ gibt, für die $(b', q) \succeq (a, p) \succeq (b'', q)$, dann existiert $b \in X_1$ so, dass $(b, q) \approx (a, p)$ ist.
(2) Eine entsprechende Bedingung für X_2 ist ebenfalls erfüllt.

Dieses Axiom verlangt, dass beide Merkmale im Rahmen des für sie betrachteten Ausschnitts zumindest approximativ stetig variiert werden können, damit die Wirkung einer Variation des einen Merkmals durch das jeweils andere Merkmal ausgeglichen werden kann.

[107] Eine anschauliche Darstellung dieses Axioms findet sich bei *Luce/Tukey* (1964, S. 3).

Axiom 6: Bedeutsamkeit

Jedes der in Ω verknüpften Merkmale ist bedeutsam, das heißt es existieren a, $b \in X_1$ und $p \in X_2$ derart, dass nicht (a, p) $\approx$ (b, p) ist. Entsprechendes gilt für X_2.

Dieses Axiom fordert, dass jedes Merkmal auf einem Stimulus von den Probanden zur Urteilsbildung herangezogen wird.

Anhand des Umgangs mit diesen Axiomen wird der Unterschied zwischen dem *Conjoint Measurement* der Psychologie und der *Conjoint-Analyse* des Marketing erkennbar. Während es das primäre Ziel des Conjoint Measurement ist, ein Messmodell zu entwickeln, das die kognitive und affektive Verarbeitung der Stimuli repräsentiert und somit auf den *Prozess* abgezielt wird, zielt die Conjoint-Analyse primär auf das *Ergebnis* der Skalierung ab. Das führt zu folgender praktischer Konsequenz: Während beim Conjoint Measurement entsprechend eine *axiomatische Analyse* (vgl. Krantz/Tversky 1971) durchgeführt wird, um die Anwendbarkeit des Messmodells zu überprüfen, beschränkt sich die Conjoint-Analyse darauf, die Gültigkeit des Messmodells daraus abzuleiten, dass die Eingangsdaten aus den geschätzten Teilnutzenwerten gut reproduziert werden können (vgl. Green/Srinivasan 1978, S. 103).

3.4.2 Bezug der gebrückten Conjoint-Analyse zu den Axiomen der TCA

Die im vorstehenden Kapitel erläuterten Axiome können in Anlehnung an die Darstellung bei *Luce/Tukey* (1964) anhand einer Matrix verdeutlicht werden:

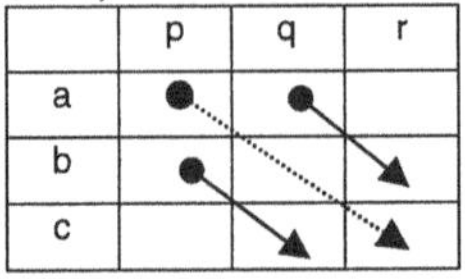

Abbildung 18: Grafische Darstellung von Axiom 3 (vgl. Luce/Tukey 1964, S. 3)

In der Abbildung bedeuten die Pfeile, dass Paare, bei denen ein Pfeil endet, von Paaren dominiert werden, bei denen der Pfeil beginnt.[108] Die Übertragung dieser Darstellung einer traditionellen Conjoint-Analyse auf den Fall einer gebrückten Conjoint-Analyse sieht wie folgt aus:

[108] Das Axiom der doppelten Kürzbarkeit bedeutet dann beispielsweise, dass aus den beiden durchgezogenen Pfeilen der gestrichelte Pfeil folgt bzw. aus $(b, p) \succsim (q, c)$ und $(a, q) \succsim (b, r)$ folgt $(a, p) \succsim (b, q) \succsim (c, r)$.

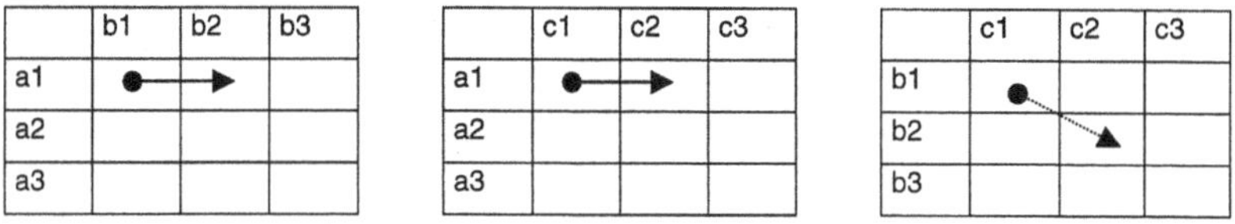

Abbildung 19: Gruppen ordinaler Relationen mit Brückenmerkmal

Die Abbildung stellt drei Gruppen von ordinalen Relationen dar, das heißt jede der drei Gruppen erfüllt die oben formulierten sechs Axiome. Im Unterschied zu oben ist aber ein weiteres Merkmal hinzugekommen und es ist: a1, a2 und $a3 \in X_1$, b1, b2 und $b3 \in X_2$ und c1, c2 und $c3 \in X_3$.

Die Abbildung stellt die Grundüberlegung der gebrückten Conjoint-Analyse dar, weil aus Aussagen in Bezug auf (a_i, b_i) und (a_i, c_i) auf die Relation (b_i, c_i) gefolgert wird. Die Zulässigkeit dieser Folgerung soll im folgenden gezeigt werden.

Betrachtet man das Gesamtdesign, ist die Relation $(a_1, b_1) \succeq (a_1, b_2)$ zu interpretieren als die Gesamtheit der Relationen $(a_1, b_1, c_0) \succeq (a_1, b_2, c_0)$ für beliebige c_0.[109] Die oben formulierte Voraussetzung der *Unabhängigkeit* bedingt, für jedes fixierte c_0 gilt, dass aus $(a_1, b_1) \succeq (a_1, b_2)$ auch $(a_1, b_1, c_0) \succeq (a_1, b_2, c_0)$ folgt, weil die Wirkung von a und b unabhängig von c ist.

Weiterhin ist die *Transitivität* (Axiom 1) von Bedeutung. Transitivität bedeutet, dass aus $(a_1, b_1) \succeq (a_1, b_2)$ folgt, dass auch $(a_2, b_1) \succeq (a_2, b_2)$ und $(a_3, b_1) \succeq (a_3, b_2)$. Die Relationen $(a_1, b_1) \succeq (a_1, b_2)$, $(a_2, b_1) \succeq (a_2, b_2)$ und $(a_3, b_1) \succeq (a_3, b_2)$ bedeuten insgesamt, dass $(a_0, b_1, c_0) \succeq (a_0, b_2, c_0)$ für beliebige a_0, c_0. Ebenso folgt aus $(a_1, c_1) \succeq (a_1, c_2)$, dass $(a_0, b_0, c_1) \succeq (a_0, b_0, c_2)$ für beliebige a_0, b_0. Bei mehrfacher Anwendung der Transitivität folgt somit $(a_0, b_1, c_1) \succeq (a_0, b_2, c_1) \succeq (a_0, b_2, c_2)$ und $(a_0, b_1, c_1) \succeq (a_0, b_1, c_2) \succeq (a_0, b_2, c_2)$.

Grafisch ergibt sich die folgende Darstellung, wobei die durchgezogenen Pfeile für empirisch erhobene Relationen und die gestrichelten Pfeile für Folgerungen aufgrund der Unabhängigkeit und Transitivität stehen.

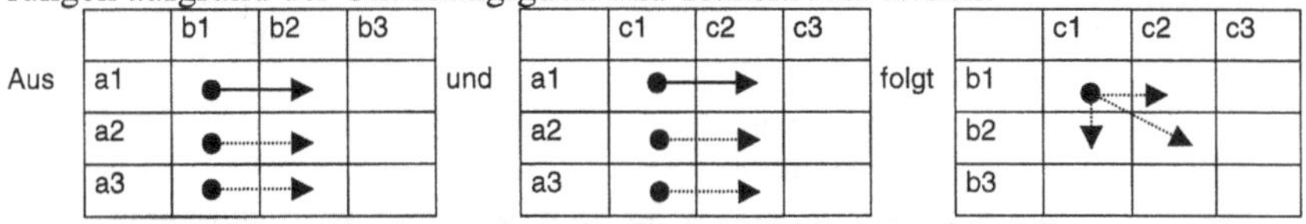

Abbildung 20: Anwendung der Transitivitätsregel auf drei Gruppen ordinaler Relationen

[109] In Analogie zu dem in der Literatur zur traditionellen Conjoint-Analyse üblichen Vorgehen, die Axiome anhand des Falles von zwei Merkmalen zu zeigen, wird die gebrückte Conjoint-Analyse anhand von Teildesigns mit jeweils zwei Merkmalen untersucht, was zu einem Gesamtdesign mit drei Merkmalen führt.

Für die *empirische* Relation $\succeq$ muss für eine gebrückte Conjoint-Analyse somit zusätzlich zu den sechs Axiomen der traditionellen Conjoint-Analyse gelten:

Aus $(a_1, b_1) \succeq (a_1, b_2)$ und $(a_1, c_1) \succeq (a_1, c_2)$ folgt $(b_1, c_1) \succeq (b_2, c_2)$.

Wenn diese Voraussetzung und die sechs Axiome der traditionellen Conjoint-Analyse gelten, ist es möglich, Designs zu brücken.

3.4.3 Anwendungskonsequenzen aus den Axiomen

Die Überlegungen der vorstehenden Kapitel zeigen, dass die gebrückte Conjoint-Analyse innerhalb des axiomatischen Rahmens der traditionellen Conjoint-Analyse angesiedelt ist und keine neuen Annahmen notwendig sind. Vielmehr führt die Grundannahme der *Unabhängigkeit* dazu, dass auch das Brücken möglich ist. Diese ceteris paribus-Bedingung ist für die gebrückte Conjoint-Analyse insofern von besonderer Bedeutung, weil nur unter dieser Bedingung aus $(a_1, b_1) \succeq (a_1, b_2)$ folgt, dass $(a_1, b_1, c_0) \succeq (a_1, b_2, c_0)$. Kann diese Unabhängigkeit der Bewertung nicht vorausgesetzt werden, kann auch nicht gebrückt werden. Die gebrückte Conjoint-Analyse verlangt somit explizit die Unabhängigkeit der Bewertung auch von solchen Merkmalen, die nicht in die Analyse einbezogen worden sind.

Weiterhin wird die Bedeutung der *Transitivität* deutlich, denn nur aus *konsistenten* Relationen können derartige Schlussfolgerungen gezogen werden. Inkonsistenzen, die sich bei der Datenerhebung ergeben, können dazu führen, dass die oben beschriebenen Zusammenhänge nicht mehr gelten.

Darüber hinaus ergibt sich, dass die gebrückte Conjoint-Analyse prinzipbedingt auf die Schätzung von *Haupteffekten* beschränkt ist. Indem die gebrückte Conjoint-Analyse das Gesamtdesign in zwei Teildesigns aufteilt, besteht keine Möglichkeit mehr, etwaige Interaktionen zwischen den Faktoren unterschiedlicher Teildesigns zu messen. Das bedeutet, selbst die Verwendung von Designs höher als Resolution III kann nicht dazu verwendet werden, alle Nebeneffekte zu schätzen.[110]

Diese Einschränkung ist aber nicht als Mangel des Verfahrens zu interpretieren, sondern als Einschränkung seines *Anwendungsbereiches*. Darin unterscheidet sich die gebrückte nicht von der traditionellen Conjoint-Analyse. Wenn

---

[110] Das folgende Beispiel verdeutlicht dies: Angenommen, es würde in einem Design mit drei Merkmalen, die jeweils drei Ausprägungen aufweisen, mit vollständigen (faktoriellen) Designs gearbeitet, dann würde die Verwendung des vollständigen Gesamtdesigns ermöglichen, mit 27 Stimuli die Haupteffekte sowie die Nebeneffekte zweiter und dritter Ordnung zu schätzen (also A, B, C, AB, AC, BC und ABC). Eine Aufteilung auf die Teildesigns AB und BC (mit B als Brückenmerkmal) würde hingegen nur noch ermöglichen, die Haupteffekte A, B, C zu schätzen sowie die Nebeneffekte AB und BC. Damit wird deutlich, dass die gebrückte Conjoint-Analyse prinzipbedingt ein Verfahren zur Schätzung von Haupteffekten ist.

bei der traditionellen Conjoint-Analyse eine bestimmte – zum Beispiel eben die lineare – Verknüpfung der Teilnutzenwerte angenommen wird, impliziert das, die traditionelle Conjoint-Analyse nur in solchen Fällen anzuwenden, in denen davon auszugehen ist (ggf. aufgrund einer Voruntersuchung), dass die Voraussetzungen hierfür im jeweiligen Anwendungsfall gegeben sind. Der Unterschied zur gebrückten Conjoint-Analyse stellt sich wie folgt dar: Während es bei einer traditionellen Conjoint-Analyse zwar *üblich* ist, die linear-additive Verknüpfung unter Beschränkung auf die Haupteffekte anzunehmen, ist dies für die gebrückte Conjoint-Analyse *notwendig*.

Konsequenzen für die vorliegende Untersuchung
Wie oben erläutert, ist es nicht das Ziel der Conjoint-Analyse, aufgrund der erhobenen Daten ein Messmodell zu entwickeln. Vielmehr reicht ein guter Fit der Daten aus, um ex post die Verwendung des Modells zu begründen. Daran angelehnt ist das Vorgehen der Simulation: Es geht nicht darum zu überprüfen, ob die Voraussetzungen einer additiven Conjoint-Analyse im *Einzelfall* vorliegen, das heißt zum Beispiel, ob ein bestimmter Proband konsistent geurteilt hat. Statt dessen soll ermittelt werden, welcher Grad der Reproduktion der Eingangsdaten im Rahmen der gebrückten Conjoint-Analyse möglich ist, wozu die in 4.1 erläuterte Simulation durchgeführt wird. Dabei ist nicht zu erwarten, dass diese Voraussetzungen empirisch immer erfüllt sind und auch die Simulation berücksichtig dies, indem Inkonsistenzen im Bewertungsverhalten (siehe 4.1.2) explizit einbezogen werden. Es ist dabei möglich, dass die einbezogenen Inkonsistenzen dazu führen, dass die oben formulierten Anwendungsvoraussetzungen der gebrückten Conjoint-Analyse nicht mehr gegeben sind, weil die simulierten Präferenzurteile nicht mehr transitiv sind. Die Zielsetzung einer Arbeit zum *Conjoint Measurement* würde daher im Einzelfall überprüfen, ob diese Anwendungsvoraussetzungen gegeben sind und welche Konsequenzen sich daraus ergeben, wenn diese Voraussetzungen nicht gegeben sind. Im Rahmen der vorliegenden Untersuchung zur *Conjoint-Analyse* steht hingegen, wie oben begründet, das Ergebnis der Skalierung im Vordergrund und daher wird das Vorliegen bzw. Nichtvorliegen der Axiome im Rahmen der Simulationsauswertung nicht weiter thematisiert. Es wird vielmehr dem *pragmatischen* Vorgehen im Rahmen der Conjoint-Analyse gefolgt, einen solchen möglichen Verstoß gegen Anwendungsvoraussetzungen solange zu tolerieren, wie sich im Ergebnis der Schätzung noch ein guter Fit ergibt (vgl. Green/Srinivasan 1978, S. 103). Man könnte somit sagen, dass ein guter Fit etwaige Prämissenverletzungen „heilt", weil aus dem guten Fit geschlossen wird, dass eine etwaige Prämissenverletzung geringfügig ist und somit für praktische Zwecke vernachlässigbar.

Alternative Methode einer gebrückte Conjoint-Analyse
Die oben stehenden Überlegungen zeigen einen zweiten Weg auf, um eine gebrückte Conjoint-Analyse durchzuführen. Wie in 3.1 und 3.2 erläutert, geht die vorliegende Untersuchung den Weg, die Teildesigns getrennt zu erheben und dann die Ergebnisse mittels der geschätzten Teilnutzenwerte für das Brückenmerkmal zu verbinden. Bei Vorliegen der oben formulierten Axiome erscheint auch der Weg möglich, zunächst mit Hilfe der empirisch erhobenen Relationen diejenigen Relationen abzuleiten, die nicht direkt auf den Probanden zurückgehen, aber für eine Schätzung der Teilnutzenwerte des Gesamtdesigns notwendig sind. Im Beispiel von Abbildung 20 (Seite 77) hieße das, nicht eine Schätzung für die linke Matrix und eine eigene Schätzung für die mittlere Matrix vorzunehmen, sondern zunächst die rechte Matrix abzuleiten und dann *eine* Regression über alle zu schätzen. Dieser Weg wurde in der vorliegenden Untersuchung nicht gewählt, weil dazu notwendig ist, dass die oben formulierten Axiome dazu uneingeschränkt gelten müssen. Denn es ist zwar möglich, mit inkonsistenten Beurteilungen eine gebrückte Conjoint-Analyse wie in 3.2 zu rechnen,[111] die Methode, zunächst die fehlenden Relationen abzuleiten, kann hingegen nur dann umgesetzt werden, wenn uneingeschränkt konsistentes Bewertungsverhalten unterstellt wird. Im Fall von m Merkmalen mit $m>3$ stellt es ein eigenständiges Problem dar, die Transitivität der sich ergebenden Antworten zu überprüfen bzw. zu ermitteln, in welchen Fällen Fehler im Bewertungsverhalten der Probanden die Transitivität beeinträchtigen. Daran anschließend wären bei diesem Weg Regeln zu entwickeln, aus denen hervorgeht, wie mit empirisch auftretenden – bzw. simulierten – Verstößen gegen die Transitivität umzugehen ist.

Der beschrittene Weg, eine gebrückte Conjoint-Analyse zu realisieren, ist aus diesen Gründen realistischer, flexibler und auch in Bezug auf die praktische Anwendbarkeit der in diesem Abschnitt skizzierten Alternative vorzuziehen.

3.5 Abgrenzung zu anderen Conjoint-Verfahren

3.5.1 Zusammenhang zur traditionellen Conjoint-Analyse

Die gebrückte Conjoint-Analyse kann als Derivat der traditionellen Conjoint-Analyse aufgefasst werden, weil sie aus der Kombination von zwei traditionellen Conjoint-Analysen besteht. In Anlehnung an die sieben Schritte der traditionellen Conjoint-Analyse unterscheidet sich das Vorgehen bei der Planung einer gebrückten Conjoint-Analyse wie folgt:[112]

---

[111] Mit der Konsequenz, dass sich ein entsprechend schlechter Modell-Fit ergibt.

[112] Die Schritte beziehen sich auf die Entscheidungen, die der Anwender vor einer gebrückten Conjoint-Analyse treffen muss und dürfen nicht mit den *Phasen* der GCA wie in 3.1 erläutert gleichgesetzt werden.

Schritt 1: Auswahl von Merkmalen
In Erweiterung seiner Aufgaben muss der Anwender zusätzlich zur Ermittlung der relevanten Merkmale und ihrer Ausprägungen (wie in der traditionellen Conjoint-Analyse, siehe 1.3.1) im ersten Schritt eine Aufteilung der Merkmale auf die Teildesigns vornehmen. Hierzu kann er nach *inhaltlichen* Kriterien vorgehen, indem er die Merkmale wie oben beschrieben nach Wichtigkeit oder sachlichem Zusammenhang gruppiert oder er kann die Merkmale alternativ nach *Effizienz der Datenerhebung* zusammenfassen, so dass möglichst symmetrische Designs gebildet werden und in Folge das reduzierte Design in Schritt 4 möglichst wenige Stimuli enthält.

Schritt 2: Auswahl eines Präferenzmodells
In der traditionellen Conjoint-Analyse kann der Anwender für die einzelnen Merkmale ein Präferenzmodell (Vektor-, Idealpunkt- oder Teilnutzenmodell) spezifizieren und dadurch in sachlich begründeten Fällen die Zahl der zu schätzenden Parameter verringern (siehe 1.3.2). Im Unterschied hierzu setzt die gebrückte Conjoint-Analyse das Teilnutzenmodell als Obermodell für alle Merkmale im Design voraus. Nur bei Verwendung des Teilnutzenmodells wird für jede Ausprägung ein eigener Teilnutzenwert geschätzt, wie es die Standardisierung der Teilnutzenwerte voraussetzt. Indem immer das Teilnutzenmodell verwendet wird, entfällt Schritt 2 der traditionellen Conjoint-Analyse bei der gebrückten Conjoint-Analyse.

Schritt 3: Auswahl einer Datenerhebungsmethode
Die Wahlmöglichkeit zwischen Teil- und Vollprofilen, wie in der traditionellen Conjoint-Analyse, besteht für die gebrückte Conjoint-Analyse nicht: Die gebrückte Conjoint-Analyse verwendet innerhalb der Teildesigns *Vollprofile*, die alle Merkmale des jeweiligen Teildesigns enthalten, obwohl die Verwendung von Teilprofilen theoretisch und rechnerisch möglich wäre.[113] In der praktischen Anwendung sind Teilprofile jedoch ungeeignet, weil sie deutlich mehr Stimuli benötigen als Vollprofile und dadurch die zeitliche Belastung der Probanden bei größeren Designs prohibitiv hoch wird (siehe 1.3.3). Die gebrückte Conjoint-Analyse ist aber gerade für Untersuchungen konzipiert, die viele Merkmale enthalten.

Schritt 4: Konstruktion von Stimuli
Bei der Konstruktion der Stimuli gibt es zwischen der traditionellen und der gebrückten Conjoint-Analyse keine Unterschiede, weil die Stimuli der Teildesigns genauso wie die Stimuli der traditionellen Conjoint-Analyse konstruiert

---

[113] Das Brücken findet auf der Ebene der Teilnutzenwerte statt, die ebenso durch Teilprofile erhoben werden können, wie durch Vollprofile. Um zwei Designs über ein Brückenmerkmal verbinden zu können, ist es allein notwendig, dass für jede Ausprägung im Gesamtdesign ein Teilnutzenwert geschätzt werden kann und das Brückenmerkmal in beiden Teildesigns berücksichtigt worden ist.

werden. Entsprechend besteht auch für die Teildesigns die Möglichkeit auf unterschiedlich fraktionierte Designs zurückzugreifen, wobei aus Effizienzgründen für die gebrückte Conjoint-Analyse die Verwendung von Haupteffekt-Designs nahe liegt.

Schritt 5: Präsentation der Stimuli
Die Aufteilung des Gesamtdesigns in Teildesigns und die getrennte Datenerhebung für die Teildesigns schließt alle nicht verbalen Präsentationsformen aus, so dass im Rahmen der gebrückten Conjoint-Analyse nur die Präsentation auf Stimuluskarten praktisch durchführbar ist. In Folge entfällt Schritt 5 bei der Planung einer gebrückten Conjoint-Analyse.

Schritt 6: Auswahl einer Messskala
In Bezug auf die Messskala besteht kein Unterschied zwischen traditioneller und gebrückter Conjoint-Analyse, alle in 1.3.6 vorgestellten Skalen sind auch für geteilte Designs anwendbar. Wenn sich die Vermutung aus 3.3 bestätigt, dass eine gebrückte Conjoint-Analyse höhere Anforderungen an die Schätzgenauigkeit stellt, als eine traditionelle, sollten niedrige Skalenniveaus wie zum Beispiel Ranking vermieden werden.[114]

Schritt 7: Auswahl des Schätzalgorithmus
Die Auswahl des Schätzalgorithmus' mit dem die Teilnutzenwerte der Teildesigns geschätzt werden hängt analog zur traditionellen Conjoint-Analyse vom Skalenniveau ab, auf dem die Daten erhoben werden und weist in Bezug auf die gebrückte Conjoint-Analyse keine Besonderheiten auf. In Folge bietet sich auch für die gebrückte Conjoint-Analyse die Verwendung einer Kleinste-Quadrate-Schätzung an, weil diese sich in empirischen Überprüfungen auf unterschiedlichen Skalenniveaus bewährt hat (siehe 1.3.6).

Zusammenfassend unterscheiden sich die Entscheidungen, die ein Forscher vor Durchführung einer gebrückten Conjoint-Analyse im Unterschied zu einer traditionellen Conjoint-Analyse treffen muss, vor allem in drei Punkten:

- Zusätzlich zur Bestimmung von Merkmalen und Ausprägungen muss eine Aufteilung der Merkmale auf die Teildesigns vorgenommen werden.
- Für alle Merkmale gilt immer das Teilnutzenmodell, eine abweichende Spezifikation durch den Forscher ist nicht möglich.
- Die Datenerhebung kann nur mit Stimuluskarten durchgeführt werden, alternative Präsentationsformen können nicht verwendet werden.

[114] Siehe hierzu die Ergebnisse der Simulation in 4.2.

3.5.2 Der Unterschied zwischen gebrückter Conjoint-Analyse und Bridger

In 2.2.2 ist mit der Bridging Conjoint-Analyse und ihrer kommerziellen Implementierung *Bridger* ein Verfahren vorgestellt worden, das ebenfalls mit gebrückten Designs arbeitet. Die Unterschiede zwischen diesem Ansatz und der gebrückten Conjoint-Analyse sind (vgl. Bretton-Clark 1988, S. 11 f.):

(1) Bridger bezieht den Anpassungsfaktor nicht auf das *Gewicht* des Brückenmerkmals, sondern rechnet eine Kleinste-Quadrate-Schätzung über alle Ausprägungen des Brückenmerkmals.[115]

(2) Bridger differenziert nach den Präferenzmodellen, die gebrückte Conjoint-Analyse verwendet für alle Fälle das allgemeine Teilnutzenmodell.

(3) Die gebrückte Conjoint-Analyse verrechnet *standardisierte Teilnutzenwerte*.

Der erste Unterschied bezieht sich auf die Berechnung des Brückenfaktors q als Quotient der *Gewichte* des Brückenmerkmals in den Teildesigns, weil die Verwendung der Gewichte der Logik des Brückens entspricht: Das Gewicht des Brückenmerkmals steht in jedem Teildesign in einem bestimmten Verhältnis zu dem kumulierten Gewicht der Restmerkmale und dadurch stehen auch die Restmerkmale der beiden Teildesigns in einem bestimmten Verhältnis zueinander (siehe 3.3).

Der zweite Unterschied ist die Möglichkeit beim Bridger, für das Brückenmerkmal in den beiden Teildesigns unterschiedliche Ausprägungen zu verwenden, wenn für das Brückenmerkmal das Vektor- oder das Idealpunktmodell spezifiziert wurde. Nur wenn das Teilnutzenmodell für das Brückenmerkmal spezifiziert ist, verlangt der Bridger die gleichen Ausprägungen in den Teildesigns. Dieses Vorgehen ist bedenklich, weil (wie in 1.3.1 ausgeführt) sich die Bewertung der Merkmale in der Conjoint-Analyse nach den *Endpunkten*[116] der Ausprägungen richten. Unterschiedliche Ausprägungen in den Teildesigns können somit dazu führen, dass die Wichtigkeit des Brückenmerkmals in den Teildesigns unterschiedlich bewertet wird. Aus diesem Grund sollten zumindest die Endpunkte des Brückenmerkmals gleich sein. Der in 1.3.1 erwähnte „number of levels“-Effekt deutet darüber hinaus darauf hin, dass auch Ausprägungen, die keine Endpunkte darstellen, gleich sein sollten, um sicherzustellen, dass dieser Effekt die Ergebnisse nicht beeinflusst. Aus diesen Gründen verwendet die gebrückte Conjoint-Analyse immer Brückenmerkmale mit gleichen Merkmalen.

---

[115] Hierzu werden die Teilnutzenwerte des Brückenmerkmals im einen Teildesign als abhängige Variablen der Regression verwendet und die Teilnutzenwerte des Brückenmerkmals im anderen Teildesigns als unabhängige Variablen. Der Brückenquotient q entspricht dem sich ergebenden Regressionskoeffizienten β_1 (vgl. Bretton-Clark 1988, S. 12).

[116] Die Endpunkte sind die am höchsten und die am niedrigsten bewertete Ausprägung eines Merkmals.

Der dritte Unterschied ist der wichtigste, weil wie in 3.2.1 erläutert, die Teilnutzenwerte der Conjoint-Analyse ohne Standardisierung von der Designgröße abhängen. Indem der Bridger unstandardisierte Teilnutzenwerte aus unterschiedlichen Designs anpasst („brückt") bezieht er sich nicht ausschließlich auf die Merkmalsgewichte, die sich aus den Bewertungen der Probanden ergeben, sondern bezieht Faktoren mit ein, die sich aus der Anzahl der Stimuli im Design ergeben; eine Größe, die von den Regeln zur Konstruktion fraktioniert faktorieller Designs abhängt. Daher verwendet die gebrückte Conjoint-Analyse standardisierte Teilnutzenwerte.

Das Prinzip des Bridgers ist somit mit dem der gebrückten Conjoint-Analyse identisch, die konkrete Umsetzung der gebrückten Conjoint-Analyse weicht aber in wichtigen Punkten vom Bridger ab, so dass die Ergebnisse, die sich aus der Monte Carlo-Überprüfung der GCA ergeben nicht ohne weiteres auf die Bridging Conjoint-Analysis übertragen werden dürfen.

4 Monte Carlo-Simulation der gebrückten Conjoint-Analyse

4.1 Die Monte Carlo-Simulation

Die Simulation[117] der gebrückten Conjoint-Analyse erfolgt in den folgenden Schritten:

(1) Designgenerierung: Der erste Schritt umfasst die Festlegung der 30 Gesamtdesigns unter Verwendung von Zufallszahlen und die Aufteilung der Gesamtdesigns auf 100 verschiedene Teildesigns.

(2) Generierung der wahren Teil- und Gesamtnutzenwerte: Der zweite Schritt besteht aus der Simulation der unterschiedlichen Fälle, indem für jedes Gesamtdesign 100 verschiedene Präferenzstrukturen unter Verwendung von Zufallszahlen generiert werden, die für die Stimuli der Gesamt- und Teildesigns zu Gesamtnutzenwerten addiert werden.

(3) Simulation der unterschiedlichen Skalenniveaus: Im dritten Schritt werden die Gesamtnutzenwerte der Stimuli so transformiert, dass sie Probandenbewertungen auf bestimmten Skalen (Ranking, Paarvergleich und Rating) entsprechen.

(4) Die Berechnung der gebrückten Teilnutzenwerte: Unter Verwendung der Werte aus Schritt drei werden die Teilnutzenwerte der Teildesigns durch eine Kleinste-Quadrate-Schätzung ermittelt und anschließend, wie in 3.2 beschrieben, gebrückt.

(5) Bewertung des Ergebnisses: Um die Ergebnisse der wahren Teilnutzenwerte mit den gebrückten Teilnutzenwerte vergleichen zu können, werden für die einzelnen Fälle Korrelationskoeffizienten zwischen den wahren und den geschätzten Teilnutzenwerte berechnet. Diese Korrelationskoeffizienten bilden die Grundlage der anschließenden Analyse der Simulationsergebnisse.

4.1.1 Designgenerierung

Wie in 1.3.4 festgestellt unterliegt die traditionelle Conjoint-Analyse aufgrund der begrenzten Belastbarkeit der Probanden zwei Beschränkungen:

- In Bezug auf die auf einem Stimulus gleichzeitig verwendbaren Merkmale und
- in Bezug auf die Obergrenze der Stimuli im reduzierten Design.

[117] In dieser Arbeit werden die Begriffe Monte Carlo-Methode und Simulation synonym für eine Simulation mit Zufallszahlen verwendet (siehe Fußnote 46, Seite 30).

Merkmale pro Stimulus

Das Verfahren der gebrückten Conjoint-Analyse ändert an den *maximal auf einem Stimulus* verwendbaren Merkmalen im Vergleich zur traditionellen Conjoint-Analyse nichts, allerdings werden die Merkmale des Gesamtdesigns jetzt auf die Stimuli der Teildesigns verteilt, so dass in der gebrückten Conjoint-Analyse fast doppelt so viele Stimuli verwendet werden können wie in der traditionellen Conjoint-Analyse.[118] Wie in 1.4 ausgeführt liegt die Belastbarkeit der Probanden für ein Teildesign bei 5 bis 6 Merkmalen, so dass sich für die gebrückte Conjoint-Analyse eine theoretische Obergrenze für die Anzahl der Merkmale im Design zwischen 9 und 11 ergibt. Für die Simulation wird die Obergrenze auf *10 Merkmale* gesetzt, weil SPSS nur orthogonale Designs mit maximal zehn Merkmalen konstruieren kann und daher nur für solche Designs eine vergleichende traditionelle Conjoint-Analyse durchgeführt werden kann. Um die Ergebnisse der gebrückten Conjoint-Analyse mit den Ergebnissen der traditionellen Conjoint-Analyse vergleichen zu können, erfolgt daher eine Beschränkung auf Designs mit maximal zehn Merkmalen.

Ausprägungen je Merkmal

In Bezug auf die pro Merkmal höchstens verwendbaren Ausprägungen gilt folgendes: Die Anzahl der Stimuli im reduzierten Design hängt neben der Anzahl der Merkmale auch von den Ausprägungen ab. Merkmale, die *mehr als fünf* Ausprägungen aufweisen führen in der Regel zu mehr als 30 Stimuli und in diesen Fällen sind bereits die Teildesigns zu groß für eine dekompositionelle Erhebung mit Vollprofilen (siehe Tabelle 4 auf Seite 19). Daher gehen nur Merkmale mit höchstens *fünf Ausprägungen* in die Untersuchung ein.

In der Simulation

Aufgrund dieser Beschränkung werden die Designs für die Simulation unter Verwendung gleichverteilter Zufallszahlen so gebildet, dass

- Jedes Design maximal zehn Merkmale enthält,
- die jeweils zwischen zwei und fünf Ausprägungen aufweisen.[119]

Die resultierenden Designs sind in Tabelle 21 zusammengefasst: Der Eintrag *3333334* bei Design 1 bedeutet, dass sechs Merkmale mit je drei Ausprägungen vorhanden sind und ein Merkmal mit vier Ausprägungen, wobei die Ausprägungen nach der Größe sortiert sind.

---

[118] Deshalb nur *fast* doppelt so viele, weil das Brückenmerkmal in beiden Teildesigns vorkommt, das heißt ein Design mit elf Merkmalen führt zu Stimulisets mit jeweils sechs Merkmalen.

[119] Implementiert wurde das, indem für jedes Design 10 Zufallszahlen z_i zwischen 1 und 5 generiert wurden. Die z_i entsprechen der Zahl der Ausprägungen, es sein denn z_i ist 1: In diesem Fall wurde das Merkmal aus dem Design entfernt. Auf diesem Weg können unterschiedliche Designgrößen entstehen.

Design	Merkmale	Design	Merkmale
1	3333334	16	2234445
2	2224445	17	223333345
3	223334444	18	222355555
4	2223445	19	23334445
5	24445	20	22444555
6	22225	21	223344455
7	223344455	22	333334444
8	223445555	23	22223335
9	2223345	24	2233344
10	22234455	25	222333555
11	2244444	26	222333445
12	233444445	27	33334455
13	233334444	28	22233444
14	23344555	29	2233445
15	2334455	30	333444555

Tabelle 21: Die verwendeten Designs

Die so konstruierten Gesamtdesigns wurden mehrfach in Teildesigns aufgeteilt, so dass verschiedene Merkmale als Brückenmerkmal verwendet wurden.[120] Die mehrfache Aufteilung eines Gesamtdesigns in Teildesigns erfolgte so, dass möglichst jeweils ein zweistufiges, ein dreistufiges, ein vierstufiges und ein fünfstufiges Merkmal als Brückenmerkmal verwendet wird. Auf diesem Weg werden möglichst viele unterschiedliche Merkmale als Brückenmerkmal verwendet. Das Vorgehen sieht beispielsweise für die Designs 1 und 4 wie folgt aus:

Gesamtdesign	Teildesign 1	Teildesign 2	Ausprägungen des Brückenmerkmals
3333334	3333	3334	3
	3334	3334	4
2223445	2223	2445	2
	2223	3445	3
	2224	3445	4
	2225	3445	5

Tabelle 22: Beispiel für Teildesignbildung

Insgesamt ergeben sich auf diesem Weg 100 Teildesign-Paare, die im Anhang A (Seite 176) aufgelistet sind.

[120] Für die Teildesigns gilt, dass jedes Merkmal entweder in Teildesign 1 oder in Teildesign 2 vorkommt, mit Ausnahme des *Brückenmerkmals*, das in beiden Teildesigns vorhanden ist.

Unter Verwendung dieser *Designstrukturen* für Gesamt- und Teildesigns wurden mit der Prozedur *Orthoplan* von SPSS die 30 reduzierten *Gesamtdesign-Pläne*[121] und die 100 reduzierten *Teildesign-Planpaare*[122] konstruiert. Mit der Funktion Orthoplan ist das Problem verbunden, dass sich in einzelnen Fällen doppelte Stimuli ergeben, deren Auftreten nicht nur von der Designstruktur abhängt, sondern auch von zur Randomisation der Basispläne verwendeten Zufallszahlen.[123] Wenn sich in der Simulation ein solcher Fall ergab, wurde die Funktion Orthoplan so oft mit unterschiedlichen Zufallszahlen erneut ausgeführt, bis sich nach Möglichkeit keine doppelten Stimuli mehr ergaben. Bei bestimmten Designstrukturen können doppelte Stimuli allerdings prinzipbedingt nicht vermieden werden. In der Simulation weisen daher drei Teildesigns von Design 5 doppelte Stimuli auf.

4.1.2 Generierung der wahren Teil- und Gesamtnutzenwerte

Für jedes Design wurden 100 unterschiedliche Präferenzverteilungen (im weiteren als *Fälle* bezeichnet) als „wahre Präferenzen" angenommen, indem für jeden Fall die folgenden beiden Schritte durchgeführt wurden:

- Für jede Merkmalsausprägung des Designs wurde ein „wahrer Teilnutzenwert" u_w im Wertebereich von 1 bis 100 zufällig ermittelt.[124]
- Diese angenommenen Teilnutzenwerte wurden für jeden Stimulus im Design addiert, so dass im Ergebnis für jeden Stimulus ein „wahrer Gesamtnutzenwert" entstand.

Zur Verdeutlichung sei das nachstehende Beispiel verwendet, das die Teilnutzenwerte für einen angenommenen Probanden bei einem 223-Design enthält.

---

[121] Ein *Plan* besteht aus den konkreten Stimuli des reduzierten Designs.

[122] Jede Teilung eines Gesamtdesigns führt zu zwei Teildesigns und zwei zusammengehörende Teildesign-Pläne heißen *Planpaar*.

[123] Wie in 1.3.4 erläutert, greift SPSS auf *Basispläne* zurück, um die jeweiligen reduzierten Designs zu konstruieren. Nachdem der zu einem jeweiligen Design passende Basisplan ausgewählt wurde, werden (wenn möglich) aus diesem Plan zufällig Spalten ausgewählt. Je nach Startwert der Zufallszahlen können sich im Design doppelte Stimuli ergeben. SPSS bietet dem Anwender die Möglichkeit, den Startwert von SPSS vorgeben zu lassen oder ihn von Hand festzulegen (vgl. SPSS 1997, S. 399).

[124] An dieser Stelle ist auf ein *Simulationsartefakt* hinzuweisen: Das Gewicht eines Merkmals in der Conjoint-Analyse bemisst sich nach seiner Spannweite, das heißt nach der Differenz zwischen der höchsten Ausprägung eines Merkmals und der niedrigsten Ausprägung dieses Merkmals. Werden nun die u_w direkt und jedes für sich mit einer Zufallszahl belegt, steigt die Wahrscheinlichkeit für ein hohes Gewicht mit der Zahl der Ausprägungen. Das ist aber nicht unrealistisch, da sich in empirischen Untersuchungen gezeigt hat, dass dort tendenziell den wichtigen Merkmalen a priori viele Ausprägungsstufen zugewiesen wurden.

Merkmale	A1	A2	B1	B2	B3	C1	C2
u_w	5	10	20	40	20	40	80

Abbildung 21: Beispiel-Design 223

Der Gesamtnutzenwert für einen Stimulus, der die Merkmalsausprägungen *A1*, *B1* und *C1* enthält, beträgt dann: G_w=5 + 20 + 40 = 65. Damit ist dieser Stimulus beispielsweise schlechter als ein Stimulus, der *A2*, *B1* und *C1* enthält (10 + 20 + 40 = 70). Die wahren Gesamtnutzenwerte ermöglichen es, die Stimuli so zu bewerten, wie es ein echter Proband mit dieser Präferenzstruktur und konsistentem Verhalten getan hätte.

Einbeziehen von Fehlern

Die Gesamtnutzenwerte sind unter Verwendung des additiven Modells *berechnet* worden, so dass die Bewertungen der Stimuli prinzipbedingt *konsistent* sind. Da es im Bewertungsverhalten von Probanden im Gegensatz dazu zu Fehlern kommt, werden zusätzlich zu der Null-Fehler-Rechnung für jeden Fall Zufallsfehler auf zwei unterschiedlichen Niveaus simuliert: Einmal ein normalverteilter Fehler mit Mittelwert 0 und Standardabweichung 5 und zum anderen ein normalverteilter Fehler mit Mittelwert 0 und Standardabweichung 10.[125] In diesem Zusammenhang bedeutet *Fehler*, dass die Probanden nicht alle Stimuli so bewerten wie es ihren wirklichen Präferenzen entspricht, sondern es vielmehr zum Beispiel aufgrund von Unkonzentriertheit oder kognitiver Überforderung zu *Inkonsistenzen* kommt.

Die Fehler können in der Simulation grundsätzlich auf zwei verschiedenen Ebenen berücksichtigt werden:

- Auf der Ebene der angenommenen wahren *Teilnutzenwerte*, indem diese vor der Verknüpfung zu den Gesamtnutzenwerten für jeden Stimulus verändert werden oder
- auf Ebene der Gesamtnutzenwerte selbst, indem die Gesamtnutzenwerte für jeden Stimulus um eine zufällige Größe verändert werden.

In der Simulation wird die zweite Variante gewählt, um explizit zu berücksichtigen, dass Probanden die Stimuli unter Umständen fehlerhaft bewerten. Die Verwendung der ersten Variante hätte hingegen darauf abgestellt, dass Probanden ihre „eigenen Teilnutzenwerte" – die sie annahmegemäß ohnehin nicht kennen – falsch einschätzen.

Die Berücksichtigung von Fehlern auf Ebene der Gesamtnutzen ist in der Literatur zur Conjoint-Analyse dergestalt üblich, dass die Fehlerterme zu den Gesamtnutzen *addiert* werden (vgl. Agarwal 1988, S. 292 ff. und Srinivasan

[125] Den Ergebnissen von *Wittink/Cattin* (1981, S. 102) zufolge führen unterschiedliche Verteilungsannahmen des Zufallsfehlers nicht zu systematischen Auswirkungen.
Zur Berechnung der Zufallszahlen wurde die Funktion *RV.NORMAL* von SPSS verwendet.

1975, S. 483). Die für die vorliegende Untersuchung durchgeführte Simulation geht anders vor, indem sie die Fehler als Prozentwerte auffasst und die Gesamtnutzenwerte um diesen Prozentwert verändert. Das hat den Vorteil, dass die Fehlerterme über verschiedene Designgrößen vergleichbar sind: Wenn Designs unterschiedlich viele Merkmale enthalten, deren Ausprägungen jeweils simulierte wahre Teilnutzenwerte von 1 bis 100 haben, würde sich ein absoluter Fehlerterm in Designs mit weniger Merkmalen stärker auswirken, als in Designs mit mehr Merkmalen, wo die Gesamtnutzenwerte durchschnittlich höher sind.

Konkret wurde für jedes Fehlerniveau eine Matrix erstellt, die 100*100 entsprechend verteilte Zufallszahlen enthält und die für alle Designs verwendet wurde:[126] $\mathbf{E}_5$ für die N(0;5)-verteilten Zufallszahlen und $\mathbf{E}_{10}$ für die N(0;10)-verteilten. Die Zufallszahlen wurden so in die Gesamtnutzenwerte eingerechnet, dass jede Spalte von $\mathbf{E}_5$ (bzw. $\mathbf{E}_{10}$) auf einen der 100 Fälle im jeweiligen Design angewendet wird. Die Fehlermatrix $\mathbf{E}_5$ – die Fehlermatrix $\mathbf{E}_{10}$ sieht entsprechend aus – ist wie folgt aufgebaut $\mathbf{E}_5 = \begin{pmatrix} e_{11} & \cdots & e_{1n} \\ \vdots & \ddots & \\ e_{n1} & & e_{nn} \end{pmatrix}$. Ein Fehlerwert e_{ij} wird auf den Stimulus Nr. i von Fall j angewendet und zwar unabhängig davon, ob es sich um ein Gesamt- oder ein Teildesign handelt. Die neuen Gesamtnutzenwerte unter Einbeziehung von Fehlern ergeben sich wie folgt:

$G_w^0 := G_w$ der Gesamtnutzenwert ohne Fehler bleibt unverändert

$G_w^5 := G_w \cdot \frac{100-e}{100}$ mit e als N(0;5)-verteilter Zufallsvariable

$G_w^{10} := G_w \cdot \frac{100-e}{100}$ mit e als N(0;10)-verteilter Zufallsvariable

Im weiteren wird wegen der einfacheren Darstellung nur der Fall der Gesamtnutzenwerte ohne Fehler G_w aufgeführt. Die Ausführungen gelten aber für die Gesamtnutzenwerte mit Fehlern entsprechend.

In Bezug auf die Fehlerwerte e ist dabei entscheidend, dass die Zufallszahlen von SPSS eine Normalverteilung möglichst gut approximieren. Die Zufallszahlenfunktion der verwendeten Software SPSS verwendet einen linearen Kongruenzgenerator, der zunächst gleichverteilte Zufallszahlen erzeugt, die in normalverteilte transformiert werden, entsprechend dem bei *Kinderman/Ramage* (1976) und *Lewis/Goodman/Miller* (1969) beschriebenen Vorgehen.[127] Der Zufallsgenerator liefert für die vorliegende Problemstellung ausreichend gute Zufallszahlen (vgl. Grothe 2000).[128]

---

[126] Durch dieses Vorgehen können die Ergebnisse der Rechnungen kontrolliert werden, was bei einer willkürlichen Zuordnung der Zufallszahlen nicht möglich gewesen wäre.

[127] Mit einer Änderung in Bezug auf den Multiplikator (vgl. SPSS 2000).

[128] Diesem Ergebnis liegen Berechnung von *Beyerquotienten* an der Technischen Universität Darmstadt zugrunde (vgl. Grothe 2000).

4.1.3 Simulation der unterschiedlichen Skalenniveaus

Zur Veranschaulichung der Simulation unterschiedlicher Skalenniveaus wird das folgende Beispiel eines sehr kleinen Designs mit fünf Stimuli verwendet:

Stimulus	*Gesamtnutzenwert*
1	G_w= 50
2	G_w= 30
3	G_w= 70
4	G_w= 80
5	G_w= 20

Tabelle 23: Beispiel Gesamtnutzen

Das Ranking

Ausgehend von den Gesamtnutzenwerten kann die Rangreihung (bzw. das Ranking) dadurch simuliert werden, dass die Karten mit Werten von 1 für die schlechteste Karte bis *n* (=Anzahl der Stimuli im Design) für die beste Karte bewertet werden.[129]

Für das Beispiel ergibt sich dann:

Stimulus	*Gesamtnutzenwert*	*Rangwert*
1	G_w= 50	G_{Rang}= 3
2	G_w= 30	G_{Rang}= 2
3	G_w= 70	G_{Rang}= 4
4	G_w= 80	G_{Rang}= 5
5	G_w= 20	G_{Rang}= 1

Tabelle 24: Beispiel Gesamtnutzen Rang

[129] Wird die Conjoint-Prozedur von SPSS im Ranking-Modus verwendet, so wird die beste Karte mit dem Wert 1 versehen und die schlechteste mit *n*, der Anzahl der Karten. Das beschriebene Vorgehen der Simulation geht umgekehrt vor, indem die schlechteste Karte den Wert 1 erhält und die beste den Wert *n*, was keine Auswirkung auf das Ergebnis hat, wenn bei SPSS der Modus *Scores* statt Ranking verwendet wird, lediglich bei Auftreten von gleichem Gesamtnutzen für zwei Stimuli (*ties*) ergeben sich dadurch geringfügig abweichende Ergebnisse, weil beiden Stimuli der Rang zugewiesen wird, den sie bekommen hätten, wenn ihnen allein dieser Gesamtnutzen zugewiesen würde; der Nachfolgerang wird übersprungen. Durch diese unterschiedliche Behandlung der Ties würden sich beim SPSS-Modus *Ranking* geringfügig andere Teilnutzenwerte ergeben, als beim in der Simulation angewendeten Vorgehen.

Das Rating

Bei der Ermittlung des Ratings[130] werden den Stimuli wie folgt Werte von 0 bis 100 zugewiesen:

- Von jedem Gesamtnutzenwert wird der insgesamt geringste Teilnutzenwert subtrahiert.
- Jeder Gesamtnutzenwert wird anschließend durch den insgesamt größten Teilnutzenwert dividiert und anschließend mit 100 multipliziert.

Wenn G_{wi} der Gesamtnutzen des Stimulus i ist und n die Anzahl der Stimuli im Design, sieht dies formal wie folgt aus:

1. Schritt: $G'_{wi} := G_{wi} - \min(G_{w1}..G_{wn})$ für alle i von 1 bis n

2. Schritt: $G_{Rating\,i} := G'_{wi} \cdot \frac{100}{\max(G'_{w1}..G'_{wn})}$ für alle i von 1 bis n

Im Ergebnis hat die schlechteste Karte den Wert 0 zugewiesen bekommen und die beste Karte den Wert 100. Für das Beispiel heißt das:

Stimulus	*Gesamtnutzenwert*	*Ratingwert*
1	G_w= 50	G_{Rating}= 50
2	G_w= 30	G_{Rating}= 16,7
3	G_w= 70	G_{Rating}= 83,3
4	G_w= 80	G_{Rating}= 100
5	G_w= 20	G_{Rating}= 0

Tabelle 25: Beispiel Gesamtnutzen Rating

Die 3er- und 5er Skalen

Die „graded pair“-Skalen ermöglichen für jedes Kartenpaar nicht die Aussage, welche der beiden Karten die bessere ist, sondern darüber hinaus, wie groß der Abstand zwischen den beiden Karten ist, wobei der Abstand nur in einem bestimmten Intervall angegeben werden kann. In der vorliegenden Untersuchung wurden die Intervalle 1 bis 3 und zum anderen von 1 bis 5 verwendet.[131]

Für die Simulation wird wie folgt vorgegangen:

- Zunächst werden die Karten gemäß ihrer Gesamtnutzenwerten wie beim Ranking sortiert,
- dann werden die absoluten Abstände zwischen benachbarten Karten errechnet und der insgesamt größte Abstand A_{max} wird ermittelt.

---

[130] Wobei mit Rating eine Skala von 0 bis 100 gemeint ist, wie in 1.3.6 erläutert.

[131] Zu den Problemen, die mit diesem Verfahren verbunden sind siehe 1.3.6.

Ausgehend von A_{max} werden die Abstände so transformiert, dass diesen entsprechend der nachfolgend beschriebenen Regeln Werte von 1 bis 3 bzw. von 1 bis 5 zugewiesen werden:

- Für die 3er-Skala
  - Wenn $0 = A_i$ dann $A_i := 0$
  - Wenn $0 < A_i < \frac{1}{3} A_{max}$ dann $A_i := 1$
  - Wenn $\frac{1}{3} A_{max} \leq A_i \leq \frac{2}{3} A_{max}$ dann $A_i := 2$
  - Wenn $\frac{2}{3} A_{max} < A_i \leq A_{max}$ dann $A_i := 3$
- Für die 5er-Skala
  - Wenn $0 = A_i$ dann $A_i := 0$
  - Wenn $0 < A_i < \frac{1}{5} A_{max}$ dann $A_i := 1$
  - Wenn $\frac{1}{5} A_{max} \leq A_i \leq \frac{2}{5} A_{max}$ dann $A_i := 2$
  - Wenn $\frac{2}{5} A_{max} < A_i \leq \frac{3}{5} A_{max}$ dann $A_i := 3$
  - Wenn $\frac{3}{5} A_{max} < A_i \leq \frac{4}{5} A_{max}$ dann $A_i := 4$
  - Wenn $\frac{4}{5} A_{max} < A_i \leq A_{max}$ dann $A_i := 5$

Diese neuen Abstände werden so *kumuliert*, dass der neue Kartenwert einer Karte *i* der Summe der Abstände zu den Karten entspricht, die im Ranking *unter* der Karte an Position *i* liegen.

Formal: $G_{GP\,i} := \sum_{j=1}^{n} A_j$ für alle *j* bei denen gilt $G_{Rang\,j} \leq G_{Rang\,i}$

Für das Beispiel sieht das im Fall der 5er-Skala – bei der 3er-Skala entsprechend – wie folgt aus. Ausgangspunkt sind die oben stehenden Gesamtnutzenwerte der Stimuli, die zur Berechnung der Abstände herangezogen werden:

Stimulus	*Gesamtnutzenwert*	*Abstand*
1	$G_w = 50$	$A_{abs} = 20$
2	$G_w = 30$	$A_{abs} = 10$
3	$G_w = 70$	$A_{abs} = 20$
4	$G_w = 80$	$A_{abs} = 10$
5	$G_w = 20$	$A_{abs} = 0$

Tabelle 26: Beispiel Gesamtnutzen Abstand (1)

Der maximale Abstand A_{max} ist 20. Im zweiten Schritt werden die Abstände wie oben beschrieben transformiert:

Stimulus	Gesamtnutzen	neuer Abstand
1	G_w= 50	A_{neu}= 5
2	G_w= 30	A_{neu}= 3
3	G_w= 70	A_{neu}= 5
4	G_w= 80	A_{neu}= 3
5	G_w= 20	A_{neu}= 0

Tabelle 27: Beispiel Gesamtnutzen Abstand (2)

Durch Kumulierung dieser neuen Abstände ergeben sich die Werte:

Stimulus	Gesamtnutzen	graded pair-Wert
1	G_w= 50	G_{GP}= 8
2	G_w= 30	G_{GP}= 3
3	G_w= 70	G_{GP}= 13
4	G_w= 80	G_{GP}= 16
5	G_w= 20	G_{GP}= 0

Tabelle 28: Beispiel Gesamtnutzen graded-pair

Im Vergleich

Im Vergleich ergeben sich für die Stimuli des Beispiels in Abhängigkeit vom simulierten Skalenniveau die folgenden Werte:

Stimulus	Ranking	graded pair-5er	Rating
1	3	8	50
2	2	3	16,7
3	4	13	83,3
4	5	16	100
5	1	0	0

Tabelle 29: Beispiel Gesamtnutzen Vergleich

Da für jeden Fall vier Skalenniveaus und drei Fehlervarianten simuliert werden, ergeben sich pro Fall 12 Gesamtnutzenwerte für jeden Stimulus. Da in die Simulation insgesamt 100 Teildesign-Paare eingehen, für die jeweils 100 Fälle simuliert werden,[132] ergeben sich in der Simulation insgesamt 120.000 Datensätze, welche in 4.3 analysiert werden.

[132] Die 100 Teildesign-Paare gehen auf 30 Gesamtdesigns zurück und die Präferenzstrukturen wurden nur für Gesamtdesigns simuliert. Daher gehen die Simulationsergebnisse auf 3.000 unterschiedliche Präferenzstrukturen zurück.

4.1.4 Die Berechnung der gebrückten Teilnutzenwerte

Schätzung der Teilnutzenwerte für Gesamt- und Teildesigns
Mit den im vorigen Schritt ermittelten Gesamtnutzenwerten für die Stimuli werden unter Verwendung der Conjoint-Prozedur von SPSS die Teilnutzenwerte wie in der Conjoint-Analyse üblich geschätzt (siehe 3.2.2): Die Stimuli sind die *unabhängigen Variablen* der Regression und die *abhängigen Variablen* sind die jeweiligen Bewertungen der Stimuli, die sich aus den auf die Skalenniveaus transformierten Gesamtnutzenwerten ergeben. Da es für jeden Stimulus abhängig vom Skalenniveau zwölf verschiedene Werte gibt (siehe 4.1.3), wird die Regression entsprechend mehrfach durchgeführt. Im Ergebnis liegen für jeden Fall

- die geschätzten Teilnutzenwerte für das Gesamtdesign ($\hat{u}^g$),[133]
- die geschätzten Teilnutzenwerte für Teildesign 1 ($\hat{u}^1$) und
- die geschätzten Teilnutzenwerte für Teildesign 2 ($\hat{u}^2$) vor.

Die Standardisierung der Teilnutzenwerte
Die gebrückte Conjoint-Analyse, wie in dieser Arbeit vorgestellt, arbeitet aus zwei Gründen mit standardisierten Teilnutzenwerten:

1. Vor allem, weil dadurch die Vergleichbarkeit der Teilnutzenwerte aus unterschiedlichen Designs gegeben ist und weiter
2. weil auf diesem Weg das Gewicht des Merkmals unmittelbar ablesbar ist.[134]

Die Teilnutzenwerte des Gesamtdesigns und der Teildesigns werden getrennt standardisiert, indem jeweils die geringsten Ausprägungen auf 0 gesetzt werden und sich jeweils die besten Ausprägungen der Merkmale zu 100 addieren.[135] Im Ergebnis liegen, wiederum in zwölf mal pro Fall,

- die standardisierten, geschätzten Teilnutzenwerte für das Gesamtdesign ($\hat{u}^{gs}$),
- die standardisierten, geschätzten Teilnutzenwerte für Teildesign 1 ($\hat{u}^{1s}$) und
- die standardisierten, geschätzten Teilnutzenwerte für Teildesign 2 ($\hat{u}^{2s}$) vor.

---

[133] Diese Werte entsprechen einer traditionellen Conjoint-Analyse über das Gesamtdesign.

[134] Siehe hierzu die Ausführungen in 3.2.2.

[135] Die Standardisierung wie 3.2.2 beschrieben, normiert nicht auf 100 sondern auf 1. Wegen der erhöhten Übersichtlichkeit wurde in der Simulation die Normierung auf 100 implementiert.

Die standardisierten Werte bilden die Grundlage für das Brücken, denn ihre Höhe hängt weder an der Designgröße noch am Skalenniveau, alle Werte liegen zwischen 0 und 100.

Die Berechnung der gebrückten Teilnutzenwerte

Die Teildesigns werden nach dem in 3.2.1 vorgestellten Prinzip gebrückt, indem zunächst der Quotient aus den Gewichten des Brückenmerkmals in Teildesign 1 und Teildesign 2 individuell für jeden Fall berechnet wird:

$$q := \frac{\max(\hat{u}_{b1}^{1s} .. \hat{u}_{bm}^{1s})}{\max(\hat{u}_{b1}^{2s} .. \hat{u}_{bm}^{2s})} = \frac{\hat{w}_b^1}{\hat{w}_b^2}.$$

mit $\hat{u}_{bi}^{js}$= Teilnutzenwert der Ausprägung i des Brückenmerkmals b in Teildesign j

Falls $\hat{w}_b^1$= 0 oder $\hat{w}_b^2$= 0 sind, wird der Fall aus der weiteren Analyse ausgeschlossen.[136] Dabei hängt das konkrete Ergebnis sowohl vom Skalen- wie vom Fehlerniveau ab, so dass ein Fall, der auf einem Skalenniveau ausgeschlossen wird, auf einem anderen Skalenniveau in der Analyse verbleibt.

Mit dem Quotienten q werden alle Teilnutzenwerte des Teildesigns 2 multipliziert: $\hat{u}_{ij}^{b2} := q \cdot \hat{u}_{ij}^{2s}$. Die Teilnutzenwerte des Teildesigns 1 bleiben unverändert: $\hat{u}_{ij}^{b1} := \hat{u}_{ij}^{1s}$. Dabei steht i für alle Merkmale im Teildesign und j für alle Ausprägungen. Um etwaige Abweichungen bei den Teilnutzenwerte des Brückenmerkmals auszugleichen, werden die Mittelwerte gebildet: $\hat{u}_{bj}^{b} := \frac{\hat{u}_{bj}^{b1} + \hat{u}_{bj}^{b2}}{2}$.

Die so errechneten Teilnutzenwerte $\hat{u}_{ij}^{b}$ erfüllen nicht mehr die Bedingung, dass die Summe der besten Ausprägungen über alle Merkmale gleich 1 ist. Daher werden diese Teilnutzenwerte noch einmal nach den gleichen Regeln wie vorher standardisiert, so dass im Ergebnis gebrückte und standardisierte Teilnutzenwerte $\hat{u}_{ij}^{bs}$ für das Gesamtdesign vorliegen.

4.1.5 Bewertung des Ergebnisses

Um zu ermitteln, ob die Conjoint-Analyse die simulierte wahre Präferenzstruktur richtig abbildet, wird überprüft, inwieweit die geschätzten Teilnutzenwerte ($\hat{u}$) mit den vorgegebenen wahren Teilnutzenwerten (u_w) korrelieren. Dieses Vorgehen weist eine gewisse Ähnlichkeit mit der Überprüfung des Modell-Fits auf, ist aber nicht mit diesem identisch, weil nicht auf die Reproduktion der Eingangswerte, die Bewertungen der Stimuli, abgestellt wird, sondern auf die Re-

[136] Dadurch ergeben sich im Nullfehlerfall 138 ausgeschlossene Fälle (von 40.000).

produktion der wahren Teilnutzenwerte. Der Modell-Fit überprüft im Falle eines Rankings, ob mit Hilfe der geschätzten Teilnutzenwerte die gleiche Kartenreihenfolge erzeugt werden kann, wie sie der Proband ursprünglich gelegt hatte.[137] Für vorliegende Untersuchung ist hingegen die Korrelation auf Basis der Teilnutzenwerte der richtige Ansatz, weil der Vergleich auf Teilnutzenwert-Basis genauer ist als die Korrelation der Stimuli. Der Grund hierfür liegt im kompensatorischen Modellcharakter, der dazu führen kann, dass die Korrelation von Eingangs- und Ausgangsdaten höher ausfällt als die Korrelation der zugrundeliegenden Teilnutzenwerte. Da die Teilnutzenwerte zudem metrisch sind, wird der Korrelationskoeffizient nach *Pearson* als Gütekriterium für die Simulation verwendet.

Es ist dabei zu beachten, dass die geschätzten Teilnutzenwerte standardisiert sind, die u_w hingegen nicht. Um diese Werte mit dem Korrelationskoeffizienten vergleichen zu können, werden die u_w nach den gleichen Regeln standardisiert, wie die geschätzten Teilnutzenwerte: Die aus dem Brücken hervorgehenden Teilnutzenwerte $\hat{u}_{ij}^{bs}$ werden unter Verwendung des Korrelationskoeffizienten von *Pearson* (r) mit den standardisierten wahren Teilnutzenwerten u_w^s verglichen.

Maximal sind für jedes Fehlerniveau 40.000 Korrelationswerte r berechenbar.[138] De facto ergeben sich allerdings weniger Werte, weil diejenigen Fälle, in denen das Brückenmerkmal in einem der Teildesigns ein Gewicht von 0 hatte, aus der Analyse ausgeschlossen wurden. Im Nullfehlerfall ergaben sich zum Beispiel 39.862 gültige Fälle. Analysen, die Vergleiche zwischen Ergebnissen unterschiedlicher Fehlerniveaus durchführen, werden nur für diejenigen Fälle durchgeführt, die auf allen Fehlerniveaus gültige Werte enthalten.

Für die Interpretation der r-Werte ist zu bedenken, dass es sich um die Ergebnisse einer Simulation handelt und somit weitaus höhere r-Werte erwartet werden dürfen, als in empirischen Untersuchungen. In empirischen Untersuchungen gilt zuweilen ein r von 0,8 als sehr gutes Ergebnis, für eine Simulation gelten hingegen strengere Maßstäbe: hier sollte r nicht unter 0,95 liegen. Diese willkürliche Grenzziehung wird dadurch gemildert, dass als Vergleichspunkt die traditionelle Conjoint-Analyse herangezogen wird.[139] Die von der traditionellen

---

[137] Hierzu können *Rangkorrelationskoeffizienten* wie von *Kendall* oder *Spearman* verwendet werden. Dabei gilt, dass der Koeffizient von *Spearman* auf dem von *Pearson* aufbaut und somit zu entsprechenden Ergebnissen kommt. Der Koeffizient von *Kendall* ist nicht direkt mit den anderen vergleichbar und weicht somit besonders im mittleren Bereich von diesen ab (vgl. Fröhlich/Becker 1971, S. 505 f.).

[138] Diese Zahl ergibt sich aus den 100 Teildesigns, für die jeweils 100 Fälle auf 4 Skalenniveaus simuliert worden sind (100*100*4 = 40.000). Diese 40.000 geschätzten Präferenzstrukturen können jeweils der ursprünglichen wahren Präferenzstruktur gegenüber gestellt werden, so dass sich 40.000 Korrelationskoeffizienten ergeben.

[139] Im Vorgriff auf die Simulationsergebnisse sei an dieser Stelle erwähnt, dass die traditionelle Conjoint-Analyse auf dem häufig verwendeten Skalenniveau Rang ohne Berücksichtigung

Conjoint-Analyse durchschnittlich erzielten Korrelationen sind der Referenzpunkt, an dem die gebrückte Conjoint-Analyse gemessen werden kann.

4.2 Die induktive Suche nach Zusammenhängen

Zur Auswertung der Ergebnisse wird die *induktive Methode* angewendet, indem aus einer Reihe von Einzelaussagen, den Simulationsergebnissen, allgemeine Schlüsse abgeleitet werden. Solche Schlüsse sind im streng logischen Sinn nur dann gerechtfertigt, wenn *alle* denkbaren Einzelfälle bekannt sind und in die Analyse einbezogen wurden. Da es aufgrund ihrer hohen Zahl[140] unmöglich ist, alle denkbaren Präferenz- und Designstrukturen zu simulieren, bleiben die so gewonnenen Erkenntnisse nur eingeschränkt gültig: Eine Aussage kann nicht durch eine endliche Anzahl von Beobachtungen belegt werden, jede Beobachtung erhöht aber die Wahrscheinlichkeit der Aussage (vgl. Kelle 1994, S. 115 ff.).[141] Für die Analyse der gebrückten Conjoint-Analyse folgt daraus, dass aus den Simulationsergebnissen keine *allgemeingültigen* Aussagen abgeleitet werden können, sondern die Ergebnisse nur im Rahmen der simulierten Fälle gelten. Auch beim induktiven Vorgehen ist eine Vorstellung darüber notwendig, welche Faktoren das Ergebnis beeinflussen, um diese explizit in die Analyse einzubeziehen. Die Einflussfaktoren können in *zwei Gruppen* unterteilt werden:

(1) Einflussfaktoren, die in der Praxis vom Forscher a priori beeinflusst oder zumindest beurteilt werden können und

(2) Einflussfaktoren die in der Praxis a priori weder beeinflusst noch beurteilt werden können.

Diese Unterscheidung ist wichtig, weil die Analyse von Einflussfaktoren der zweiten Gruppe für die praktische Anwendung der gebrückten Conjoint-Analyse keine Auswirkungen hat. Die folgenden beiden Beispiele verdeutlichen den Unterschied: Die Anzahl der Ausprägungen des Brückenmerkmals gehört zu (1), weil der Anwender bestimmt, welches Merkmal das Brückenmerkmal ist. Wenn die Simulationsergebnisse zum Beispiel ergäben, dass Merkmale mit mehr Ausprägungen bessere Brückenmerkmale sind als Merkmale mit weniger Ausprä-

---

von Fehlern im Bewertungsverhalten der Probanden in ca. 5% der Fälle Werte unter 0,95 liefert (siehe Abbildung 36, S. 141).

[140] Für ein gegebenes Design ist die Zahl möglicher Präferenzstrukturen, wenn sie in eine abgeschlossene Skala (zum Beispiel Ranking) gepresst wird, zwar endlich, aber abhängig vom Design schon sehr groß. Ohne eine solche Skala bzw. über alle denkbaren Designs sind *unendlich* viele Präferenzstrukturen möglich, die sich folglich einer Vollerfassung durch Simulation entziehen.

[141] Der Rahmen der vorliegenden Untersuchung beschränkt sich auf diese Form der Aussagengenerierung, so dass weitere Erörterungen, die für eine *Theoriebildung* i.e.S. erforderlich sind, unterbleiben.

gungen, kann für die praktische Anwendung die Konsequenz gezogen werden, nur Brückenmerkmale mit vielen Ausprägungen zu verwenden. Die Präferenzstruktur hingegen ist ein Einflussfaktor der Gruppe (2). Wenn die Simulation das Ergebnis ergäbe, dass das Brücken dann besonders gut gelingt, wenn die Präferenzen über die Teildesigns ungefähr gleich verteilt sind, kann der Anwender daraus aus zwei Gründen keine Konsequenzen ziehen: Erstens weiß er erst nach Durchführung der Conjoint-Analyse wie die Präferenzen verteilt sind und zweitens sind die Präferenzen individuell verschieden. Da es allerdings eine in Bezug auf die gebrückte Conjoint-Analyse interessante Frage ist, ob sich bestimmte Präferenzstrukturen besser oder schlechter für ein gebrücktes Design eignen, werden für die interessierenden Einflussfaktoren *Substitute* verwendet, die a priori zumindest beurteilt werden können.

Konkret werden für die gebrückte Conjoint-Analyse untersucht:

- Einflussfaktoren, die sich aus der Designstruktur ableiten,
- Einflussfaktoren, die sich aus der Präferenzstruktur ableiten,
- das Brückenmerkmal,
- das Skalenniveau und
- die Fähigkeit der Probanden, konsistent zu antworten.

Einflussfaktoren, die a priori weder beurteilt noch beeinflusst werden können, liefern zwar unter Umständen wertvolle Erkenntnisse, sind für die Praxis aber wertlos. Solche Faktoren werden daher in der Auswertung durch solche Kriterien ersetzt, die a priori zumindest beurteilt werden können.

Das Ziel der induktiven Suche nach Zusammenhängen ist, Bedingungen zu identifizieren, von denen der Erfolg des Brückens von Designs abhängt. Dadurch soll ermöglicht werden, *Gestaltungsmerkmale* der gebrückten Conjoint-Analyse – zum Beispiel Zahl der verwendeten Stimuli – vorzugeben, die ein bestimmtes Ergebnis erwarten lassen.

Designstruktur

Die Designstruktur beinhaltet die Anzahl der Merkmale und ihrer Ausprägungen in einem Design. Entscheidungen darüber kann der Anwender zunächst nach inhaltlichen Erwägungen treffen: Wie viele wichtige und diskriminierende Merkmale gibt es und was sind deren realistische Ausprägungen (siehe 1.3.1)? Aus der Designstruktur und den Regeln zur Fraktionierung faktorieller Designs (siehe 1.3.4) resultiert eine bestimmte Mindestanzahl notwendiger Stimuli.

Das Ausmaß der Fraktionierung hat einen Einfluss auf die Qualität der Parameterschätzung, denn wie für jede Regressionsanalyse gilt auch für die traditionelle Conjoint-Analyse, dass die Qualität der Parameterschätzung mit der Zahl der Freiheitsgrade ansteigt. *Green/Srinivasan* (1978, S. 109) empfehlen für die

Conjoint-Analyse statt der Freiheitsgrade auf das Verhältnis von Stimuli (n) und zu schätzenden Parametern (T) abzustellen: $v = \frac{n}{T}$.[142]

Die Notwendigkeit orthogonale Designs zu verwenden, führt dazu, dass der Anwender wenig Einfluss auf das Verhältnis von zu schätzenden Parametern (Ausprägungen im Design) und Beobachtungen (Stimuli im Design) nehmen kann. Dadurch ist es dem Anwender im Regelfall nicht möglich, die Ergebnisse durch die Verwendung von mehr Stimuli zu verbessern, ohne die Unabhängigkeit der Parameterschätzung zu verletzen.[143]

Es werden daher in Bezug auf die Designstruktur *zwei* Faktoren untersucht: zum einen die Anzahl der Merkmale im Design, um etwaige Unterschiede zwischen großen und kleinen Designs aufzuspüren und zum anderen das Verhältnis von Beobachtungen und Parametern.

Präferenzstruktur

Eine wesentliche Eigenschaft der Conjoint-Analyse ist, dass sie auf individueller Ebene mit einem einzigen Probanden durchführbar ist. Daraus ergibt sich die Frage, ob es individuelle Präferenzstrukturen gibt, die mehr oder weniger gut für eine gebrückte Conjoint-Analyse geeignet sind. In Bezug auf die gebrückte Conjoint-Analyse bedeutet Präferenzstruktur die Bedeutung des Brückenmerkmals im Vergleich zu den anderen Merkmalen im Design: Ist es für die Qualität der gebrückten Conjoint-Analyse von Bedeutung, wie wichtig das Brückenmerkmal im Vergleich zu den anderen Merkmalen ist?[144]

Um hierüber eine Aussage machen zu können, ist es notwendig, das Verfahren für eine hohe Zahl unterschiedlicher Präferenzstrukturen, also unterschiedlicher Fälle, zu simulieren.[145] Insbesondere stellt sich die Frage, ob es *Ausreißer* gibt, also Gewichte des Brückenmerkmals, die zu sehr schlechten (oder sehr guten) Ergebnissen führen.

Da die Präferenzstruktur eines Probanden nur in einer Simulation a priori bekannt ist, ist es sinnvoll, ein Substitut zu verwenden, das die Präferenzstruktur widerspiegelt und gleichzeitig vor der eigentlichen Conjoint-Analyse erhoben

---

[142] Es gibt zwei Möglichkeiten ein solches Verhältnis zu definieren. Einmal als Verhältnis von Stimuli und Ausprägungen (T wäre dann die Zahl der Ausprägungen) und zum anderen als Verhältnis von Stimuli zu Ausprägungen minus Merkmale (mit T = Zahl der Ausprägungen minus Zahl der Merkmale im Design). Bei der ersten Variante sind Werte kleiner als 1 möglich, bei der zweiten nicht. Weil die zweite Variante die Zahl der geschätzten Parameter angibt, wird v in dieser Weise definiert. Das Lateinische Quadrat, das mit 9 Stimuli ein 3^3-Design schätzt, hat dann einen Wert von 9/(9-3)=1,5. 1,5 kann somit als Referenzwert für ein effizientes Design angesehen werden.

[143] SPSS bietet zwar die Möglichkeit, ein bestimmte Mindestanzahl von Stimuli zu erzwingen, es gibt aber prinzipbedingt nur für wenige Konstellationen eine Lösung.

[144] In der Simulation werden die Merkmalsgewichte nicht explizit modelliert. Durch die zufällige Zuweisung von wahren Teilnutzenwerte auf die unterschiedlichen Ausprägungen der Merkmale im Design ergeben sich aber unterschiedlich gewichtige Merkmale.

[145] In der Simulation wurden daher für jedes Design 100 Fälle generiert (siehe 4.1.2).

werden kann. Denkbar ist hier die ordinale Rangfolge der Merkmale vom wichtigsten zum unwichtigsten oder die Grobsortierung der Merkmale durch die Probanden in Gruppen, wie „sehr wichtiges Merkmal", „wichtiges Merkmal" und „unwichtiges Merkmal". Eine solche Rangfolge oder Grobsortierung kann durch direkte Abfrage erhoben werden (vgl. Schweikl 1985, S. 110 und Voeth 2000, S. 167). Für die Simulation wird daher die (grobe) Bedeutung des Brückenmerkmals zur Analyse unterschiedlicher Präferenzstrukturen verwendet, indem angenommen wird, dass eine ordinale Rangfolge der Merkmale vorliegt. Das heißt, es ist vor der eigentlichen Conjoint-Analyse bekannt, welches Merkmal das jeweils wichtigste, zweitwichtigste usw. ist.

Brückenmerkmal

Das Brückenmerkmal als Einflussfaktor der gebrückten Conjoint-Analyse kann in Bezug auf die *Anzahl seiner Ausprägungen* (auch *Stufen* genannt) vom Anwender spezifiziert werden. Es soll analysiert werden, ob sich die Qualität des Ergebnisses in Abhängigkeit von der Zahl der Stufen des Brückenmerkmals ändert und ob somit eine bestimmte Anzahl an Ausprägungen für ein Brückenmerkmal für eine bestimmte Ergebnisqualität notwendig ist.
Ein weiterer Aspekt des Brückenmerkmals ist seine Bedeutung im Vergleich zu den anderen Merkmalen im Design. Dieser Punkt wird unter *Präferenzstruktur* abgehandelt.

Skalenniveau

Wie unter 4.1.3 erläutert, werden in der vorliegenden Untersuchung vier verschiedene Skalenniveaus simuliert: Rating, graded-pair mit 3 und 5 Stufen sowie Ranking. Es stellt sich die Frage nach dem Zusammenhang zwischen dem Skalenniveau und der Qualität des Ergebnisses der gebrückten Conjoint-Analyse. Für die traditionelle Conjoint-Analyse weisen empirische Untersuchungen die Dominanz des Rankings in der Praxis aus (vgl. Melles/Holling 1998, S. 11). Untersucht werden muss, ob Rankings auch für eine gebrückte Conjoint-Analyse ausreichend sind oder ob ein Ranking für das Brücken der Teildesigns *zu ungenau* ist, weil es im Unterschied zu den anderen simulierten Skalenniveaus nur ordinal ist. Je genauer das Skalenniveau ist, desto besser ist auch – so die Vermutung – das gebrückte Gesamtergebnis.

Die sich in Bezug auf das Skalenniveau stellende Frage ist daher, ob die Güte des Ergebnisses vom Skalenniveau bei der Dateneingabe abhängt und in welchem Maße sich das gegebenenfalls auf den Durchschnitt der Beobachtungen und die Ausreißer auswirkt?

Konsistenz der Antworten

Die Monte Carlo-Simulation ohne Berücksichtigung von möglichen Inkonsistenzen der Probanden überprüft, ob die gebrückte Conjoint-Analyse grundsätzlich in der Lage ist, die angenommenen „wahren" Teilnutzenwerte zu reproduzieren. Die möglichen Fehlerquellen, die zu Abweichungen zwischen den wahren und den geschätzten Teilnutzenwerte führen können, beschränken sich dabei auf das *Verfahren*, wie

- Ungenauigkeiten, die aus der Parameterschätzung stammen und
- Verfälschungen, die darauf zurückzuführen sind, dass die Gesamtnutzenwerte in bestimmte *abgeschlossene* Skalen „gepresst“ werden, die zwar die Reihenfolge der Stimuli unverändert lassen, aber unter Umständen die Verhältnisse der Abstände zwischen den Stimuli nicht mehr korrekt wiedergeben.[146]

Ohne Inkonsistenzen ist die Simulation unrealistisch und lässt wichtige Fragen außen vor: Wie empfindlich ist die gebrückte Conjoint-Analyse gegenüber Inkonsistenzen und werden Inkonsistenzen durch die gebrückte Conjoint-Analyse gemildert oder verstärkt? Um diesen Fragen nachzugehen ist es notwendig, Fehler in die Simulation einzubauen und so möglichen Inkonsistenzen von Probanden Rechnung zu tragen.

Überlagerte Einflüsse

In jedem Design wirken die oben dargestellten Einflussfaktoren zwangsläufig *gemeinsam*, das heißt, um den jeweiligen Faktor zu bewerten, muss er *ceteris paribus* untersucht werden. Dies geschieht, indem die anderen Faktoren konstant gehalten werden und nur der zu untersuchende Faktor variiert wird. Das ist unter Umständen schwierig: Wie schon in 4.1.2[147] erläutert, wird einem Brückenmerkmal mit mehr Ausprägungsstufen durch die Art der Zufallszahlengenerierung tendenziell ein höheres Gewicht zugewiesen, als einem Merkmal mit weniger Ausprägungsstufen. Dadurch besteht ein Zusammenhang zwischen den Stufen des Brückenmerkmals und seinem Gewicht, weshalb diese beiden Einflussgrößen nicht getrennt voneinander analysiert werden können.

Ein anderes Problem besteht in Bezug auf das Skalenniveau: Wenn sich der Einfluss eines anderen Einflussfaktors, zum Beispiel der Präferenzstruktur, nur bei bestimmten Skalenniveaus (hohen oder niedrigen) bemerkbar macht, dann dürfen Aussagen über die jeweilige vermutete Wirkung auch nur in Abhängigkeit des Skalenniveaus getroffen werden.

Zu der ceteris paribus-Forderung tritt somit die zusätzliche Anforderung, in der Auswertung zu differenzieren, um auch solche Einflussfaktoren zu erkennen, die nur unter bestimmten Bedingungen wirken.

Abbildung 22 veranschaulicht die unterschiedlichen Einflussfaktoren, welche die Qualität der Ergebnisse der gebrückten Conjoint-Analyse beeinflussen:

---

[146] So geht im Vergleich von Rating zu Ranking die Information über die Abstände zwischen den Stimuli verloren.

[147] Siehe Fußnote 124 (Seite 88).

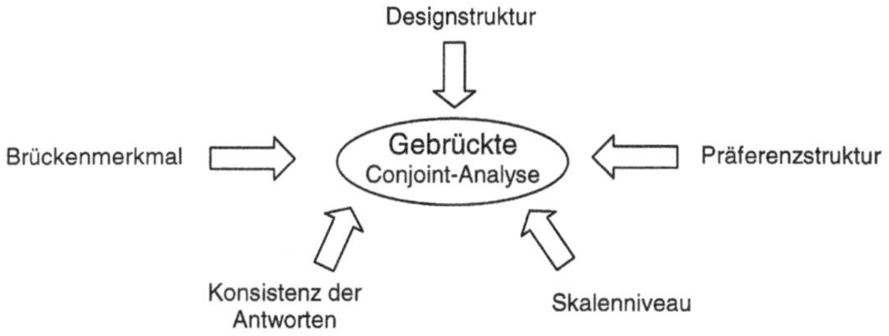

Abbildung 22: Einflussfaktoren der gebrückten Conjoint-Analyse

4.3 Darstellung und Analyse der Ergebnisse

In diesem Kapitel werden die Ergebnisse der Simulation erläutert und analysiert. Das Kapitel gliedert sich in vier Auswertungen, die sich wie folgt unterscheiden:

Analyse / Vergleich	ohne Fehler	mit Fehlern
mit wahren Teilnutzenwerten	(1) Ermöglicht die Identifikation derjenigen Faktoren, die die Qualität des Brückens beeinflussen.	(2) Zeigt die Empfindlichkeit der GCA bei inkonsistenten Bewertungen auf.
der Differenz zur TCA	(3) Zeigt den Unterschied zwischen GCA und TCA auf, der auf den Vorgang des Brückens zurückzuführen ist.	(4) Zeigt den Unterschied zwischen GCA und TCA auf, wenn Probanden inkonsistent bewerten.

Tabelle 30: Dimensionen der Auswertung

Die entstehenden vier Kombinationen ermöglichen unterschiedliche Auswertungen, die verschiedenen Problemen nachgehen und die zusammen für eine Aussage über die Eignung der gebrückten Conjoint-Analyse (GCA) zur Analyse von Präferenzstrukturen notwendig sind:

(1) Auswertung 1 analysiert die *Validität des Verfahrens* der gebrückten Conjoint-Analyse. Der Vergleich zwischen den wahren und den geschätzten Teilnutzenwerten ermöglicht eine Aussage darüber, welchen Verlust das Verfahren – von der Datenerhebung auf einem bestimmten Skalenniveau,

über die Schätzung der Parameter bis zur Verbindung der Teildesigns – verursacht. Ein „perfektes“ Verfahren erreicht eine völlige Übereinstimmung ($r = 1$), denn Auswertung 1 geht von idealen Rahmenbedingungen aus, indem angenommen wird, dass die Probanden in jedem Fall konsistent urteilen. Neben dem Verlust, den das Verfahren insgesamt bewirkt, ist vor allem die Abhängigkeit des Ergebnisses von einzelnen *Einflussfaktoren* interessant.

(2) Auswertung 2 gibt die Annahme konsistenten Bewertungsverhaltens auf und bezieht Fehler bei der Beurteilung der Stimuli explizit ein (siehe 4.1.2). Diese Ergebnisse sind insbesondere im Vergleich zu den Ergebnissen aus Auswertung 1 aussagekräftig, indem der Frage nachgegangen wird, ob die dort identifizierten Einflüsse unverändert gelten, wenn die Probanden inkonsistent urteilen. Die Analyse gibt Aufschluss darüber, unter welchen Bedingungen die gebrückte Conjoint-Analyse von Inkonsistenzen besonders beeinflusst wird.

(3) Auswertung 3 untersucht den Unterschied, der sich *verfahrensbedingt* zwischen der traditionellen und der gebrückten Conjoint-Analyse ergibt. Es wird analysiert, wie groß der Verlust ist, der *allein durch das Brücken* verursacht wird, denn der Einfluss von Skalenniveau und Schätzalgorithmus betrifft die traditionelle Conjoint-Analyse im gleichen Maße. Die Übertragbarkeit dieses Ergebnisses auf die Praxis ist dabei kritisch zu hinterfragen, weil es die Grundannahme des Merkmalsproblems (siehe 1.4) ist, dass Probanden die großen Designs nicht mehr valide bewerten können; ein Umstand, der in der Simulation nicht berücksichtigt wird. Es geht daher in Auswertung 3 um den Verlust, den die *Rechentechnik* der Verbindung von Teildesigns verursacht.

(4) Auswertung 4 untersucht den Unterschied, der sich zwischen traditioneller und gebrückter Conjoint-Analyse ergibt, wenn Inkonsistenzen der Probanden berücksichtigt werden. Die Annahme des Merkmalsproblems, dass Probanden mit zunehmender Designgröße weniger valide urteilen, würde eigentlich bedingen, für die traditionelle Conjoint-Analyse ein höheres Fehlerniveau zu simulieren, als für die gebrückte Conjoint-Analyse. In der Simulation wird dennoch für beide Verfahren das gleiche Fehlerniveau angenommen, weil es Ziel der Simulation ist, das *Verfahren* der gebrückten Conjoint-Analyse zu überprüfen. Eine, mehr oder weniger, willkürliche Annahme über die Zunahme des Fehlerniveaus würde hingegen ein Ergebnis hervorbringen, das weitgehend von dieser Annahme über die Fehler determiniert wäre. Dennoch ist Auswertung 4 der für die Leistungsfähigkeit der gebrückten Conjoint-Analyse aussagekräftigste Vergleich, weil die Bedingungen realistischer sind als in Auswertung 3, die gebrückte Conjoint-Analyse aber darüber hinaus an ihrem *Referenzpunkt* in der Praxis, der traditionellen Conjoint-Analyse, gemessen wird. Prinzipbedingt führen sowohl traditionelle als auch gebrückte Conjoint-Analyse bei Inkonsistenzen zu Abweichungen von den wahren Teilnut-

zenwerten. Interessant ist, unter welchen Bedingungen die eine oder andere Variante der Conjoint-Analyse besser bzw. schlechter ist.

Zum näheren Verständnis der folgenden Auswertungen ist die Kenntnis der zugrunde liegenden Daten vorteilhaft. Wie in 4.1.5 erläutert, wird anhand des Korrelationskoeffizienten von Pearson überprüft, inwieweit die angenommenen wahren Teilnutzenwerte mit den geschätzten Teilnutzenwerte der gebrückten Conjoint-Analyse übereinstimmen. Daraus geht eine Datei hervor, die wie folgt aufgebaut ist:

			Korrelationskoeffizienten					
			Fehlerniveau F0		Fehlerniveau F5		Fehlerniveau F10	
Design	Fall	Skala	TCA_F0	GCA_F0	TCA_F5	GCA_F5	TCA_F10	GCA_F10
1	1	Rang	0,9836942	0,939355	0,9345937	0,9301909	0,8338324	0,7335686
1	2	Rang	0,9894613	0,9769229	0,9505253	0,9528933	0,8348755	0,7273874
...								

Tabelle 31: Schematischer Aufbau der den Auswertungen zugrunde liegenden Datei

Tabelle 31 zeigt beispielhaft 2 von 40.000 in der Datei vorhandenen Zeilen, die jeweils eine simulierte Präferenzstruktur für ein bestimmtes Skalenniveau darstellen. Im Rahmen der Auswertung 1 wird nur die Spalte *GCA_F0* verwendet, weil lediglich die Korrelationskoeffizienten analysiert werden, die sich bei der gebrückten Conjoint-Analyse beim Vergleich zwischen den wahren und den gebrückten Teilnutzenwerte auf dem Fehlerniveau F0 ergeben. Für Auswertung 2 werden hingegen die Spalten *GCA_F0, GCA_F5* und *GCA_F10* gemeinsam betrachtet, um die Unterschiede, die sich durch die Simulation von Inkonsistenzen im Bewertungsverhalten der Probanden ergeben, zu ermitteln. Auswertung 3 besteht aus einem Vergleich der Spalten *TCA_F0* und *GCA_F0*, um auf diesem Weg die Unterschiede zwischen der traditionellen Conjoint-Analyse und der gebrückten Conjoint-Analyse zu analysieren. Auswertung 4 vergleicht schließlich, inwieweit sich die Unterschiede zwischen der traditionellen und der gebrückten Conjoint-Analyse bei fehlerhaften Beurteilung der Stimuli verändern. Hierzu gehen die Spalten *TCA_F0, GCA_F0, TCA_F5, GCA_F5, TCA_F10 und GCA_F10* jeweils paarweise in die Analyse ein, indem verglichen wird, inwieweit sich die Unterschiede zwischen gebrückter und traditioneller Conjoint-Analyse bei Zunahme der Inkonsistenzen im Bewertungsverhalten der Probanden verändern.

4.3.1 Korrelationsanalyse der Einflussfaktoren

Vor der Darstellung und Analyse der Simulationsergebnisse erfolgt im nächsten Abschnitt eine Korrelationsanalyse der Einflussfaktoren der gebrückten Conjoint-Analyse, um etwaige Zusammenhänge zwischen diesen zu identifizieren. Bei den Einflussfaktoren handelt es sich um die in 4.2 beschriebenen. Diese Einflussfaktoren treten in der Simulation *nicht* unabhängig voneinander auf, wie folgende Korrelationsanalyse der Einflussfaktoren zeigt:

	Merkmale	*v*	BMGewicht	BMAuspr
Merkmale	1,0000	-0,6387	-0,3606	-0,0181
v	-0,6387	1,0000	0,4650	0,3490
BMGewicht	-0,3606	0,4650	1,0000	0,4707
BMAusprägung	-0,0181	0,3490	0,4707	1,0000

Tabelle 32: Bivariate Pearson-Korrelation der Einflussfaktoren in der Simulation

Die Tabelle enthält die Merkmale im Design (Merkmale), das Verhältnis zwischen Stimuli im Design und zu schätzenden Parametern *v*,[148] das Gewicht des Brückenmerkmals (BMGewicht) und die Ausprägungen des Brückenmerkmals (BMAuspr).

Korrelation zwischen *Merkmale* und *v*

Die Korrelation von *v* mit der Anzahl der Merkmale im Design ist mit -0,6387 die höchste Korrelation und bedeutet, dass in der Simulation Designs mit wenigen Merkmalen tendenziell ein hohes *v* aufweisen. Dieser Umstand ist auf die Regeln zur Konstruktion reduzierter Haupteffekt-Designs zurückzuführen (siehe 1.3.4), die für kleine Designs weniger stark reduzieren als für große Designs. Es handelt sich allerdings *nicht* um ein Artefakt der Simulation, weil die gleichen reduzierten Designs auch in der Praxis verwendet werden und daher auch in der Praxis kleine Designs tendenziell höhere *v*-Werte aufweisen. Die Konsequenz für die Interpretation der Simulationsergebnisse ist, dass der Einfluss, den die Designgröße auf das Ergebnis der gebrückten Conjoint-Analyse hat, *nicht* unabhängig von *v* verstanden werden kann.

Korrelation zwischen *Merkmale* und *BMGewicht*

Diese Korrelation ist darauf zurückzuführen, dass in einem kleinen Design das Gewicht eines jeden Merkmals durchschnittlich höher ist, als in einem großen Design, weil sich die Gewichte auf mehr Merkmale verteilen. So beträgt das

[148] Für Tabelle 32 wird *v* als Quotient der Summe der Stimuli in den Teildesigns und der Anzahl der unabhängigen Ausprägungen im Gesamtdesign berechnet. Die Anzahl der unabhängigen Ausprägungen berechnet sich als Summe aller Ausprägungen vermindert um die Anzahl der Merkmale im Design.

durchschnittliche Gewicht eines Merkmals in einem Design mit fünf Merkmalen theoretisch 20% und in einem Design mit neun Merkmalen theoretisch 11,11%. In der Simulation ergab sich für das Brückenmerkmal de facto in Designs mit fünf Merkmalen ein durchschnittliches Gewicht von 21,75% und in Designs mit neun Merkmalen ein durchschnittliches Gewicht von 11,01%.

Die Korrelation zwischen den Merkmalen im Design und dem Gewicht des Brückenmerkmals stellt ebenfalls kein Simulationsartefakt dar, weil dieser Zusammenhang in der Praxis auch zu erwarten ist. Ein Simulationsartefakt würde dieser Zusammenhang dann darstellen, wenn er sich durch das spezifische Vorgehen innerhalb der Simulation ergäbe. Auch wenn die Korrelation nicht besonders hoch ist, ist es sinnvoll, sie bei der Interpretation der Ergebnisse zu berücksichtigen, um die Ergebnisse nachvollziehen zu können.

Korrelation zwischen *BMGewicht* und *BMAuspr*

Weiterhin ergibt sich aufgrund der speziellen Generierung der wahren Teilnutzenwerte der bereits in 4.1.2 angesprochene Zusammenhang zwischen den Ausprägungen des Brückenmerkmals und seinem Gewicht. Tabelle 32 bestätigt dieses Ergebnis, allerdings ist die Korrelation mit 0,4707 nicht so hoch wie die Korrelation zwischen den Merkmalen im Design und *v*. Dennoch muss die Korrelation zwischen den Ausprägungen und dem Gewicht des Brückenmerkmals bei der Interpretation der Ergebnisse besonders berücksichtigt werden, weil es sich hierbei um ein Simulationsartefakt handelt, das dadurch zustande kommt, dass den Ausprägungen der Merkmale unabhängig voneinander Zufallszahlen zugewiesen werden und dadurch mit steigender Zahl an Ausprägungen die Wahrscheinlichkeit eines höheren Gewichts zunimmt.[149] Obwohl es sich um ein Simulationsartefakt handelt, ist diese Beziehung zwischen den Ausprägungen und dem Gewicht nicht unrealistisch, weil verschiedene empirische Untersuchungen nachweisen, dass Probanden Merkmale mit vielen Ausprägungen tendenziell höher gewichten („number of levels-effect", siehe 1.3.1). Trotzdem muss dieser Zusammenhang bei der Interpretation der Simulationsergebnisse berücksichtigt werden, damit isoliert beurteilt werden kann, ob die Wirkung, die von der unterschiedlichen Zahl an Ausprägungen ausgeht, tatsächlich auf diesen Umstand zurückzuführen ist oder ob die Wirkung auf das dadurch durchschnittlich erhöhte Gewicht des Brückenmerkmals zurückgeht. Vice versa ist es möglich, dass die identifizierte Wirkung des Gewichts des Brückenmerkmals durch die unterschiedliche Anzahl der Ausprägungen zustande kommt.

---

[149] Das Gewicht eines Merkmals berechnet sich aus der Differenz zwischen der am höchsten bewerteten Ausprägung und der am niedrigsten bewerteten Ausprägung in Relation zu der Summe der Differenzen der anderen Merkmale.

Korrelation zwischen *v* und den *BMAuspr*

Die Anzahl der Stimuli im reduzierten Design hängt maßgeblich davon ab, ob Merkmale mit vielen Ausprägungen im Design enthalten sind. Ein Brückenmerkmal mit vielen Ausprägungen führt dazu, dass der Wert *v*, definiert als Verhältnis der *Summe* der Stimuli in den Teildesigns zu den zu schätzenden Parametern, tendenziell groß ist, weil das Brückenmerkmal mit seinen vielen Ausprägungen in *beiden Teildesigns* vorhanden ist.

Dieser Punkt kann anhand des folgenden Beispiels veranschaulicht werden. Angenommen ein Gesamtdesign sieht wie folgt aus: „33335", enthält also vier Merkmale mit drei Ausprägungen und ein Merkmal mit fünf Ausprägungen. Eine Aufteilung auf Teildesigns mit einem Brückenmerkmal, das drei Ausprägungen enthält, ergibt 9 Stimuli für das „333" Teildesign und 25 Stimuli für das „335" Design, das sind insgesamt 34 Stimuli. Die Verwendung des Merkmals mit fünf Ausprägungen als Brückenmerkmal ergibt hingegen zwei Mal ein „335"-Design und somit zwei Mal 25 gleich 50 Stimuli. Auch wenn dieser Unterschied im Durchschnitt der Fälle nicht so deutlich ausfällt, wie in diesem zur Verdeutlichung konstruierten Beispiel, wird das Prinzip deutlich: Je mehr Ausprägungen das Brückenmerkmal aufweist, desto größer ist tendenziell das *v* der gebrückten Conjoint-Analyse.

Auch dieser Zusammenhang stellt kein Simulationsartefakt dar, weil sich diese Beziehung zwischen der Anzahl der Ausprägungen des Brückenmerkmals und *v* auch in der praktischen Anwendung der gebrückten Conjoint-Analyse ergibt.

Korrelation zwischen *v* und *BMGewicht*

Überraschend ist die Korrelation zwischen *v* und dem Gewicht des Brückenmerkmals ($r = 0{,}4650$), weil zwischen diesen beiden auf den ersten Blick kein direkter sachlogischer Zusammenhang besteht. Die Analyse der *partiellen* Korrelation[150] zwischen diesen beiden Einflussfaktoren, ergibt, dass die Korrelation zwischen *v* und dem Gewicht des Brückenmerkmals bei Konstanz der Ausprägungen des Brückenmerkmals und Konstanz der Merkmale im Design auf 0,1394 abnimmt. Daraus kann der Schluss gezogen werden, dass der Zusammenhang zwischen *v* und dem Gewicht des Brückenmerkmals nur *indirekt* besteht. Der Zusammenhang kann darauf zurückgeführt werden, dass

(1) kleine Designs tendenziell zu höheren *v* Werten führen und
(2) gleichzeitig in kleinen Designs die absoluten Gewichte der Merkmale durchschnittlich höher sind.

Weil somit die Merkmale im Design sowohl mit *v* als auch mit dem Gewicht des Brückenmerkmals zusammenhängen, ergibt sich auch zwischen *v* und dem Ge-

---

150 Die partielle Korrelation misst den korrelativen Zusammenhang zwischen zwei Variablen bei Konstanz anderer Variablen (vgl. Janssen/Laatz 1997, S. 354 f.).

wicht des Brückenmerkmals eine Korrelation, ohne dass zwischen diesen ein direkter Zusammenhang besteht.

Für die Interpretation der nachfolgenden Auswertungen haben die festgestellten Korrelationen die folgenden Konsequenzen: Die einzige Korrelation, die auf ein Simulationsartefakt zurückzuführen ist, ist die zwischen dem Gewicht des Brückenmerkmals und seinen Ausprägungen. Es ergibt sich allerdings nur ein Varianzerklärungsanteil von 22,2%, so dass die Verzerrungen, die sich durch diese Korrelation ergeben, nicht gegen eine getrennte Analyse dieser beiden Einflussfaktoren sprechen.

Die anderen Korrelationen gehen nicht auf Simulationsartefakte zurück und müssen daher zwar bei der Interpretation der Ergebnisse beachtet werden, stellen die Simulationsergebnisse aber nicht grundsätzlich in Frage. Die sich aus den Korrelationen der Einflussfaktoren ergebenden Implikationen werden am Ende von Auswertung 1 in 4.3.2.6 erörtert.

4.3.2 Auswertung 1: Korrelation mit den wahren Teilnutzenwerten ohne Fehler

4.3.2.1 Überblick

Bevor die in 4.2 erläuterten Einflussfaktoren getrennt analysiert werden, erfolgt zunächst ein Überblick über Ergebnisse der Simulation, der Interdependenzen zwischen unterschiedlichen Einflussfaktoren aufzeigt, die nicht in 4.3.1 berücksichtigt werden konnten.[151] Dazu werden alle wahren Teilnutzenwerte mit den geschätzten Teilnutzenwerten verglichen, die sich aus der gebrückten Conjoint-Analyse ergeben.[152]

Die folgende Abbildung 23 zeigt die Korrelationskoeffizienten über alle Fälle, differenziert nach den Skalenniveaus *Rang*, *Rating* und *gewichteter Paarvergleich* in 3 bzw. 5 Stufen. *Mittelwert* steht für das arithmetische Mittel, *Minimum* ist der *insgesamt* auf dem jeweiligen Skalenniveau geringste Korrelationskoeffizient und das *5%-Perzentil* bezeichnet die Grenze, unter der die 5% niedrigsten Werte liegen und gibt somit den höchsten der 5% niedrigsten Korrelationskoeffizienten an.[153] Da die Conjoint-Analyse auch auf individueller Ebene anwendbar ist, sind die Minima von Interesse, weil sie zeigen, welches Ergebnis im schlechtesten Fall der Simulation erreicht wird. Aufgrund der Anfälligkeit

---

[151] Hier geht es vor allem um das Skalenniveau. Weil jeder Fall auf jedem der vier Skalenniveaus simuliert worden ist, ist das Skalenniveau nicht in die Korrelationsanalyse der Einflussfaktoren in 4.3.1 eingegangen, bei der es darum ging, Interdependenzen zwischen Einflussfaktoren aufzuzeigen, die sich unbeabsichtigt im Rahmen der Simulation ergeben.

[152] Das ist in Tabelle 31 (Seite 105) die Spalte *TCA_F0*.

[153] Die den Abbildungen zugrundeliegenden Tabellen finden sich unter dem gleichen Namen wie die Abbildung im Anhang. Die Tabelle zu Abbildung 23 findet sich in Anhang C -Tabelle 1 (Seite 185).

der Minima für *Ausreißer* wird das 5%-Perzentil hinzugezogen, das nicht so empfindlich für Ausreißer ist, aber dennoch deutlich macht, welche Ergebnisse in ungünstigen Einzelfällen erzielt werden.

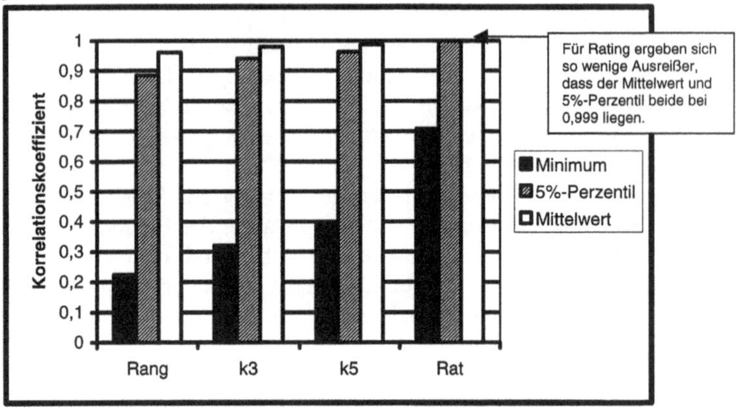

Abbildung 23: Korrelation zwischen den wahren und den geschätzten Teilnutzenwerten der GCA in Abhängigkeit vom Skalenniveau[154]

Die Abbildung zeigt, dass die Ergebnisse mit zunehmendem Skalenniveau (dabei steht *k3* für einen Paarvergleich mit 3 Stufen, *k5* entsprechend für einen Paarvergleich mit 5 Stufen und *Rat* für Rating) besser werden und stützt die Vermutung aus 3.3, dass die gebrückte Conjoint-Analyse umso besser ist, je genauer die Skalen sind. Während die Werte auf dem Niveau *Rating* nahezu perfekt korrelieren, sind die Werte für *Rang* deutlich niedriger, nicht nur im Mittelwert, sondern vor allem bezogen auf Minimum und 5%-Perzentil: Hier zeigt sich, dass beim *Ranking* deutlich schlechtere Ergebnisse erzielt werden als beim *Rating*. Bei der Interpretation der Werte muss bedacht werden, dass es sich um Simulationsdaten handelt: Für einen empirischen Vergleich mit tatsächlichem Verhalten wäre ein Korrelationskoeffizienten von beispielsweise 0,90 ausgesprochen gut, für die Simulation aber, die nur den Verlust aufgrund des Rechenverfahrens aufzeigt, ist 0,90 nicht mehr akzeptabel.
Die folgende Abbildung differenziert die Ergebnisse nach den Ausprägungen des Brückenmerkmals:

[154] Die hinter den Abbildung stehenden Werte finden sich im Anhang. Für Abbildung 23 siehe Anhang C - Tabelle 1 auf Seite 185).

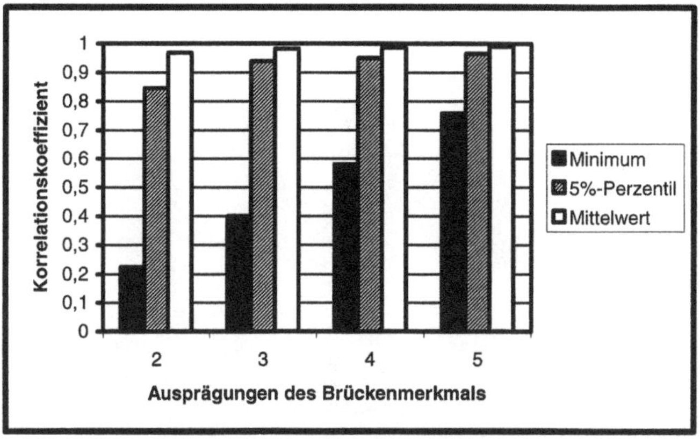

Abbildung 24: Korrelation zwischen den wahren und den geschätzten Teilnutzenwerten der GCA in Abhängigkeit von den Ausprägungen des Brückenmerkmals

Die Analyse der Abbildung 24 zeigt, dass zwar ein zweistufiges Brückenmerkmal in Bezug auf die Minima und die 5%-Perzentile schlechter ist als eines mit mehr Stufen, sich die Mittelwerte aber kaum unterscheiden.[155] Die Unterschiede für Minima und 5%-Perzentile bedeuten, dass Brückenmerkmale mit weniger Ausprägungen die Wahrscheinlichkeit erhöhen, ein vom Gesamtmittelwert stark nach unten abweichendes Ergebnis zu erzielen. Die isolierte Betrachtung von Abbildung 24 lässt die Verwendung möglichst zweistufiger Brückenmerkmale unvorteilhaft erscheinen.[156] Die folgende Abbildung 25 zeigt hingegen, dass dieses Ergebnis nur in Abhängigkeit vom Skalenniveau gilt:

---

[155] Für die Analysen der Mittelwertunterschiede wurden in der vorliegenden Untersuchung kein *t-Test* durchgeführt, weil sich aufgrund der hohen Fallzahlen grundsätzlich nur signifikante Unterschiede ergeben.

[156] An dieser Stelle sei noch einmal daran erinnert, dass durch das Vorgehen bei der Simulation ein Zusammenhang zwischen der Zahl der Ausprägungen eines Merkmals und seinem Gewicht besteht, ein Umstand der in 4.3.2.4 ausführlich behandelt wird.

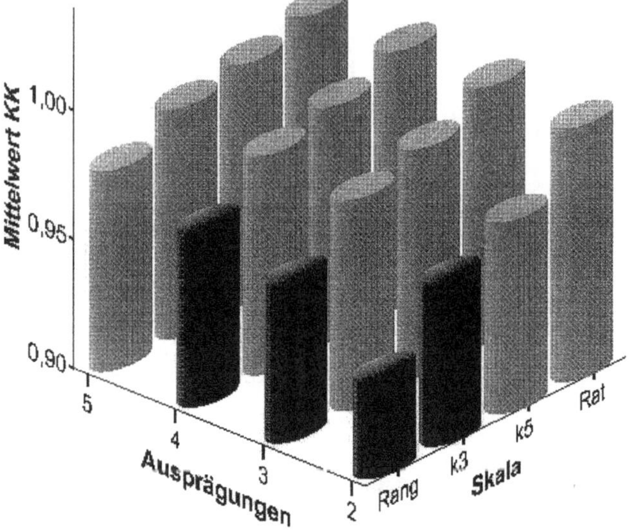

Abbildung 25: Mittelwert der Korrelation zwischen den wahren und den geschätzten Teilnutzenwerten der GCA in Abhängigkeit vom Skalenniveau *und* von den Ausprägungen des Brückenmerkmals

In Abbildung 25 wird deutlich, dass der Einfluss der Stufen des Brückenmerkmals vom Skalenniveau abhängt. Während sich für *Ratings* kaum Unterschiede in Abhängigkeit vom Skalenniveau ergeben, sind mehrstufige Brückenmerkmale für das Skalenniveau *Ranking* deutlich vorteilhaft. Abbildung 25 zeigt, dass der Einfluss, den unterschiedliche Brückenmerkmale haben, nicht isoliert vom Skalenniveau beurteilt werden kann, weil die Ergebnisse in Abhängigkeit vom Skalenniveau variieren. Die bisherigen Ausführungen machen daher deutlich, dass eine zu stark aggregierte Betrachtung ungeeignet ist, eine Aussage über die zu erwartenden Ergebnisse einer gebrückten Conjoint-Analyse zu treffen. Nach Möglichkeit sollte jeder Einflussfaktor *ceteris paribus* analysiert werden, indem alle anderen Faktoren konstant gehalten werden. Abbildung 25 zeigt aber bereits, dass darüber hinaus verschiedene Szenarien notwendig sind, um dem Problem gerecht zu werden, denn eine Aussage über den Einfluss der Stufen des Brückenmerkmals kann nur in Abhängigkeit vom Skalenniveau getroffen werden. Daher wird in den folgenden Ausführungen nach den Skalenniveaus differenziert.

4.3.2.2 Einfluss der Designstruktur

Die Designstruktur wird in Bezug auf die Zahl der Merkmale im Design und in Bezug auf die Reduzierung des Designs untersucht (siehe 4.3).

Merkmale

Die Simulation enthält Designs mit unterschiedlich vielen Merkmalen, die zufällig ermittelt wurden (siehe Tabelle 21 auf Seite 87). Das kleinste verwendete Design hat lediglich fünf Merkmale und das größte verwendete Design hat neun.[157] Interessant ist, ob sich die Ergebnisse in Abhängigkeit von der Zahl der Merkmale im Design verändern.[158]

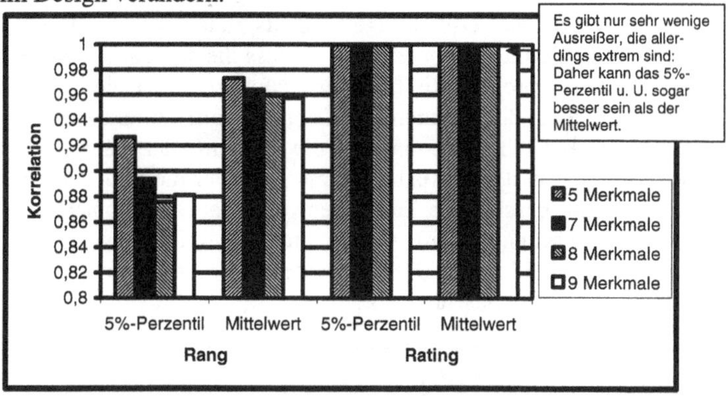

Abbildung 26: Korrelation zwischen den wahren und den geschätzten Teilnutzenwerten der GCA in Abhängigkeit von der Anzahl der Merkmale für die Skalenniveaus Rang und Rating[159]

Abbildung 26 zeigt für die Skalenniveaus Rang und Rating ein unterschiedliches Ergebnis: Auf dem Skalenniveau *Rang* gilt, dass sich kleine Designs besser brücken lassen als große Designs. Der Unterschied zwischen einem Design, das fünf Merkmale enthält, zu einem Design mit neun Merkmalen ist dabei für das 5%-Perzentil deutlicher, als für die Mittelwerte. Das Skalenniveau *Rating* führt zu undifferenziert guten Ergebnissen.[160]

Dieses Ergebnis soll an dieser Stelle zunächst nur festgestellt werden. Eine Erörterung, *warum* dieser Zusammenhang besteht, erfolgt erst in 4.3.2.6. Dies ist

[157] Obwohl theoretisch Designs mit bis zu elf Merkmalen möglich gewesen wären, wurde die Obergrenze für die Simulation bei *zehn* Merkmalen gesetzt (siehe 4.1.1). Aus der Zufallsauswahl ergaben sich dann lediglich Designs zwischen fünf und neun Merkmalen.

[158] Aus Darstellungsgründen beschränken sich die Ausführungen an dieser Stelle auf diese beiden Skalenniveaus. Die Paarvergleiche finden sich in Anhang C - Tabelle 4 (Seite 186).

[159] Aus der Zufallsauswahl ist kein Design mit sechs Merkmalen hervorgegangen.

[160] Bemerkenswert ist, dass auf dem Skalenniveau Rating das 5%-Perzentil für Designs mit 7 und 8 Merkmalen besser ist, als der Mittelwert. Der Grund hierfür ist, dass es sich um sehr wenige aber sehr extreme Ausreißer handelt (siehe Anhang C – Tabelle 4, Seite 186).

Dieses Ergebnis soll an dieser Stelle zunächst nur festgestellt werden. Eine Erörterung, *warum* dieser Zusammenhang besteht, erfolgt erst in 4.3.2.6. Dies ist sinnvoll, weil es – wie in 4.3.1 festgestellt – Interdependenzen zwischen den Merkmalen im Design und anderen Einflussfaktoren der gebrückten Conjoint-Analyse gibt und daher eine Interpretation des Ergebnisses erst dann sinnvoll erfolgen kann, wenn *alle* Einflussfaktoren behandelt worden sind.

Reduzierung des Designs

Die unterschiedlichen Designstrukturen der Simulation führen zu unterschiedlichen reduzierten Designs. Reduzierte Designs haben zwei große Nachteile: Zum einen können mit ihnen nur die Haupteffekte geschätzt werden und zum anderen weisen sie vergleichsweise geringe Freiheitsgrade auf (siehe 1.3.4). Die Simulation enthält keine Interaktionseffekte, so dass die ausschließliche Schätzung von Haupteffekten unproblematisch ist. Problematischer ist die Fähigkeit derart reduzierter Designs, die simulierte Präferenzstruktur korrekt abzubilden. Um dieser Frage nachzugehen, ist man auf die Kenntnis der wahren Teilnutzenwerte angewiesen, die in der Praxis unbekannt sind. Für die folgende Analyse werden ersatzweise die geschätzten Teilnutzenwerte des Brückenmerkmals herangezogen, indem verglichen wird, ob die ordinale Reihenfolge der Ausprägungen gleich ist.[161] Im folgenden Beispiel eines Brückenmerkmals mit drei Ausprägungen liegt eine Inkonsistenz vor:

Ausprägung	*Teilnutzenwert aus Teildesign 1*	*Teilnutzenwert aus Teildesign 2*
1	0,0 ◄	0,2
2	0,1	► 0,0
3	0,5	0,3

Tabelle 33: Beispiel für Inkonsistenz des Brückenmerkmals

Es kommt dabei nicht auf die absolute Höhe der Teilnutzenwerte an, sondern nur darauf, dass die ordinale Reihenfolge der Ausprägungen gleich ist. Das ist in Tabelle 33 nicht gegeben, weil in Teildesign 1 die Ausprägung 2 besser als die Ausprägung 1 ist, in Teildesign 2 aber umgekehrt Ausprägung 1 besser als Ausprägung 2. Dieser Unterschied hat *nichts* mit dem Brücken oder der Standardisierung zu tun, weil die ordinale Reihenfolge der Ausprägungen dadurch nicht

[161] Der Grund für die ersatzweise Verwendung des Brückenmerkmals ist, dass eine Analyse, die praktische Konsequenzen haben soll, nur auf Größen zurückgreifen darf, die in der praktischen Umsetzung zumindest beurteilt werden können. Eine inkonsistente Bewertung des Brückenmerkmals kann *während* einer gebrückten Conjoint-Analyse beurteilt werden, die Abweichung von den „wahren" Präferenzen hingegen nicht.

verändert wird. Eine derartige Abweichungen der ordinalen Ordnung würde man in einer empirischen Erhebung im Regelfall auf widersprüchliche Bewertungen der Probanden zurückführen. Die Simulation *ohne Fehler der Probanden* zeigt aber ein erstaunliches Ergebnis:[162] In 12% der Fälle[163] kommt es zu Inkonsistenzen zwischen den Teilnutzenwerten des Brückenmerkmals, weil unter Verwendung der wenigen Stimuli im Design die entsprechende Präferenzstruktur nicht abgebildet werden *kann*. In diesen Fällen hätte selbst ein „konsistenter" Proband keine Chance, seine Präferenzstruktur widerspruchsfrei auszudrücken. Ein Ergebnis, das nicht gegen das Brücken von Designs spricht – weil sich die Ergebnisse unabhängig vom Brücken ergeben – sondern die Verwendung stark reduzierter Designs auf niedrigen Skalenniveaus grundsätzlich hinterfragt. Schlüsselt man dieses Ergebnis nach den Skalenniveaus auf, ergibt sich das folgende Bild:

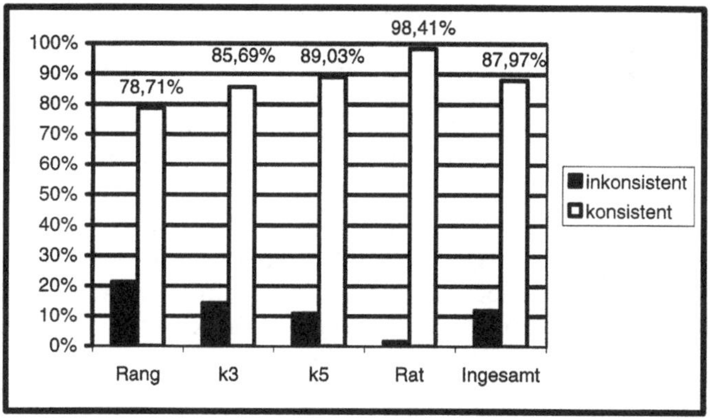

Abbildung 27: Verteilung der inkonsistenten Fälle auf die Skalenniveaus

Abbildung 27 zeigt, dass sich mit ansteigendem Skalenniveau weniger inkonsistente Fälle ergeben und es somit vom Skalenniveau abhängt, inwieweit sich Inkonsistenzen bei der Schätzung der Teilnutzenwerte ergeben, die nicht auf die Beurteilung durch die Probanden zurückzuführen sind. Betrachtet man die sich daraus ergebenden Auswirkungen für die Korrelation zwischen den wahren und den geschätzten Teilnutzenwerten in Tabelle 34, so stellt man fest, dass die inkonsistenten Fälle zwar insgesamt schlechter sind als die konsistenten, dass aber auch inkonsistente Fälle zu guten Ergebnissen führen können.

[162] Für die Überprüfung der Simulation wurde die Konsistenz nur in Bezug auf die Extrema überprüft: Ist in beiden Fällen die gleiche Ausprägung die beste und die gleiche Ausprägung die schlechteste? Auf diesem Weg wird zwar nur ein Teil der Inkonsistenzen identifiziert, es handelt sich dabei aber um den Teil, der das Brücken unmittelbar betrifft, weil der Brückenquotient *q* sich aus dem Verhältnis der Differenzen der höchsten und niedrigsten Ausprägung des Brückenmerkmals in den Teildesigns berechnet (siehe 3.2.1).

[163] Das sind 4.794 von 39.862 Datensätzen.

		konsistent	inkonsistent
Mittelwert		0,9836	0,9667
Minimum		0,3206	0,2245
Maximum		1,0000	1,0000
Perzentile	5	0,9420	0,8737
	10	0,9626	0,9318
	25	0,9821	0,9666
	50	0,9936	0,9837
	75	0,9998	0,9924
	90	0,9999	0,9965
	95	1,0000	0,9981

Tabelle 34: Auswirkung der prinzipbedingten Inkonsistenzen der Beurteilung des Brückenmerkmals auf das Ergebnis der GCA

Tabelle 34 zeigt im Vergleich der Perzentile, dass die inkonsistenten Fälle zu schlechteren Ergebnissen führen als die konsistenten. Die Betrachtung der Perzentile ab 25% zeigt aber außerdem, dass auch dann hohe Übereinstimmung zwischen wahren und geschätzten Teilnutzenwert möglich sind, wenn dic Brückenmerkmale inkonsistent bewertet wurden. Die inkonsistenten Fälle werden daher nicht von der weiteren Analyse ausgeschlossen, wie die Fälle, in denen das Brückenmerkmal in einem der Teildesigns das Gewicht Null hatte. Die inkonsistenten Fälle verbleiben in der Analyse, weil ihr Auftreten der Logik des Brückens nicht widerspricht, wie das bei einem Merkmalsgewicht von Null der Fall ist (siehe 3.2.1). Das Auftreten von Inkonsistenzen deutet lediglich auf ein mangelnde Genauigkeit der Schätzung hin. In Bezug auf die Inkonsistenzen kann somit festgehalten werden:

- Die Verwendung stark reduzierter Designs in Verbindung mit niedrigen Skalenniveaus ist unter Umständen problematisch, weil sich Inkonsistenzen ergeben, obwohl widersprüchliche Beurteilungen der *Probanden* ausgeschlossen sind. Dieses Ergebnis gilt auch für die traditionelle Conjoint-Analyse.
- Wenn Inkonsistenzen auftreten, heißt das nicht automatisch, dass der Fall zum Brücken ungeeignet ist, obwohl die inkonsistenten Fälle in der Simulation durchschnittlich zu schlechteren Ergebnissen führen.

Ein weiterer Aspekt der Fraktionierung ist das Verhältnis von Stimuli im Design zu den unabhängigen Ausprägungen v. Für eine gebrückte Conjoint-Analyse besteht das Problem, dass es jeweils *zwei* v-Werte sind, einer für jedes Teildesign.

Daher wird in der folgenden Tabelle danach unterschieden, ob v_1 im Teildesign 1 *und* v_2 im Teildesign 2 *beide* in einem bestimmten Bereich liegen.[164]

	Rang			Rating		
Bedingung für v_1 und v_2	5%-Perz.	Mittelwert	StAbw	5%-Perz.	Mittelwert	StAbw
$v_{1\&2} < 2{,}0$	0,8748	0,9538	0,0491	0,9997	0,9997	0,0023
$2{,}0 \leq v_{1\&2} < 2{,}5$	0,8862	0,9622	0,0555	0,9996	0,9993	0,0081
$2{,}5 \leq v_{1\&2}$	0,9498	0,9825	0,0187	0,9999	0,9999	0,0006

Tabelle 35: Einfluss *v* auf das Ergebnis der GCA im Nullfehler-Fall

Tabelle 35 zeigt den Einfluss von *v* differenziert nach Rankings und Ratings, die Paarvergleichs-Skalen finden sich aus Darstellungsgründen in Anhang B (Seite 177). Die Tabelle zeigt für das Skalenniveau *Rang*, dass die Mittelwerte mit steigendem *v* zunehmen und daher dem Verhältnis von Stimulizahl und zu schätzenden Parametern eine Bedeutung zukommt: Es ist vorteilhaft, möglichst viele Stimuli zu verwenden. Auch aus dieser Perspektive ist somit die Verwendung stark reduzierter Designs kritisch zu beurteilen. Die Standardabweichung (StAbw) zeigt, dass die Ergebnisse mit zunehmendem *v* weniger streuen.

Für das Skalenniveau *Rating* ergibt sich wiederum ein anderes Bild: Die Unterschiede in Abhängigkeit von *v* sind hier gering und es werden durchgängig hohe Korrelationen erreicht. Die im Vergleich zum Ranking niedrigeren Standardabweichungen zeigen zudem, dass Ratings nicht nur zu durchschnittlich besseren Ergebnissen führen, sondern dass die Ergebnisse zudem weniger streuen.

Zusammenfassend kann festgehalten werden, dass die Anzahl der Merkmale für niedrige Skalenniveaus das Ergebnis beeinflusst, indem kleinere Designs zu besseren Ergebnissen führen. Weiterhin ist für diese Skalenniveaus das Verhältnis von Stimuli im Design und zu schätzenden Teilnutzenwerten für das Ergebnis relevant.[165] Festzuhalten bleibt weiterhin, dass es zu Inkonsistenzen kommen kann, für die nicht die Probanden verantwortlich sind, weil es Kombinationen von Design- und Präferenzstruktur gibt, die zwangsläufig zu Inkonsistenzen führen. Die Verwendung stark fraktionierter Designs ist aus dieser Sicht kritisch zu hinterfragen.

---

[164] Ein gemeinsamer Wert (zum Beispiel $v_1 + v_2$) hätte den Nachteil, dass es zu Kompensationen kommen könnte. V_1 berechnet sich als Anzahl der Stimuli in Teildesign 1 minus den Merkmalen in Teildesign 1 und v_2 berechnet sich entsprechend.

[165] Eine Erörterung der Gründe erfolgt in 4.3.2.6.

4.3.2.3 Einfluss der Präferenzstruktur

Die Anforderung an die Einflussfaktoren der gebrückten Conjoint-Analyse, dass sie *a priori* bekannt sein sollen, schließt die Präferenzstruktur, die durch die Conjoint-Analyse erst erhoben wird, aus. Wie in 4.2 erläutert, wird daher auf das *Gewicht des Brückenmerkmals* abgestellt und in Folge werden die Präferenzstrukturen nach unterschiedlich gewichtigen Brückenmerkmalen unterschieden. Dazu wird angenommen, dass die Wichtigkeit der Merkmale a priori *ordinal* abgefragt worden ist und somit bekannt ist. „*BMRang* = 1" in Tabelle 36 bedeutet, dass das Brückenmerkmal das *wichtigste* Merkmal im Design ist und „*BMRang* = 2" bedeutet entsprechend, dass das Brückenmerkmal das *zweitwichtigste* Merkmal ist usw. Weil die Designs unterschiedlich viele Merkmale enthalten und somit „*BMRang* = 5" sowohl bedeuten kann, dass das Brückenmerkmal das schlechteste von fünf Merkmalen ist, wie, dass das Brückenmerkmal in der Mitte von neun Merkmalen liegt, wird nach der Anzahl der Merkmale im Design differenziert.

Tabelle 36 zeigt exemplarisch für Rang und Rating (die entsprechenden Tabellen für die gewichteten Paarvergleiche finden sich Anhang B - Tabelle 2, Seite 178), dass auch der Einfluss von *BMRang* nicht isoliert vom Skalenniveau betrachtet werden kann, denn während beim Skalenniveau *Rating* das Gewicht des Brückenmerkmals unwichtig für das Ergebnis ist, zeigen sich beim Skalenniveau *Rang* erhebliche Abweichungen. Für dieses Skalenniveau verbessert sich das Ergebnis mit zunehmender Bedeutung des Brückenmerkmals: Je wichtiger das Brückenmerkmal ist, desto besser ist auch das Ergebnis. So wird beispielsweise bei Designs mit fünf Merkmalen ein Korrelationskoeffizient von durchschnittlich 0,9834 erzielt, wenn das Brückenmerkmal das wichtigste Merkmal im Design ist und ein durchschnittlicher Korrelationskoeffizient von 0,9490 wenn das Brückenmerkmal das unwichtigste Merkmal im Design ist. Auf dem Skalenniveau *Rating* hingegen ergeben sich undifferenziert gute Ergebnisse, alle Korrelationskoeffizienten liegen mindestens bei 0,99.

Betrachtet man die unwichtigen Merkmale, so zeigt sich, dass auf dem Skalenniveau *Rang* der Unterschied zwischen den Fällen, in denen das Brückenmerkmal das unwichtigste Merkmal ist und den Fällen, in denen das Brückenmerkmal das zweitunwichtigste Merkmal darstellt, bereits erheblich ist. Die wichtigen Merkmale unterscheiden sich untereinander jedoch kaum: Um ein gutes Ergebnis zu erzielen, muss das Brückenmerkmal nicht unbedingt das wichtigste Merkmal im Design sein. Es kommt vielmehr darauf an, dass das Brückenmerkmal *wichtig* ist: Platz 2 oder Platz 3 reichen dabei für ein durchschnittlich gutes Ergebnis aus.

		Rang		Rating	
Merkmale	BMRang	5%-Perzentil	Mittelwert	5%-Perzentil	Mittelwert
5	1	0,9456	0,9834	0,9999	1,0000
5	2	0,9510	0,9811	0,9999	1,0000
5	3	0,9426	0,9798	0,9999	1,0000
5	4	0,8706	0,9672	0,9998	0,9999
5	5	0,8229	0,9490	0,9983	0,9996
7	1	0,9468	0,9781	0,9999	0,9999
7	2	0,9371	0,9764	0,9999	0,9999
7	3	0,9371	0,9745	0,9999	0,9999
7	4	0,9309	0,9727	0,9999	0,9999
7	5	0,9035	0,9663	0,9998	0,9999
7	6	0,8443	0,9534	0,9996	0,9999
7	7	0,6827	0,9164	0,9925	0,9955
8	1	0,9396	0,9753	0,9999	0,9999
8	2	0,9345	0,9720	0,9999	0,9999
8	3	0,9354	0,9725	0,9999	0,9999
8	4	0,9381	0,9713	0,9999	0,9999
8	5	0,9150	0,9664	0,9998	0,9999
8	6	0,8980	0,9609	0,9998	0,9999
8	7	0,8472	0,9499	0,9993	0,9993
8	8	0,6530	0,9023	0,9859	0,9961
9	1	0,9314	0,9713	0,9999	0,9999
9	2	0,9350	0,9713	0,9999	0,9999
9	3	0,9342	0,9700	0,9999	0,9999
9	4	0,9264	0,9687	0,9999	0,9999
9	5	0,9307	0,9699	0,9998	0,9999
9	6	0,9118	0,9642	0,9998	0,9999
9	7	0,9058	0,9633	0,9997	0,9999
9	8	0,8194	0,9424	0,9995	0,9998
9	9	0,6615	0,9013	0,9900	0,9970

Tabelle 36: Einfluss der Präferenzstruktur auf das Ergebnis der GCA auf den Skalenniveaus Rang und Rating

Somit kann festgehalten werden: Werden die Daten als Rating erhoben, führt die gebrückte Conjoint-Analyse unabhängig von der Bedeutung des Brückenmerkmals zu guten Ergebnissen. Werden die Daten allerdings als Ränge erhoben, so hängt das Ergebnis vom Gewicht des Brückenmerkmals ab: Wichtige Brückenmerkmale führen zu besseren Ergebnissen und zu weniger Ausreißern als unwichtige. Auch für die Interpretation dieses Ergebnisses gilt, dass Interaktionen mit anderen Einflussfaktoren an dieser Stelle noch nicht einbezogen worden sind. Daher erfolgt eine Begründung der Ergebnisse in 4.3.2.6, wenn alle Einflussfaktoren einzeln behandelt worden sind.

4.3.2.4 Einfluss des Brückenmerkmals

Die Determinante des Brückenmerkmals, die a priori beeinflusst werden kann, ist die Anzahl seiner Ausprägungen, hier *BMAuspr* abgekürzt. Zum näheren Verständnis werden vorher die Eigenschaften des Brückenmerkmals kurz beleuchtet:

Zweistufige Brückenmerkmale haben den theoretischen Vorteil, dass sie immer *exakt* gebrückt werden können, es sei denn, die ordinale Ordnung ihrer Ausprägungen in den beiden Teildesigns ist unterschiedlich.[166] Ein Fall wie ihn Tabelle 14 (Seite 61) illustriert, bei dem die Teilnutzenwerte der mittleren Ausprägung in den beiden Teildesigns unterschiedlich sind, kann bei zweistufigen Brückenmerkmalen nicht auftreten. Durch die Standardisierung weist die niedrigere der beiden Ausprägungen in beiden Teildesigns immer den Teilnutzenwert Null auf und auch die höhere der beiden Ausprägungen weist nach der Multiplikation mit dem Brückenquotienten q in beiden Teildesigns den gleichen Teilnutzenwert auf. Bei Brückenmerkmalen mit mehr Ausprägungen ergeben sich im Regelfall hingegen Abweichungen bei den Teilnutzenwerten der mittleren Ausprägungen (siehe 3.2.1). Da dieser Fall bei zweistufigen Brückenmerkmalen nicht auftreten kann, sind diese auf den ersten Blick zum Brücken besser geeignet.

Die Simulation ergibt das in Tabelle 37 dargestellte Bild, erneut nach den Skalenniveaus differenziert. Es zeigt sich wie schon in den vorigen Abschnitten, dass sich für das Skalenniveau Rating undifferenziert gute Ergebnisse ergeben und sich die Ergebnisse auf diesem Skalenniveau somit *nicht* mit der Anzahl der Ausprägungen des Brückenmerkmals ändern. Bei der Anwendung niedrigerer Skalenniveaus zeigt sich hingegen, dass die Ergebnisse mit zunehmender Anzahl der Ausprägungen des Brückenmerkmals besser werden, was bedeutet, dass es bei diesen Skalenniveaus vorteilhaft ist, wenn das Brückenmerkmal möglichst viele Ausprägungen aufweist. Vice versa: Wird ein Brückenmerkmal mit wenigen Stufen verwendet, sollte das Skalenniveau möglichst hoch sein. Dabei reichen die Ergebnisse der niedrigeren Skalenniveaus allerdings selbst für ein fünfstufiges Brückenmerkmal nicht an die Verwendung einer Ratingskala bei nur zweistufigem Brückenmerkmal heran. Ein Brückenmerkmal mit vielen Ausprägungen gleicht somit ein niedriges Skalenniveau nicht aus: das Skalenniveau dominiert. Auch für dieses Ergebnis gilt, dass die Interaktionen des Brückenmerkmals mit den anderen Einflussfaktoren noch nicht berücksichtigt sind.

---

[166] Das ist der Fall, wenn im Teildesign 1 die erste Ausprägung größer als die zweite ist, im Teildesign 2 aber die zweite größer als die erste (siehe Tabelle 33, S. 114).

Skala	BMAuspr	Mittelwert	Minimum	5%-Perzentil
Rang	2	0,9380	0,2245	0,7646
Rang	3	0,9612	0,4001	0,8938
Rang	4	0,9675	0,5796	0,9198
Rang	5	0,9779	0,7587	0,9455
k3	2	0,9625	0,3206	0,8171
k3	3	0,9815	0,5850	0,9486
k3	4	0,9849	0,6891	0,9579
k3	5	0,9891	0,8237	0,9706
k5	2	0,9742	0,3956	0,8706
k5	3	0,9887	0,4278	0,9675
k5	4	0,9911	0,7555	0,9744
k5	5	0,9936	0,8575	0,9822
Rat	2	0,9982	0,7091	0,9975
Rat	3	0,9999	0,9691	0,9997
Rat	4	0,9999	0,9977	0,9998
Rat	5	0,9999	0,9993	0,9999

Tabelle 37: Einfluss der Ausprägungen des Brückenmerkmals (BMAuspr) auf das Ergebnis der GCA

Im Vergleich der *Mittelwerte* zeigt sich, dass nur für die Kombination *Rang* und „*BMAuspr* = 2" Korrelationskoeffizienten unter 0,95 zustande kommen und Rankings mit Brückenmerkmalen, die mehr als zwei Stufen aufweisen für eine aggregierte Analyse unproblematisch sind. Richtet sich der Fokus hingegen auf die *Individualanalyse*, so legt das Ergebnis nahe, auf Rankings zu verzichten, weil das niedrige 5%-Perzentil die Gefahr erkennen lässt, in ungünstigen Fällen auch bei einem fünfstufigen Brückenmerkmal unter 0,95 zu fallen.

4.3.2.5 Einfluss des Skalenniveaus

Der Einfluss des Skalenniveaus ist schon in den vorigen Kapiteln deutlich geworden, weil die bislang analysierten Einflussfaktoren je nach Skalenniveau das Ergebnis unterschiedlich deutlich beeinflussen. Es zeigte sich, dass es auf dem Niveau *Rating* zu undifferenziert guten Ergebnissen kommt und nur auf den niedrigeren Skalenniveaus in Abhängigkeit von anderen Einflussfaktoren zu unterschiedlichen Ergebnissen. Betrachtet man das Skalenniveau allein, ergibt sich Abbildung 28. Die Verteilung verdeutlicht den Unterschied zwischen den Skalenniveaus. Während sich für *Rating* – von wenigen Ausnahmen abgesehen – ausschließlich sehr hohe Werte ergeben, ist das Ergebnis für *Rang* weiter gestreut. Die vorigen Abschnitte haben aufgezeigt, unter welchen Bedingungen es auch für dieses Skalenniveau zu hohen Korrelationen zwischen wahren und geschätzten Teilnutzenwerte kommt. Abbildung 28 unterstreicht dieses Ergebnis und verdeutlicht, dass sich die Verteilungen mit zunehmendem Skalenniveau nach rechts verschieben und somit besser werden.

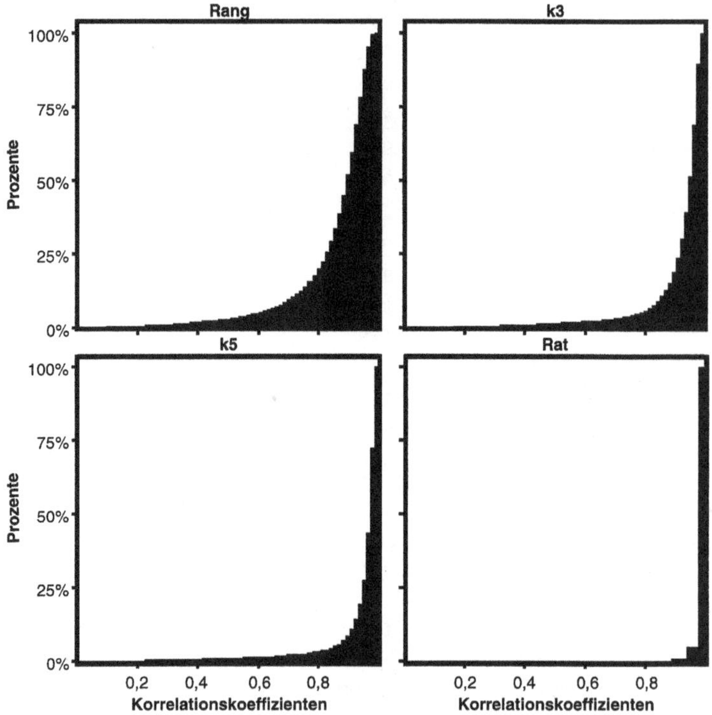

Abbildung 28: Kumuliertes Histogramm der Verteilung der Korrelationskoeffizienten zwischen wahren und geschätzten Teilnutzenwerten der GCA in Abhängigkeit vom Skalenniveau

Der Grund für diese Verbesserung ist die zunehmende Genauigkeit der Skalen, die den Probanden ein differenzierteres Urteil erlaubt. Aus den theoretischen Grundlagen des Brückens geht die Bedeutung der richtigen Gewichtsschätzung für das Brückenmerkmal hervor und die bisherigen Simulationsergebnisse lassen die Wirkung erkennen, welche die präzisere Erhebung des *Ratings* hat. Daraus leitet sich die Frage ab, unter welchen Bedingungen es auf diesem Skalenniveau überhaupt zu Ausreißern kommt.

Skalenniveau Rating		
		Korrelations-koeffizienten
Mittelwert		0,9995
Perzentile	0,1	0,8548
	0,2	0,9479
	0,3	0,9714
	0,4	0,9781
	0,5	0,9867
	0,6	0,9889
	0,7	0,9924
	0,8	0,9935
	0,9	0,9943
	1	0,9955

Tabelle 38: Analyse der Ausreißer auf dem Skalenniveau Rating

Tabelle 38 enthält eine Darstellung der Perzentile von 0,1% bis 1% auf dem Skalenniveau Rating, also der 1% schlechtesten Korrelationskoeffizienten auf diesem Skalenniveau. Die Tabelle zeigt, dass es nur zu sehr wenigen Ausreißern kommt, weniger als 0,3 % der Fälle weisen einen Korrelationskoeffizient unter 0,95 auf. Diese sehr wenigen Ausreißer sind auf jene Fälle zurückzuführen, in denen das Brückenmerkmal ein Gewicht von fast Null hat.[167] Für diesen Zusammenhang können zwei Gründe angeführt werden:

- Wenn aufgrund von Schätzungenauigkeiten einem Brückenmerkmal mit wahrem Gewicht Null fälschlicherweise ein Gewicht größer als Null zugewiesen wurde, eignet es sich genauso wenig zum Brücken, wie ein Brückenmerkmal mit richtig ermitteltem Gewicht Null, verbleibt aber im Unterschied dazu in der Analyse.
- Wie in 3.3 erläutert, werden Ungenauigkeiten bei der Schätzung des Gewichts des Brückenmerkmals auf die anderen Merkmale im Design übertragen. Bei sehr kleinen Gewichten ist der Quotient q besonders empfindlich, weil bereits geringe absolute Abweichungen auf den Quotienten eine große Wirkung haben.[168]

[167] Es wurden in der Simulation nur solche Fälle ausgeschlossen, in denen das Brückenmerkmal ein Gewicht von *genau* Null aufweist.

[168] Dieser Zusammenhang kann anhand des folgenden Beispiels verdeutlicht werden: Angenommen, das Gewicht des Brückenmerkmals ist in beiden Teildesigns 0,1%, so dass sich ein Brückenfaktor $q = 1$ ergibt. Wenn nun das Gewicht des Brückenmerkmals im zweiten Teildesigns um 0,1 Prozentpunkte falsch geschätzt wurde, ergäbe sich $q = 2$ und in Folge würden alle Merkmale des ersten Teildesigns mit dem doppelten Gewicht gewertet. In einem Fall, in dem das Brückenmerkmal beider Male ein richtiges Gewicht von beispielsweise 20% aufweist, würde eine Fehlschätzung um 0,1 Prozentpunkte hingegen nicht so schwer wiegen.

Wenn als Konsequenz nicht nur die Fälle ausgeschlossen würden, in denen das Brückenmerkmal in mindestens einem der beiden Teildesigns das Gewicht Null hat, sondern auch solche Fälle, in denen das Brückenmerkmal ein Gewicht *nahe* Null aufweist, würden auf dem Skalenniveau Ranking *ausnahmslos* sehr hohe Korrelationen erzielt. In der Simulation hätte es gereicht, diejenigen Fälle auszuschließen, in denen das Brückenmerkmal in einem der beiden Teildesigns ein Gewicht kleiner als 2,5% aufweist, um Ausreißer ganz zu verhindern.

Mit diesem Kriterium würden allerdings nicht nur die 0,3% Fälle ausgeschlossen, auf die es ankommt, sondern 2,9% der Fälle. Die Differenz von 2,6 Prozentpunkten besteht aus Fällen, die ausgeschlossen werden, obwohl sie gute Ergebnisse erzielen. Das heißt, die Einführung eines *Mindestgewichts* für das Brückenmerkmal ermöglicht es, bei Ratings Ausreißer zu vermeiden, es werden allerdings mit diesem Kriterium sehr viel mehr Fälle ausgeschlossen als notwendig.

4.3.2.6 Zusammenfassung

Auswertung 1 untersucht die Korrelationen zwischen den wahren Teilnutzenwerten und geschätzten Teilnutzenwerten der gebrückten Conjoint-Analyse ohne Inkonsistenzen von Probanden. Dabei zeigen die Ergebnisse, dass eine gebrückte Conjoint Analyse *grundsätzlich* möglich ist, weil das Brücken von Designs zu Ergebnissen hoher Validität führen kann. Allerdings gilt das nicht uneingeschränkt, weil die Ergebnisse bei Verwendung unterschiedlicher Skalenniveaus sehr unterschiedlich sind: Auf niedrigen Skalenniveaus haben die unterschiedlichen Einflussfaktoren (wie zum Beispiel das Gewicht des Brückenmerkmals) einen Einfluss auf die Ergebnisqualität der gebrückten Conjoint-Analyse. Das Skalenniveau *Rating* hingegen zeigt durchgehend gute Ergebnisse, so dass die Qualität des Ergebnisses nicht mehr von den anderen Einflussfaktoren abhängt. Ratings führen – von sehr wenigen Ausreißern abgesehen –zu hohen Korrelationen zwischen wahren und geschätzten Teilnutzenwerten.

Der Grund für die Vorteile der Ratings liegt darin, dass die Verbindung von Teildesigns über ein gemeinsames Brückenmerkmal hohe Anforderung an die Genauigkeit der Schätzung der Merkmale, insbesondere des Brückenmerkmals, stellt. Ungenauigkeiten, die sich aufgrund von niedrigen Skalenniveaus ergeben, führen unter Umständen dazu, dass eine ungenaue Schätzung der Gewichte durch das Brücken auf die anderen Merkmale im Design übertragen und somit verstärkt wird. Ratings bilden die Präferenzen genau genug ab, um zu verhindern, dass eine ungenaue Schätzung der Teilnutzenwerte das Ergebnis der gebrückten Conjoint-Analyse beeinträchtigt. Lediglich in den Fällen, in denen das Brückenmerkmal ein sehr niedriges Gewicht hat und somit schon sehr geringe absolute Abweichungen der Gewichtsschätzung erheblich Auswirkungen haben können, sind auch Ratings für Ausreißer empfindlich.

Für die anderen Einflussfaktoren der gebrückten Conjoint-Analyse wurden – allerdings nicht auf dem Skalenniveau Rating – die folgenden Wirkungen auf das Ergebnis festgestellt:

- Merkmale im Design: Je weniger Merkmale das Design enthält, desto besser ist das Ergebnis.
- Verhältnis der Summe der Stimuli zu den unabhängigen Ausprägungen: Je höher v ist, desto besser ist das Ergebnis. Es ist somit vorteilhaft, möglichst viele Stimuli einzubeziehen.
- Gewicht des Brückenmerkmals: Je wichtiger das Brückenmerkmal ist, desto besser sind die Ergebnisse.
- Ausprägungen des Brückenmerkmals: Je mehr Ausprägungen das Brückenmerkmal aufweist, desto besser sind die Ergebnisse.

Da die Einflussfaktoren untereinander korrelieren (siehe 4.3.1) gilt es näher zu untersuchen, ob es sich bei den identifizierten Wirkungen tatsächlich um inhaltlich begründetete Zusammenhänge handelt. In Tabelle 32 (Seite 106) ergab sich vor allem eine hohe Korrelation zwischen den Merkmalen im Design und dem Verhältnis der Stimuli im Design zu den unabhängigen Ausprägungen v von –0,6387. Eine weitere deutliche Korrelation besteht zwischen dem Gewicht des Brückenmerkmals und seinen Ausprägungen (0,4707). Daher werden diese Interdependenzen der Einflussfaktoren im folgenden näher analysiert.[169]

Das Ergebnis, dass die gebrückte Conjoint-Analyse für kleinere Designs bessere Ergebnisse liefert als für große Designs, ist theoretisch nicht erklärbar. Da die Merkmale im Design mit v deutlich korrelieren, zeigt die folgenden Tabelle den Einfluss der Merkmale im Design in Abhängigkeit von v. Dabei beschränkt sich die Darstellung auf das Skalenniveau *Rang*, weil auf diesem Skalenniveau die Unterschiede zwischen unterschiedlichen Designgrößen besonders deutlich sind (siehe 4.3.2.2).

---

[169] Die Korrelation zwischen dem Gewicht des Brückenmerkmals und v bleibt entsprechend der Ausführungen in 4.3.1 außen vor.

v	Merkmale	Mittelwert	
	7	0,9483	
$v_{1\&2} < 2,0$	8	0,9537	$\Delta_1 = 0,0064$
	9	0,9547	
$2,0 \leq v_{1\&2} < 2,5$	7	0,9636	$\Delta_2 = 0,0042$
	9	0,9594	
	5	0,9808	
$2,5 \leq v_{1\&2}$	7	0,9835	$\Delta_3 = 0,0046$
	8	0,9854	
	5	0,9734	
	7	0,9644	
über alle v	8	0,9594	$\Delta_A = 0,016$
	9	0,9574	

Tabelle 39: Einfluss der Merkmale im Design in Abhängigkeit von *v* auf dem Skalenniveau Rang

Zum Verständnis von Tabelle 39 ist es wichtig zu beachten, dass im unteren Teil „über alle *v*“ mehr Fälle enthalten sind, als die Summe der drei oberen Teile, weil in den oberen Teilen nur solche Fälle enthalten sind, in denen v_1 **und** v_2 die jeweilige Bedingung erfüllen. Es wird deutlich, dass ein Zusammenhang zwischen *v* und den Merkmalen im Design besteht, weil es für Gesamtdesigns mit fünf Merkmalen nicht vorkommt, dass in beiden Teildesigns *v* unter 2,5 liegt. Der über alle *v* festzustellende Zusammenhang, dass die Ergebnisse für kleine Designs besser sind als für große Designs, findet sich innerhalb der Gruppen *nicht* wieder, die Unterschiede innerhalb der Gruppen (mit Δ_1 bis Δ_3 bezeichnet) sind durchgehend sehr niedrig. Darin zeigt sich, dass die Wirkung, die in 4.3.2.2 der Designgröße zugeschrieben worden ist, realiter auf den Zusammenhang zwischen den Merkmalen im Design und *v* zurückgeführt werden muss. Weil kleine Gesamtdesigns zu höheren *v* in den Teildesigns führen, sind die Ergebnisse für kleine Designs besser als für große.

Weiterhin korreliert das Gewicht des Brückenmerkmals mit der Anzahl seiner Ausprägungen mit $r = 0,4650$. Die folgende Tabelle differenziert daher gleichzeitig nach dem Rangplatz des Gewichts und den Ausprägen des Brückenmerkmals:

BMRang	BMAuspr	Mittelwert	
1	2	0,9651	Δ_1=0,0166
	3	0,9708	
	4	0,9740	
	5	0,9817	
2	2	0,9664	Δ_2=0,0144
	3	0,9697	
	4	0,9719	
	5	0,9808	
3	2	0,9688	Δ_3=0,0104
	3	0,9680	
	4	0,9712	
	5	0,9792	
4	2	0,9665	Δ_4=0,0105
	3	0,9690	
	4	0,9690	
	5	0,9770	
5	2	0,9562	Δ_5=0,0198
	3	0,9670	
	4	0,9692	
	5	0,9760	
6	2	0,9526	Δ_6=0,0168
	3	0,9601	
	4	0,9634	
	5	0,9694	
7	2	0,9270	Δ_7=0,0432
	3	0,9542	
	4	0,9582	
	5	0,9702	
8	2	0,9114	Δ_8=0,0352
	3	0,9434	
	4	0,9388	
	5	0,9465	
9	2	0,8879	Δ_9=0,0665
	3	0,9247	
	4	0,9193	
	5	0,9544	
über alle	2	0,9380	Δ_A=0,0399
	3	0,9612	
	4	0,9675	
	5	0,9779	

Tabelle 40: Einfluss der Ausprägungen des Brückenmerkmals in Abhängigkeit vom Gewicht des Brückenmerkmals auf dem Skalenniveau Rang

Tabelle 40 bezieht erneut nur das Skalenniveau Rang in die Analyse ein, weil die Unterschiede auf diesem Skalenniveau – besonders in 4.3.2.4 – deutlich hervorgetreten sind. Es zeigt sich, dass die Ausprägungen des Brückenmerkmals *unabhängig* vom Gewicht des Brückenmerkmals das Ergebnis beeinflussen, weil sich auch innerhalb der Gruppen von Tabelle 40 in Abhängigkeit von den Ausprägungen des Brückenmerkmals unterschiedliche Ergebnisse ergeben (die Δ bezeichnen die Differenz zwischen fünf und zwei Ausprägungen). Das bedeutet, dass die Anzahl der Ausprägungen einen eigenständigen Einfluss auf die Ergebnisqualität der gebrückten Conjoint-Analyse hat.

Die eigenständigen Einflussfaktoren der gebrückten Conjoint-Analyse sind somit neben dem Skalenniveau:

- Das Gewicht des Brückenmerkmals im Vergleich zu den anderen Merkmalen im Design: Wie in 3.3 erläutert, berechnet sich der Brückenquotient q als Quotient der Gewichte des Brückenmerkmals in den beiden Teildesigns. Je geringer das Gewicht des Brückenmerkmals ist, desto empfindlicher reagiert q auf Ungenauigkeiten der Schätzung.[170] Darauf kann zurückgeführt werden, dass die gebrückte Conjoint-Analyse mit zunehmendem Gewicht des Brückenmerkmals zu besseren Ergebnissen führt.
- Das Verhältnis zwischen Stimuli im Design und unabhängigen Ausprägungen v: Die Zahl der Stimuli entsprechen in der Sprache der Regressionsanalyse den Beobachtungen und die unabhängigen Ausprägungen sind die zu schätzenden Parameter. Weil die Qualität der Schätzung mit der Zahl der Beobachtung (hier also der Stimuli) genauer wird, beeinflusst v das Ergebnis der gebrückten Conjoint-Analyse positiv.
- Die Anzahl der Ausprägungen des Brückenmerkmals: Die Anzahl der Ausprägungen des Brückenmerkmals gibt an, wie viele Teilnutzenwerte im Rahmen der gebrückten Conjoint-Analyse doppelt geschätzt werden, weil sie in beiden Teildesigns vorhanden sind. Der positive Einfluss, den die Anzahl der Ausprägungen des Brückenmerkmals für das Ergebnis der gebrückten Conjoint-Analyse hat, kann darauf zurückgeführt werden, dass mit zunehmender Zahl der Ausprägungen des Brückenmerkmals mehr Teilnutzenwerte doppelt geschätzt werden, wodurch die Schätzergebnisse verbessert werden.

Im weiteren wird dennoch weiterhin auch nach den Merkmalen im Design unterschieden, weil der Zusammenhang zwischen v und den Merkmalen auch in der praktischen Anwendung der gebrückten Conjoint-Analyse relevant ist.

---

[170] Siehe hierzu auch das Beispiel in Fußnote 168 (Seite 123).

4.3.3 Auswertung 2: Korrelation mit den wahren Teilnutzenwerten mit Fehlern

Die Korrelationskoeffizienten zwischen den wahren und den geschätzten Teilnutzenwerten werden bei Berücksichtigung von Fehlern im Beurteilungsverhalten prinzipbedingt schlechter, weil die Fehler dazu führen, dass die Schätzungen der Teilnutzenwerte auf „verfälschten" Input-Daten beruht. Interessant ist, um wie viel sie schlechter werden und ob es bestimmte Bedingungen im Untersuchungsdesign gibt, die das beeinflussen. Dazu werden die Korrelationskoeffizienten verglichen, die sich bei der gebrückten Conjoint-Analyse auf verschiedenen Fehlerniveaus ergeben. Das sind in Tabelle 31 auf Seite 105 die Spalten *GCA_F0*, *GCA_F5* und *GCA_F10*.

4.3.3.1 Einfluss der Designstruktur

Das Fazit aus Auswertung 1 in Bezug auf die Designstruktur ist, dass sich die Ergebnisse in Abhängigkeit von der Zahl der Merkmale im Design auf den unteren Skalenniveaus geringfügig unterscheiden. Mit Fehlern werden diese Unterschiede deutlicher:[171]

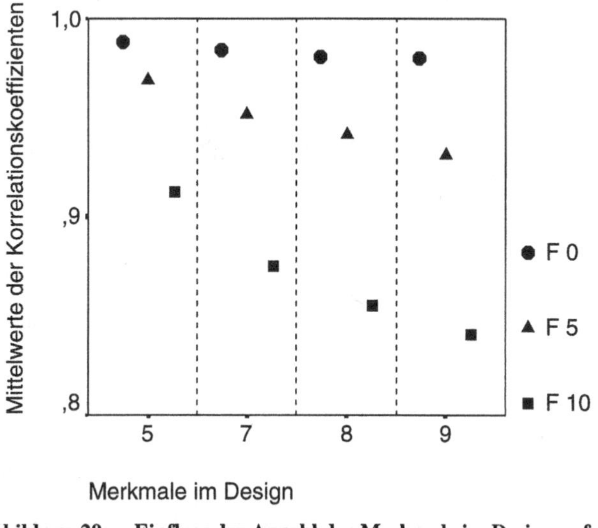

Abbildung 29: Einfluss der Anzahl der Merkmale im Design auf die Ergebnisse der GCA bei Fehlern

[171] An dieser Stelle wird nicht mehr, wie in Auswertung 1, nach den verschiedenen Skalenniveaus differenziert, weil sich die Ergebnisse nicht mehr grundsätzlich in Abhängigkeit vom Skalenniveau unterscheiden, wie im weiteren deutlich wird. Eine Differenzierung von Abbildung 29 nach den Skalenniveaus findet sich in Anhang C – Tabelle 5 (Seite 187).

Abbildung 29 zeigt die Mittelwerte für die Fehlerniveaus F0, F5 und F10. Der Unterschied zwischen 5 und 9 Merkmalen ist im Fall ohne Fehler (F 0) gering, steigt aber mit zunehmendem Fehlerniveau an: Er ist bereits für den N(0;5)-verteilten Fehler (F 5) erheblich größer und steigt für den N(0;10)-verteilten Fehler (F 10) noch einmal deutlich an.

Es ist zu erkennen, dass kleinere Designs von den Verschlechterungen aufgrund der Inkonsistenzen weniger stark betroffen sind als größere Designs. Kleine Designs erweisen sich somit in Bezug auf Inkonsistenzen als robuster. Das Ergebnis ist nicht ohne weiteres begründbar. Für eine Begründung bedarf es eines Rückgriffs auf die Ergebnisse aus 4.3.1, die auswiesen, dass ein Zusammenhang zwischen der Anzahl der Merkmale im Design und v besteht. Den Einfluss von v zeigt Abbildung 30, die korrespondierend zu Tabelle 35 aus Auswertung 1 (Seite 117) untersucht, wie sich das Verhältnis von Stimulizahl und unabhängigen Ausprägungen v in Abhängigkeit vom Fehlerniveau auswirkt. In der folgenden Abbildung bedeutet $v_{1\&2}$, dass v_1 und v_2 die jeweiligen Bedingungen erfüllen.[172]

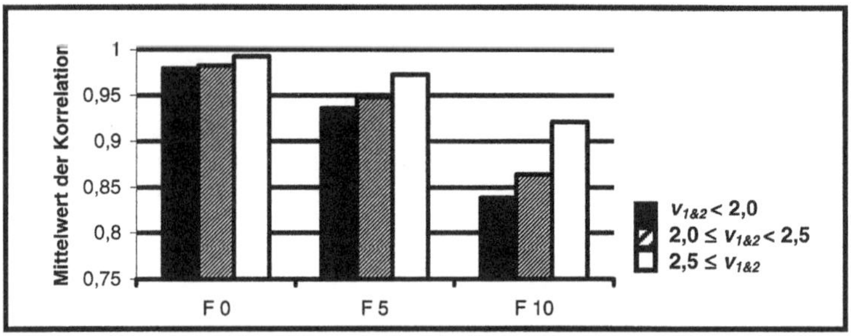

Abbildung 30: Mittelwerte der Korrelation zwischen den wahren und den geschätzten Teilnutzenwerten der GCA in Abhängigkeit von v_1 und v_2 bei unterschiedlichen Fehlerniveaus, aggregiert über alle Skalen[173]

Es zeigt sich, dass die Differenz zwischen den unterschiedlichen v-Gruppen mit steigendem Maß an Inkonsistenz im Bewertungsverhalten zunimmt. Je mehr Fehler die Probanden machen, desto deutlicher wird der Vorteil von Designs mit hohem v und somit vergleichsweise vielen Stimuli. Diejenigen Fälle, in denen somit v_1 und v_2 größer oder gleich 2,5 sind, sind bei Inkonsistenzen *erheblich* besser als die anderen Fälle. Mit dem Ausmaß der Inkonsistenzen nimmt somit die Vorteilhaftigkeit von weniger stark reduzierten Designs zu. Dieses Ergebnis

[172] V_1 steht für das Verhältnis von Stimulizahl zu unabhängigen Ausprägungen in Teildesign 1 und v_2 entsprechend für das Verhältnis im zweiten Teildesign.

[173] Eine Differenzierung nach den Skalenniveaus wie in Tabelle 35 auf Seite 117 ist an dieser Stelle nicht mehr notwendig, weil sich die Ergebnisse in Abhängigkeit von den Skalenniveaus nur noch gering unterscheiden. Siehe hierzu Anhang C - Tabelle 6 (Seite 188).

die Vorteilhaftigkeit von weniger stark reduzierten Designs zu. Dieses Ergebnis kann darauf zurückgeführt werden, dass mit steigendem *v* mehr Möglichkeiten bestehen, dass sich die *unsystematischen* Fehlurteile der Probanden kompensieren. Bei Designs mit niedrigem *v* können sich hingegen bereits wenige Fehlurteile deutlich negativ auf die Korrelation zwischen wahren und geschätzten Teilnutzenwerten auswirken. Die Überbetonung des Effizienzvorteils reduzierter Designs geht also zu Lasten der Effektivität des Ergebnisses.

Vor diesem Hintergrund sind auch die Ergebnisse der Abbildung 29 zu interpretieren: Die Vorteile, die Designs mit wenigen Merkmalen haben, sind auf den Zusammenhang zwischen den Merkmalen im Design und *v* zurückzuführen.

4.3.3.2 Einfluss des Brückenmerkmals

Die Unterscheidung nach der Anzahl der Ausprägungen des Brückenmerkmals zeigte bereits im Nullfehler-Fall – mit Ausnahme des Skalenniveaus Rating – deutliche Unterschiede (siehe 4.3.2.4). Diese werden durch das Vorliegen von Inkonsistenzen verstärkt, wie Abbildung 31 (Seite 132) zeigt.[174] Ein Brückenmerkmal mit mehr Ausprägungen ist schon in der Situation F0, mit Ausnahme des Skalenniveaus Rating, vorteilhaft. Liegen Inkonsistenzen vor, verstärkt sich dieses Ergebnis, indem der Einfluss der Ausprägungen des Brückenmerkmals bedeutender wird.
Entsprechend den Ergebnissen aus 4.3.2.3 sind Brückenmerkmale mit vielen Ausprägungen für die gebrückte Conjoint-Analyse vorteilhaft. Das ist ein Ergebnis, das nur teilweise auf den Zusammenhang zwischen den Ausprägungen und dem Gewicht des Brückenmerkmals zurückgeht. Die bei Inkonsistenzen im Bewertungsverhalten zunehmende Vorteilhaftigkeit von Brückenmerkmalen mit vielen Ausprägungen, kann auch darauf zurückgeführt werden, dass die Ausprägungen des Brückenmerkmals angegeben, wie viele Teilnutzenwerte *doppelt geschätzt* werden, weil sie sowohl in Teildesign 1 wie in Teildesign 2 vorhanden sind. Je mehr Fehler die Probanden machen, desto wichtiger wird diese doppelte Schätzung.

---

[174] An dieser Stelle wird nicht mehr zwischen den Skalenniveaus differenziert, weil, wie in Kapitel 4.3.3.4 gezeigt wird, die Ergebnisse bei Inkonsistenzen für alle Skalenniveaus gelten. Eine nach den Skalenniveaus differenzierte Auswertung findet sich in Anhang C - Tabelle 7 (Seite 189).

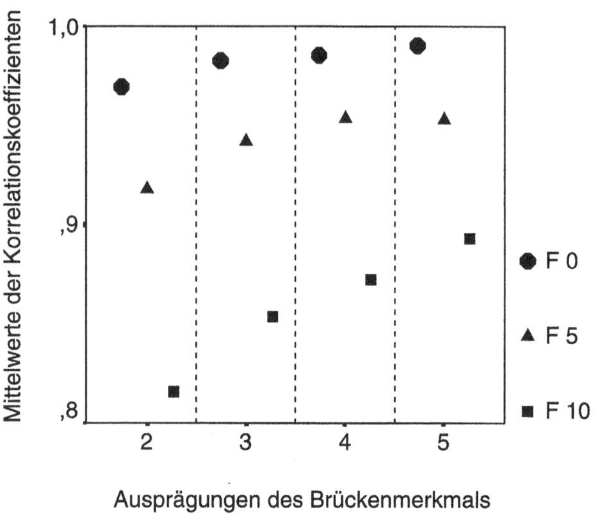

Abbildung 31: Auswirkung der Anzahl der Ausprägungen des Brückenmerkmals auf die Ergebnisse der GCA bei unterschiedlichen Fehlerniveaus

4.3.3.3 Einfluss der Präferenzstruktur

Auswertung 1 hat ergeben, dass auf dem Skalenniveau *Rating* das Gewicht des Brückenmerkmals keinen Einfluss auf das Ergebnis hat, es sei denn, das Brückenmerkmal ist sehr nachrangig (siehe Tabelle 36, Seite 119). Im Unterschied dazu zeigt die Situation mit Fehlern für dieses Skalenniveau,[175] dass der Rang des Brückenmerkmals jetzt einen Einfluss auf das Ergebnis hat. Je wichtiger das Brückenmerkmal ist, desto besser das Ergebnis. Das gilt für kleine Designs mit 5 Merkmalen genauso wie für große Designs mit 9 Merkmalen.

---

[175] Die anderen Skalenniveaus finden sich aus Darstellungsgründen in Anhang B - Tabelle 3 (Seite 181).

Fehler	Merk-male	Rangplatz Gewicht des Brückenmerkmals 1	2	3	4	5	6	7	8	9	Spanne
F 0	5	1,0000	1,0000	1,0000	,9999	,9996					,0003
	7	,9999	,9999	,9999	,9999	,9999	,9999	,9955			,0045
	8	,9999	,9999	,9999	,9999	,9999	,9999	,9993	,9961		,0039
	9	,9999	,9999	,9999	,9999	,9999	,9999	,9999	,9998	,9970	,0030
F 5	5	,9880	,9822	,9842	,9805	,9398					,0482
	7	,9776	,9763	,9743	,9716	,9666	,9448	,9096			,0680
	8	,9722	,9716	,9669	,9664	,9613	,9596	,9301	,8915		,0807
	9	,9568	,9557	,9610	,9544	,9565	,9540	,9466	,9288	,8996	,0615
F 10	5	,9543	,9409	,9343	,9056	,8301					,1242
	7	,9147	,9113	,9063	,8973	,8763	,8500	,8075			,1071
		,8974	,8888	,8872	8843	8664	8579	8240	8006		,0968
		,8785	,8728	,8752	8659	8639	8601	8478	8215	7883	,0902

Tabelle 41: Mittelwerte der Korrelationskoeffizienten in Abhängigkeit vom Gewicht des Brückenmerkmals auf dem Skalenniveau *Rating* für unterschiedliche Fehlerniveaus[176]

Tabelle 41 zeigt für das Skalenniveau *Rating*, wie sich die Mittelwerte der Korrelation zwischen wahren und geschätzten Teilnutzenwerten der gebrückten Conjoint-Analyse in Abhängigkeit vom Gewicht des Brückenmerkmals verändern. Dazu wird nach unterschiedlichen Designgrößen differenziert, indem die Ergebnisse getrennt für Designs mit unterschiedlich vielen Merkmalen ausgewiesen werden. Von links nach rechts wird das Brückenmerkmal unwichtiger (die Spalte „1" steht dafür, dass das Brückenmerkmal das wichtigste Merkmal im Design gewesen ist). Die Spalte *Spanne* weist aus, wie groß der Unterschied zwischen wichtigen und unwichtigen Brückenmerkmalen ist. Die Spanne nimmt unter sonst gleichen Umständen mit steigendem Fehlerniveau zu, zum Beispiel für Designs mit fünf Merkmalen von 0,0003 ohne Fehler auf 0,1242 für F 10. Das Skalenniveau Rating verliert somit den *Sonderstatus*, den es im Fall ohne Fehler hatte. Auch für ein Rating gilt jetzt, dass die Ergebnisse von der Bedeutung des Brückenmerkmals im Design abhängen: Je wichtiger das Brückenmerkmal, desto besser das Ergebnis.

[176] Aus Platzgründen ohne führende Null.

Ein Grund für diese Veränderung ist darin zu sehen, dass der Vorteil des Ratings, die höhere Genauigkeit, bei Inkonsistenzen im Bewertungsverhalten nicht mehr im gleichen Maße gilt. Wenn Inkonsistenzen vorliegen, besteht auch für Ratings die Gefahr, dass durch eine ungenaue Berechnung des Quotienten q das Ergebnis beeinträchtigt wird. Im Unterschied zu Auswertung 1, in der die Ausreißer auf diesem Skalenniveau ausschließlich auf Fälle zurückgeführt werden konnten, in denen das Brückenmerkmal ein Gewicht von unter 2,5% aufweist (vgl. 4.3.2.5), können die Ausreißer der Auswertung 2 nicht mehr auf bestimmte Fälle eingeschränkt werden, denn es handelt sich hier *nicht* um die Fälle, in denen das Brückenmerkmal ein Gewicht nahe Null aufweist.
Die Analyse über alle Skalenniveaus zeigt das folgende Bild:

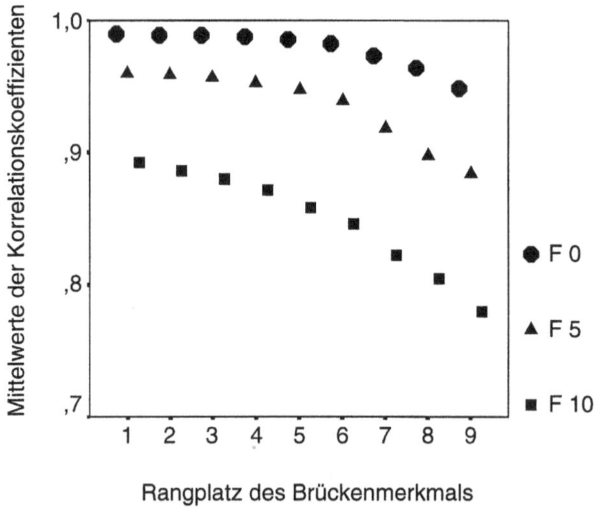

Abbildung 32: Einfluss des Rangplatzes des Brückenmerkmals auf das Ergebnis der GCA bei unterschiedlichen Fehlerniveaus, aggregiert über alle Skalenniveaus

Abbildung 32 zeigt, dass nicht nur prinzipbedingt das Niveau der Ergebnisse für zunehmende Inkonsistenzen abfällt und daher die Werte für F5 unter denen von F0 liegen (bzw. F10 unter F5), sondern dass darüber hinaus die *Spanne* über die Fehlerniveaus *zunimmt* (siehe auch Anhang C - Tabelle 8, Seite 189). Inkonsistenzen verstärken somit den Einfluss, den der Rang des Brückenmerkmals auf das Gesamtergebnis hat.

Folgendes kann festgehalten werden: Je wichtiger das Brückenmerkmal ist, desto besser ist die Übereinstimmung zwischen den wahren und den geschätzten Teilnutzenwerten und je höher das Fehlerniveau ist, desto größer sind die Unterschiede zwischen wichtigen und unwichtigen Brückenmerkmalen. Als Begründung kann analog zu 4.3.2.6 die höhere Empfindlichkeit des Brückenquotienten q bei Brückenmerkmalen mit niedrigem Gewicht angeführt werden.

Die Inkonsistenzen im Bewertungsverhalten der Probanden führen dazu, dass die Schätzung der Teilnutzenwerte ungenauer wird und in Folge auch das Gewicht des Brückenmerkmals zunehmend ungenau geschätzt wird. Je geringer das Gewicht des Brückenmerkmals ist, desto empfindlicher reagiert q auf diese Ungenauigkeiten und daher führen Brückenmerkmale mit niedrigem Gewicht tendenziell zu schlechteren Ergebnissen.

4.3.3.4 Einfluss des Skalenniveaus

Wie schon in den vorstehenden Kapiteln angesprochen, verliert das Skalenniveau *Rating* seinen *Sonderstatuts*, den es in Auswertung 1 (ohne Inkonsistenzen im Bewertungsverhalten der Probanden) inne hatte. Die nachfolgenden Abbildungen zeigen, dass gute und schlechte Ergebnisse bei Fehlern eine über die Skalenniveaus ähnliche Verteilungen zeigen:

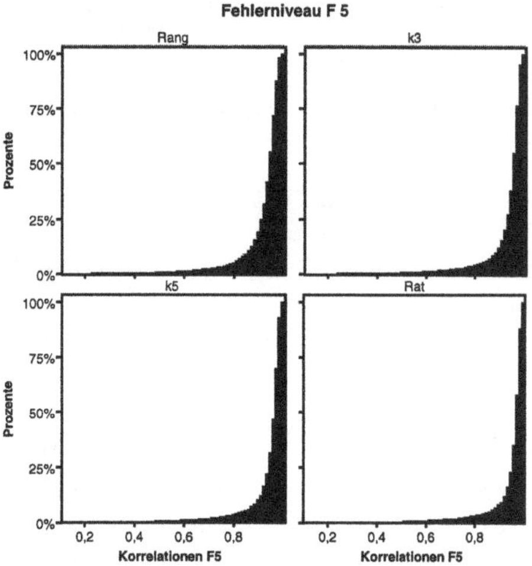

Abbildung 33 (a): Kumuliertes Histogramm der Verteilung der Korrelationskoeffizienten zwischen wahren und geschätzten Teilnutzenwerte der GCA in Abhängigkeit vom Skalenniveau für das Fehlerniveau

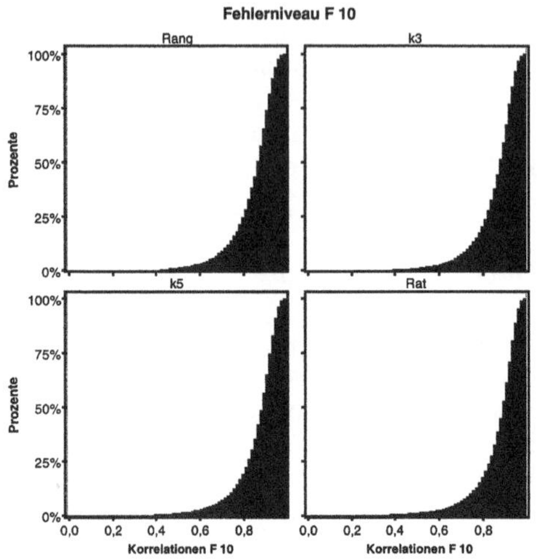

Abbildung 33 (b): Kumuliertes Histogramm der Verteilung der Korrelationskoeffizienten zwischen wahren und geschätzten Teilnutzenwerte der GCA in Abhängigkeit vom Skalenniveau für das Fehlerniveau F10

Abbildung 33 (a) und Abbildung 33 (b) zeigen, dass sich die Verteilungen mit zunehmendem Fehlerniveau annähern und Ratings nicht mehr grundsätzlich zu sehr guten Ergebnissen führen. Daher ist eine vergleichende Analyse der durchschnittlichen Ergebnisse unterschiedlicher Skalenniveaus sinnvoll:

	Rang	k3	k5	Rat	Rat ./. Rang	Rat ./. k3	Rat ./. k5
F0	0,9608	0,9792	0,9867	0,9995	0,0387	0,0203	0,0128
F5	0,9249	0,9400	0,9455	0,9535	0,0285	0,0134	0,0079
F10	0,8449	0,8571	0,8614	0,8673	0,0224	0,0102	0,0059

Tabelle 42: Differenz der Mittelwerte der GCA auf unterschiedlichen Skalenniveaus, unter Berücksichtigung von Fehlern im Bewertungsverhalten

Tabelle 42 enthält mehrere interessante Punkte: Zum einen zeigt sie im Vergleich der Zeilen, dass die Ergebnisse mit zunehmenden Inkonsistenzen schlechter werden. Allerdings wirken sich die Unterschiede nicht auf allen Skalenniveaus gleich aus, denn der Abstand von Rang zu Rating ist im Fall ohne Fehler (F 0) größer als in den Fällen mit Fehlern.

Es zeigt sich, dass unter Einbeziehung von Fehlern die Verwendung einer *„graded pair"-Skala mit 5 Stufen* kaum noch schlechter ist, als die Erhebung durch eine Rating-Skala. Im Gegensatz zu Auswertung 1, dem Fall ohne Fehler, wo das Skalenniveau *Rating* sich gegenüber den anderen Skalenniveaus als weit überlegen zeigte – ein Ergebnis, das aufgrund der höheren Genauigkeit plausibel ist –, ändert sich die Situation bei Einbeziehung von Fehlern: *Rating* ist immer noch besser, zeigt aber eine höhere Empfindlichkeit gegenüber Fehlern, so dass die Ergebnisse nur noch leicht besser sind.

Da in der Praxis regelmäßig mit Inkonsistenzen im Antwortverhalten der Probanden zu rechnen ist und Paarvergleiche zudem leichter zu erheben sind als Ratings, spricht dieses Resultat für die Verwendung gewichteter Paarvergleiche. Diese Annäherung der Skalenniveaus kann darauf zurückgeführt werden, dass durch Inkonsistenzen im Bewertungsverhalten zwar die Ergebnisse auf allen Skalenniveaus schlechter werden, die Verschlechterung auf dem Skalenniveau Rating aber deutlicher ist, gerade weil Ratings im Nullfehlerfall besonders genau sind. Die ohnehin ungenaueren Skalenniveaus werden von den Inkonsistenzen zwar auch betroffen, der *Zuwachs* der Ergebnisverschlechterung ist aber nicht so groß wie bei den Ratings, weil die gemeinsame Wirkung der beiden Fehlerquellen – ungenaue Datenerhebung einerseits und Inkonsistenzen im Probandenurteil andererseits – nicht der Summe der Einzelwirkungen entspricht. Dies ist darauf zurückzuführen, dass ein Teil der Inkonsistenzen so gering ist, dass er auf den niedrigen Skalenniveaus nicht „bemerkt" wird und somit das Ergebnis nicht weiter verschlechtert.[177]

Der Unterschied zwischen Ratings und Paarvergleichen im Nullfehlerfall geht darauf zurück, dass Ratings genauer in der Lage sind, die Verhältnisse zwischen den Stimuli wiederzugegeben (siehe 1.3.6).

4.3.3.5 Zusammenfassung

Auswertung 2 liefert ergänzend zu Auswertung 1 die folgenden Erkenntnisse. Die Einflussfaktoren, die in Auswertung 1 ermittelt wurden, werden – mit Ausnahme des Skalenniveaus – durch Inkonsistenzen in ihrer Wirkung verstärkt. Die Vorteilhaftigkeit von Designs mit wenigen Merkmalen, einem hohen Verhältnis von Stimuli zu unabhängigen Ausprägungen v, einem Brückenmerkmal mit hohem Gewicht und vielen Ausprägungen werden mit zunehmendem Fehlerniveau wichtiger. Aufgrund der in 4.3.1 identifizierten Bedingungen zwischen den Einflussfaktoren gehen diese Wirkungen vor allem auf v und das Gewicht des Brückenmerkmals zurück. Die Gründe, warum ein hohes v und ein hohes Gewicht des Brückenmerkmals vorteilhaft sind, wurden in 4.3.2.6 erörtert. Dass

[177] Zum Verständnis dieses Ergebnisses sei noch einmal in Erinnerung gebracht, dass die Fehler in die absoluten Gesamtnutzen der Stimuli eingerechnet wurden, bevor die Berechnung der Gesamtnutzen für die einzelnen Skalenniveaus (Rang, gewichtete Paarvergleiche und Rating) erfolgt. Die Inkonsistenzen wurden durch dieses Vorgehen so simuliert, als ob die Probanden in Bezug auf ihre Präferenzen für einen Stimulus inkonsistent sind und nicht in der Umsetzung ihrer Präferenzen in die Skalenwerte (siehe 4.1).

diese Einflüsse (Brückenmerkmal und *v*) durch Fehler im Bewertungsverhalten verstärkt werden, kann auf die folgenden Punkte zurückgeführt werden:

Gewicht des Brückenmerkmals
In den vorstehenden Kapiteln ist die Bedeutung, die eine möglichst genaue Schätzung des Gewichts des Brückenmerkmals für die Ergebnisse der gebrückten Conjoint-Analyse hat, deutlich geworden, und es zeigte sich, dass Ungenauigkeiten der Schätzung bei Brückenmerkmalen mit niedrigem Gewicht eine stärkere Wirkung auf den Brückenquotienten *q* haben, als bei Brückenmerkmalen mit einem vergleichsweise hohen Gewicht. Im Unterschied zu Auswertung 1, in der die Abweichungen vor allem auf Schätzungenauigkeiten zurückgehen, kommt in Auswertung 2 mit den Inkonsistenzen im Bewertungsverhalten der Probanden eine weitere Fehlerquelle hinzu. Wenn die Möglichkeit besteht, dass Probanden die Stimuli inkonsistent bewerten, kommt es häufiger zu Fällen, in denen das Gewicht des Brückenmerkmals „falsch" geschätzt wird, was sich – wie erläutert – bei Brückenmerkmalen mit niedrigem Gewicht stärker auf den Brückenquotienten *q* auswirkt als bei Brückenmerkmalen mit hohem Gewicht. Aus diesem Grund ist das Gewicht des Brückenmerkmals unter Berücksichtigung von Fehlern im Beurteilungsverhalten noch wichtiger als im Fall ohne Fehler der Probanden.

Verhältnis Stimuli zu unabhängigen Ausprägungen *v*
Auch die Bedeutung von *v* nimmt bei Inkonsistenzen im Bewertungsverhalten zu. Je mehr Stimuli in die Schätzung eingehen, desto größer ist die Chance, dass vereinzelte Fehlurteile der Probanden durch andere Stimulibewertungen kompensiert werden. Je mehr Fehler innerhalb der gebrückten Conjoint-Analyse auftreten, desto wichtiger ist ein möglichst hohes *v*.

Hervorzuheben ist weiterhin, dass das Skalenniveau *Rating* empfindlicher auf Inkonsistenzen reagiert als die anderen verwendeten Skalenniveaus und dadurch seinen Sonderstatus verliert, den es bei fehlerfreien Bewertungen hatte. Die simulierten gewichteten Paarvergleiche kommen sehr nah an das Ergebnis des Ratings heran, so dass Paarvergleiche in der Praxis unter Berücksichtigung von Effektivität *und* Effizienz insgesamt vorteilhafter erscheinen.

4.3.4 Auswertung 3: Vergleich zwischen GCA und TCA ohne Fehler

Diese Auswertung vergleicht die Ergebnisse der traditionellen Conjoint-Analyse mit den Ergebnissen der gebrückten Variante, indem verglichen wird, welches der beiden Verfahren unter welchen Bedingungen besser in der Lage ist, die wahren Teilnutzenwerte zu reproduzieren. Dieser Auswertung liegt die *unrealistische Annahme* zugrunde, dass die Probanden unabhängig von der Designgröße in der Lage sind, die Stimuli fehlerfrei gemäß ihren individuellen Präferenzen zu beurteilen. Diese Annahme ist mit dem Vorhandensein des Merkmalsproblems, wie in 1.4 beschrieben, nicht vereinbar.[178] Dieser Umstand muss bei der Interpretation der Ergebnisse beachtet werden. Dennoch ist Auswertung 3 sinnvoll und notwendig, weil sie die Leistungsfähigkeit der traditionellen und der gebrückten Conjoint-Analyse in Bezug auf ihre *statistischen* Eigenschaften im Sinne der Reproduktion der Eingangsdaten vergleicht. Es entsteht eine Art *Referenzpunkt* für die gebrückte Conjoint-Analyse, weil die statistischen Eigenschaften dieses Verfahrens mit den Eigenschaften der weit verbreiteten traditionellen Conjoint-Analyse verglichen werden.

Beim Vergleich zwischen traditioneller Conjoint-Analyse (TCA) und gebrückter Conjoint-Analyse (GCA) ist zu berücksichtigen, dass nicht alle Einflussfaktoren der gebrückten Conjoint-Analyse auf die traditionelle Conjoint-Analyse übertragen werden können, weil es sich bei diesen teilweise um solche Einflussfaktoren handelt, die direkt auf das Brückenmerkmal bezogen sind und in der traditionellen Conjoint-Analyse daher nicht vorhanden sind. Eine Analyse in Bezug auf die *Präferenzstruktur*, die durch das Gewicht des Brückenmerkmals repräsentiert wird und das *Brückenmerkmal* selbst (Anzahl an Ausprägungen) kann für die traditionelle Conjoint-Analyse nicht analog erfolgen und daher können die beiden Verfahren nicht in Bezug auf diese Kriterien verglichen werden.

Die Einflussfaktoren *Skalenniveau* sowie *Designstruktur* (Anzahl Merkmale und Ausmaß der Fraktionierung) können hingegen auch bei einer traditionellen Conjoint-Analyse variiert werden und daher kann die Leistungsfähigkeit der gebrückten und der traditionellen Conjoint-Analyse nach diesen Kriterien verglichen werden. Dennoch ist es wichtig, auch diejenigen Einflussfaktoren einzubeziehen, die in der traditionellen Conjoint-Analyse nicht vorhanden sind, weil sie wichtige Erfolgsbedingungen der gebrückten Conjoint-Analyse darstellen. Daher wird in 4.3.4.3 eine Differenzierung der Bedingungen der gebrückten Conjoint-Analyse vorgenommen.

---

[178] Die Implikation des Merkmalsproblem besteht in der Überforderung durchschnittlicher Probanden, Designs mit mehr als fünf oder sechs Merkmalen durch die traditionelle Conjoint-Analyse reliabel und valide zu bewerten (siehe 1.4).

4.3.4.1 Einfluss des Skalenniveaus

Die nachfolgende Tabelle gibt einen Überblick über die Unterschiede der Leistungsfähigkeit zwischen der traditionellen Conjoint-Analyse (TCA) und der gebrückten Conjoint-Analyse (GCA). Dazu wird nach den Skalenniveaus differenziert über alle Fälle verglichen, welche Korrelationskoeffizienten sich bei dem jeweiligen Verfahren im Durchschnitt (Mittelwert) und im insgesamt schlechtesten Fall (Minimum) ergeben und wie weit die Ergebnisse streuen (StAbw=Standardabweichung).

Skala		TCA	GCA	Differenz
Rang	Mittelwert	0,9790	0,9614	0,0176
	Minimum	0,7831	0,2245	
	StAbw	0,0172	0,0499	
k3	Mittelwert	0,9874	0,9802	0,0072
	Minimum	0,8319	0,3206	
	StAbw	0,0121	0,0379	
k5	Mittelwert	0,9920	0,9876	0,0043
	Minimum	0,8733	0,3956	
	StAbw	0,0088	0,0306	
Rat	Mittelwert	0,9999	0,9997	0,0002
	Minimum	0,9997	0,7967	
	StAbw	0,0000	0,0032	
über alle Skalen	Mittelwert	0,9896	0,9822	0,0073
	Minimum	0,7831	0,2245	
	StAbw	0,0137	0,0376	

Tabelle 43: Vergleich GCA und TCA in Abhängigkeit vom Skalenniveau

Der Vergleich der Mittelwerte über alle Skalenniveaus zeigt, dass traditionelle und gebrückte Conjoint-Analyse zu ähnlich guten Ergebnissen kommen. Lediglich auf dem Skalenniveau Rang ist die TCA der GCA im Vergleich der Mittelwerte deutlich überlegen, so dass aus aggregierter Perspektive nichts gegen die Verwendung der gebrückten Conjoint-Analyse auf den höheren Skalenniveaus spricht. Die Auswertungen in 4.3.2 haben allerdings gezeigt, dass die GCA für Ausreißer empfindlich ist und Tabelle 43 ist zu entnehmen, dass dies für TCA nicht gilt: Aus den niedrigeren Standardabweichungen (StAbw) geht hervor, dass die Ergebnisse der traditionellen Conjoint-Analyse insgesamt weniger streuen als bei der gebrückten Variante und der Vergleich der Minima zeigt, dass es bei der gebrückten Conjoint-Analyse zu weitaus extremeren Ausreißern kommen kann: Der schlechteste Korrelationskoeffizient beträgt für die TCA

0,7831 und für die GCA 0,2245. Die Verteilung der Ausreißer verdeutlicht die nachfolgende Abbildung:

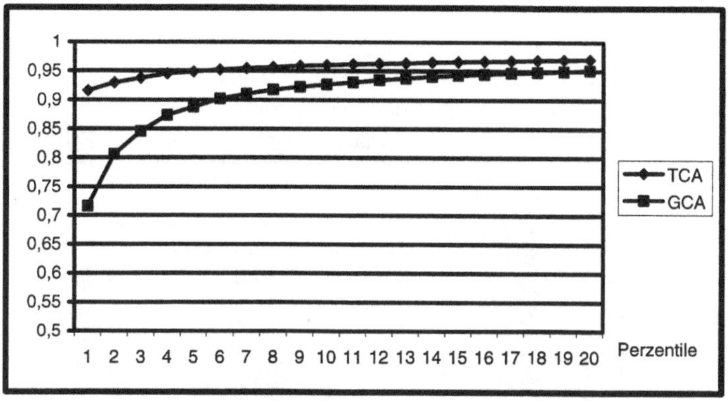

Abbildung 34: Vergleich von GCA und TCA in Bezug auf die Perzentile auf dem Skalenniveau Rang

Abbildung 34 stellt die 20% schlechtesten Fälle dar, die sich jeweils für TCA und GCA ergeben. Es zeigt sich, dass bei der GCA erst beim 20% Perzentil die Grenze von 0,95 erreicht wird, während die TCA diese Grenze schon bei 6% erreicht. Das bedeutet, dass bei der GCA 20% der Fälle einen niedrigeren Korrelationskoeffizienten als 0,95 aufweisen, bei der TCA aber nur 6%. Indem die Perzentilkurve der GCA in Abbildung 34 unterhalb der Kurve der TCA verläuft wird deutlich, dass es für die TCA zu weniger Ausreißern kommt und zum anderen, dass diese Ausreißer nicht so extrem sind. Die 10% schlechtesten Fälle der GCA weisen einen niedrigeren Korrelationskoeffizienten auf, als der insgesamt schlechteste Fall der TCA. Für eine praktische Untersuchung, die vor allem auf die Erhebung und Auswertung von Einzelfällen angelegt ist, ist daher die traditionelle Conjoint-Analyse im Rahmen der Annahmen der Auswertung 3 auf niedrigen Skalenniveaus der gebrückten Conjoint-Analyse vorzuziehen. Hingegen ergibt sich für eine Untersuchung, die in erster Linie auf aggregierte Ergebnisse gerichtet ist, gemäß Tabelle 43 auf höheren Skalenniveaus kein Vorteil der traditionellen Conjoint-Analyse.

4.3.4.2 Einfluss der Designstruktur

Merkmale im Design

In 4.3.2.2 wurde für den Einfluss der Designstruktur festgestellt, dass die gebrückte Conjoint-Analyse mit zunehmender Anzahl an Merkmalen im Design – mit Ausnahme des Skalenniveaus Rating – schlechter wird. Ein Ergebnis, das auf Skalenniveau *Rang* besonders deutlich ausfiel. Der Vergleich zwischen traditioneller und gebrückter Conjoint-Analyse ergibt das folgende Bild:

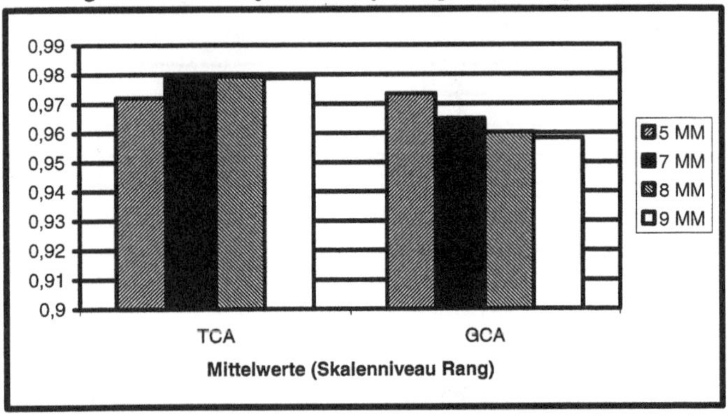

Abbildung 35: Vergleich der Mittelwerte der Korrelation zwischen TCA und GCA in Abhängigkeit von den Merkmalen (MM) im Design

Das Ergebnis der TCA variiert in Abhängigkeit von den Merkmalen (MM) im Design weniger als das Ergebnis der GCA und zudem ist kein systematischer Zusammenhang erkennbar. Auch die Analyse der Minima als „worst case"-Szenario zeigt, dass die traditionelle Conjoint-Analyse unter den unrealistischen Bedingungen der Auswertung 3 in Bezug auf die Merkmale im Design stabiler ist:

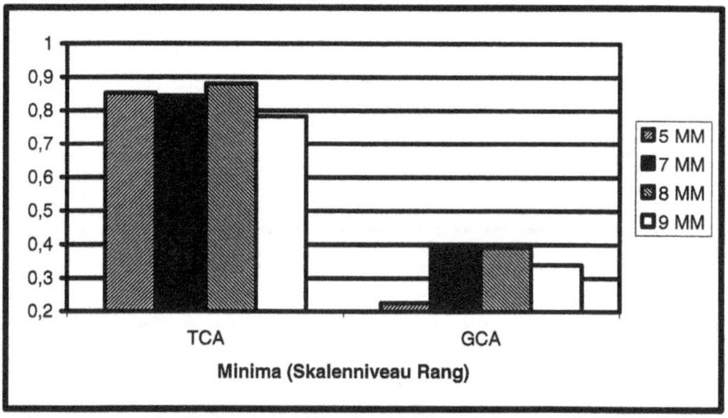

Abbildung 36: Vergleich der Minima der Korrelation zwischen TCA und GCA in Abhängigkeit von den Merkmalen (MM) im Design

Die schlechtesten Fälle der traditionellen Conjoint-Analyse liegen alle in der Nähe von 0,8, der insgesamt schlechteste Fall erreicht noch einen Korrelationskoeffizienten von 0,7831 (siehe Tabelle 43, Seite 140). Der Unterschied zwischen den „worst-case"-Szenarien der TCA und der GCA macht noch einmal deutlich, dass die gebrückte Conjoint-Analyse für Ausreißer empfindlicher ist und bei der Anwendung einer GCA die Berücksichtigung der Einflussfaktoren aus Auswertung 1 unabdingbar ist, wenn man gute Ergebnisse auf individuellem Niveau erhalten will.[179]

Reduzierung des Designs

Das Verhältnis von Stimuli zu den zu schätzenden Parametern v ist in den Auswertungen 1 und 2 jeweils auf die Teildesigns bezogen worden (v_1 und v_2), weil dies genauer ist als *ein* Verhältnis ($v_1 + v_2$) zu verwenden, das die Summe der Stimuli in den Teildesigns zu den Parametern in Beziehung setzt. Im Unterschied dazu muss im Rahmen von Auswertung 3 ein solches aggregiertes Verhältnis verwendet werden, weil sonst eine Gegenüberstellung zu den Ergebnissen der traditionellen Conjoint-Analyse nicht möglich wäre. V wird daher wie folgt definiert:

[179] An dieser Stelle sei daran erinnert, dass es sich um die Auswertung der Situation ohne Fehler handelt und der Vergleich von Ergebnissen der TCA mit denen Ergebnissen der GCA unter der Prämisse erfolgt, dass es *kein Merkmalsproblem* gibt und die Probanden daher große Designs genauso valide bewerten können wie kleine.

- Für die TCA: $v = \frac{\text{Anzahl Stimuli im Gesamtdesign}}{\text{Anzahl Ausprägungen ./. Merkmale im Gesamtdesign}}$
- Für die GCA: $v = \frac{\text{Summe Stimuli in den Teilddesigns}}{\text{Anzahl Ausprägungen ./. Merkmale im Gesamtdesign}}$

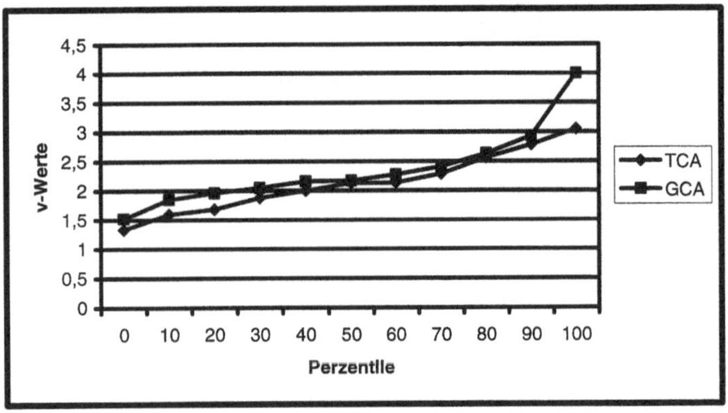

Abbildung 37: Vergleich von GCA und TCA in Bezug auf *v*

V hängt von den Regeln zur Konstruktion von Haupteffekt-Designs ab und folgt keinem funktionalen Zusammenhang (siehe 1.3.4). Abbildung 37 gibt einen Überblick über die Verteilung von *v* bei traditioneller und gebrückter Conjoint-Analyse. Bei der gebrückten Conjoint-Analyse ist der Bereich, in dem *v* liegen kann, größer als bei der traditionellen Conjoint-Analyse und die Werte sind insgesamt höher. Das Verhältnis *v* fällt allerdings nicht in allen Fällen zugunsten der GCA aus. Daher vergleicht die folgende Tabelle auf Ebene der Einzelfälle, ob im jeweiligen Fall die gebrückte oder die traditionelle Conjoint-Analyse das höhere *v* aufweist.

Verhältnis	Häufigkeit	Prozent
GCA höher	24.400	61%
TCA höher	10.800	27%
gleich	4.800	12%

Tabelle 44: Direkter Vergleich von GCA und TCA in Bezug auf *v*

Wie Tabelle 44 zeigt, ist in 61% der simulierten Fälle das Verhältnis zwischen Stimuli und unabhängigen Ausprägungen bei der gebrückten Conjoint-Analyse höher als bei der traditionellen Conjoint-Analyse. In 27% der Fälle enthält hingegen das Gesamtdesign der traditionellen Conjoint-Analyse mehr Stimuli, als die Summe der Stimuli in den Teildesigns der gebrückten Conjoint-Analyse. Um herauszufinden, inwieweit dieses Verhältnis die Vorteilhaftigkeit von GCA oder TCA beeinflusst, ist folgender Vergleich sinnvoll:

Verhältnis	TCA	GCA	Differenz
GCA höher	0,9764	0,9659	0,0105
TCA höher	0,9848	0,9594	0,0254
gleich	0,9794	0,9514	0,0279
Insgesamt	0,9790	0,9625	0,0165

Tabelle 45: Vergleich GCA und TCA in Bezug auf die Mittelwerte der Korrelation in Abhängigkeit von v auf dem Skalenniveau Rang

Das Ergebnis zeigt für das Skalenniveau Rang, auf dem die Unterschiede zwischen traditioneller und gebrückter Conjoint-Analyse besonders deutlich sind (siehe Tabelle 43, Seite 140), dass die Vorteilhaftigkeit von traditioneller oder gebrückter Conjoint-Analyse im Rahmen der Auswertung 3 – also ohne Inkonsistenzen der Probanden – *nicht* von v abhängt. Das spricht dafür, dass die in der traditionellen Conjoint-Analyse üblicherweise verwendeten reduzierten Designs für dieses Verfahren ausreichend gute Ergebnisse liefern und darüber hinaus die Nachteile der gebrückten Conjoint-Analyse – vor allem in Bezug auf die Ausreißer – nicht durch ein höheres v ausgeglichen werden können. Obwohl die Ergebnisse der gebrückten Conjoint-Analyse mit steigendem v besser werden, reichen sie auf dem Skalenniveau Rang nicht an die Ergebnisse der traditionellen Conjoint-Analyse heran.

4.3.4.3 Berücksichtigung der GCA-spezifischen Einflussfaktoren

Die bisherigen Ergebnisse haben gezeigt, dass die traditionelle Conjoint-Analyse der gebrückten unter den Annahmen der Auswertung 3 – die Probanden machen in beiden Verfahren keine Fehler – überlegen ist, weil sie zum einen im Mittelwertvergleich leicht bessere Werte erzielt und zum anderen in Bezug auf Ausreißer weniger empfindlich ist. Da mit der Verwendung von Mittelwerten das Problem verbunden ist, dass sich die Ergebnisse unter Umständen saldieren, ist alternativ eine Gegenüberstellung der einzelnen Fälle sinnvoll, aus der sich das folgende Ergebnis ergibt:

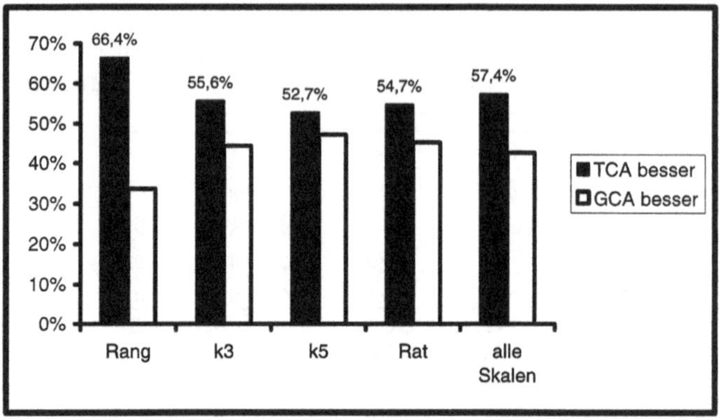

Abbildung 38: TCA und GCA im Vergleich der Einzelfälle

In Abbildung 38 wird verglichen, in wie vielen einzelnen Fällen der Simulation die gebrückte bzw. die traditionelle Conjoint-Analyse die bessere Übereinstimmung zwischen wahren und geschätzten Teilnutzenwerten aufweist. Der Vergleich zeigt, dass nur in 57,4% der Fälle die traditionelle Conjoint-Analyse der gebrückten Variante überlegen ist. Dabei ergeben sich für die Paarvergleiche und das Rating ähnliche Ergebnisse[180] und lediglich auf dem Skalenniveau Rang machen sich erneut die Probleme der GCA bei diesem Skalenniveau bemerkbar, so dass hier die traditionelle Conjoint-Analyse in 66,4% der Fälle der gebrückten Conjoint-Analyse überlegen ist. Dieses Ergebnis berücksichtigt allerdings noch nicht die spezifischen Erfolgsbedingungen der gebrückten Conjoint-Analyse. Wie Kapitel 4.3.2 gezeigt hat, ist ein Brückenmerkmal mit möglichst vielen Merkmalen vorteilhaft. Wenn man den Vergleich der Einzelfälle auf solche Fälle beschränkt, in denen das Brückenmerkmal eines der drei wichtigsten Merkmale im Design ist, ergibt sich das folgende Bild:

[180] Die Vorteile der TCA beim Vergleich der arithmetischen Mittelwerte sind daher darauf zurückzuführen, dass diese weniger und vor allem weniger extreme Ausreißer enthält.

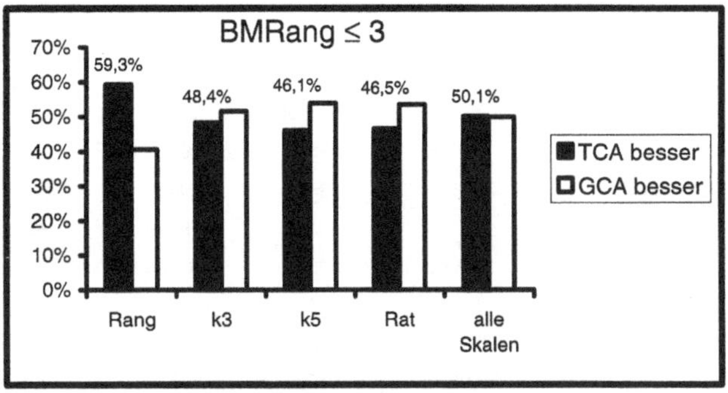

Abbildung 39: TCA und GCA im Vergleich der Einzelfälle unter für die GCA günstigen Bedingungen

Wie Abbildung 39 zeigt, ändert sich das Verhältnis mit Ausnahme des Rankings zugunsten der gebrückten Conjoint-Analyse. Wenn nur die Fälle berücksichtigt werden, in denen das Brückenmerkmals eines der drei wichtigsten Merkmale des jeweiligen Designs ist, ist die gebrückte Conjoint-Analyse mit Ausnahme des Skalenniveaus Rang im Vorteil. Es kann daher *nicht* mehr von einer grundsätzlichen Vorteilhaftigkeit der traditionellen Conjoint-Analyse gesprochen werden. Vielmehr können die Ergebnisse nur unter Berücksichtigung der jeweiligen Einflussfaktoren der gebrückten Conjoint-Analyse interpretiert werden. Die folgende Tabelle enthält ein für die GCA besonders günstiges Szenario, indem nur die beiden Paarvergleichsskalen und das Rating berücksichtigt werden und zudem das Brückenmerkmal eines der drei wichtigsten Merkmale im Design ist:

		alle Fälle		ohne Rang, BMRang ≤ 3	
		TCA	GCA	TCA	GCA
N		39.512	39.512	12.013	12.013
Mittelwert		0,9896	0,9822	0,9932	0,9939
Median		0,9937	0,9926	0,9963	0,9965
Minimum		0,7831	0,2245	0,8319	0,9031
Maximum		1,0000	1,0000	1,0000	1,0000
Perzentile	5	0,9651	0,9382	0,9752	0,9780
	10	0,9741	0,9599	0,9821	0,9839
	20	0,9828	0,9761	0,9884	0,9898
	30	0,9876	0,9839	0,9922	0,9928
	40	0,9910	0,9890	0,9946	0,9949
	50	0,9937	0,9926	0,9963	0,9965
	60	0,9959	0,9952	0,9980	0,9980
	70	0,9980	0,9976	0,9999	0,9999
	80	0,9999	0,9999	0,9999	0,9999
	90	0,9999	0,9999	1,0000	1,0000

Tabelle 46: TCA vs. GCA – Vergleich unter für die GCA günstigen Bedingungen

Tabelle 46 zeigt, dass sich in dem für die GCA günstigen Szenario die beiden Verfahren nur noch in sehr wenigen Ausreißern unterscheiden und bereits die 5%-Perzentile annähernd gleiche Ergebnisse aufweisen. Unter Berücksichtigung dieser Bedingungen kommt die gebrückte Conjoint-Analyse zu genauso guten Ergebnissen wie die traditionelle Conjoint-Analyse. Dieses Ergebnis gilt sowohl für den Mittelwert wie auch eingeschränkt für die Ausreißer.

4.3.4.4 Zusammenfassung

Auswertung 3 zeigt, dass die gebrückte Conjoint-Analyse auf aggregiertem Niveau zu nahezu identischen Ergebnissen wie die traditionelle Conjoint-Analyse kommt, obwohl die traditionelle Conjoint-Analyse Vorteile in Bezug auf zwei Punkte aufweist:

- Die traditionelle Conjoint-Analyse führt *unabhängig von den Einflussfaktoren* (Skalenniveau, Brückenmerkmal, *v*) zu in etwa gleich guten Ergebnissen und
- es kommt in der TCA zu weniger und weniger extremen Ausreißern.

Aus dem ersten Punkt folgt, dass die Planung einer gebrückten Conjoint-Analyse vom Anwender mehr Verfahrenskenntnisse verlangt als die traditionelle Conjoint-Analyse (siehe auch 3.5.1), weil er die Unterschiede der Leistungsfähigkeit in Abhängigkeit von den Einflussfaktoren berücksichtigen muss. Der zweite Punkt hängt vom ersten ab, weil die Ausreißer vor allem in den Fällen auftreten, in denen GCA-spezifisch ungünstige Bedingungen vorliegen.

Bei der Interpretation der Ergebnisse der Auswertung 3 muss bedacht werden, dass ihr eine unrealistische Annahme zugrunde liegt, indem unterstellt wird, dass die Probanden weder in der gebrückten noch in der traditionellen Conjoint-Analyse Fehler bei der Bewertung der Stimuli machen und insofern kein Merkmalsproblem auftritt. Diese unrealistische Annahme führt dazu, dass sich der Vergleich zwischen traditioneller und gebrückter Conjoint-Analyse *zugunsten der traditionellen* Variante verschiebt. Daher dürfen die Ergebnisse der Auswertung 3 nur auf die *statistischen* Eigenschaften der Verfahren bezogen werden und in Folge kann die in der Praxis weit verbreitete traditionelle Conjoint-Analyse auch nur als Referenzpunkt bezüglich der statistischen Eigenschaften verwendet werden. In diesem Sinne erreicht die gebrückte Conjoint-Analyse auf aggregiertem Niveau - als Mittelwert über alle Fälle - etwa gleich gute Übereinstimmungen zwischen wahren und geschätzten Teilnutzenwerten wie die traditionelle Variante. Allerdings ist die gebrückte Conjoint-Analyse insbesondere auf dem Skalenniveau Rang für Ausreißer empfindlicher. Diese Eigenschaft kann durch die Berücksichtigung der in Auswertung 1 identifizierten Einflussfaktoren der gebrückten Conjoint-Analyse gemildert werden. Kapitel 4.3.2 hat die Bedingungen aufgezeigt, von denen die Ergebnisqualität der GCA abhängt. Diese Bedingungen sind mit Ausnahme des Skalenniveaus *GCA-spezifisch* (zum Beispiel das Brückenmerkmal) und haben daher keinen Einfluss auf die traditionelle Conjoint-Analyse. Die Planung einer gebrückten Conjoint-Analyse erfordert daher, wie oben erwähnt, genauere Verfahrenskenntnisse, als die Planung einer traditionellen Conjoint-Analyse (siehe auch 3.5.1).

4.3.5 Auswertung 4: Vergleich zwischen GCA und TCA mit Fehlern

Auswertung 4 vergleicht die Leistungsfähigkeit der gebrückten Conjoint-Analyse mit der traditionellen Conjoint-Analyse unter der Bedingung, dass Inkonsistenzen im Beurteilungsverhalten der Probanden möglich sind. Dadurch wird die unrealistische Annahme der Auswertung 3, dass die Probanden unabhängig vom Verfahren fehlerlos urteilen, aufgehoben. Diese Annahme wird allerdings durch eine andere Annahme ersetzt, die ebenfalls nicht mit der Grundannahme eines Merkmalsproblems kompatibel ist: Es wird angenommen, dass die Probanden unabhängig von der Größe des Designs in der traditionellen wie in der gebrückten Conjoint-Analyse *Fehler gleichen Ausmaßes* machen. Diese Annahme wird getroffen, weil ein Annahme darüber, wie viele Fehler die Probanden bei der traditionellen Variante *mehr* machen, das Ergebnis des Vergleichs präjudiziert hätte.

Es werden daher die folgenden drei Fehlerniveaus sowohl für die gebrückte wie für die traditionelle Conjoint-Analyse berücksichtigt (siehe 4.1.2): Zum einen die Situation ohne Fehler (wie in Auswertung 3), weiterhin N(0;5)-verteilte Fehler (F5) und N(0;10)-verteilte Fehler (F10). Dabei werden nur solche Fälle in die Analyse einbezogen, die auf allen drei Fehlerniveaus gültige Werte aufweisen. Ein Fall, der auf einem der drei Fehlerniveaus nicht in die Analyse eingegangen ist, weil das Brückenmerkmal in einem der beiden Teildesigns das Gewicht Null aufwies, wird auch auf den anderen Fehlerniveaus ausgeschlossen. Auf diesem Weg soll vermieden werden, dass unterschiedliche „missing values" das Ergebnis beeinflussen. Die Analyse der Auswertung 4 erfolgt daher auf Basis von 38.867 (von 40.000 möglichen) Fällen.

4.3.5.1 Einfluss des Skalenniveaus

Das Skalenniveau hat sich in den bisherigen Auswertungen als zentraler Einflussfaktor für die Ergebnisse der gebrückten Conjoint-Analyse erwiesen. Der Vergleich von traditioneller und gebrückter Conjoint-Analyse in Bezug auf dieses Kriterium unter Einbeziehung von Inkonsistenzen im Bewertungsverhalten zeigt das folgende Ergebnis:

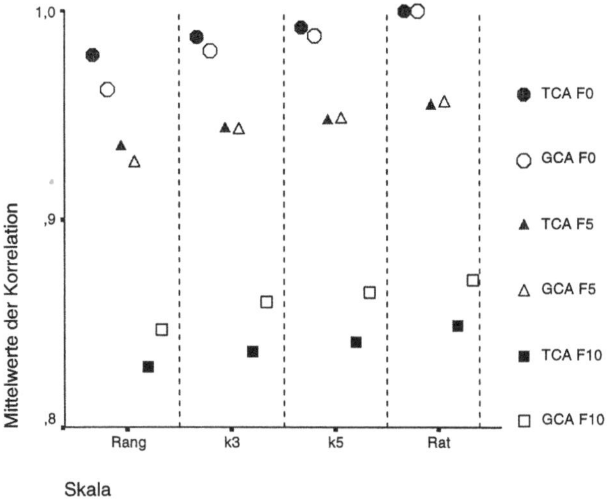

Abbildung 40: Vergleich zwischen GCA und TCA bei unterschiedlichen Skalen- und Fehlerniveaus

Abbildung 40 zeigt, dass die Vorteilhaftigkeit der gebrückten Conjoint-Analyse mit dem Fehlerniveau steigt. Je inkonsistenter die Probanden antworten, desto besser schneidet die GCA gegenüber der TCA ab. Während in Auswertung 3 unter Berücksichtigung der Einflussfaktoren der gebrückten Conjoint-Analyse nur eine bedingte Gleichwertigkeit der Ergebnisse erzielt wurde, ist die gebrückte Conjoint-Analyse beim Fehlerniveau F10 auf allen Skalenniveaus der traditionellen Conjoint-Analyse überlegen. Das bedeutet, dass sich die Vorteilhaftigkeit von traditioneller und gebrückter Conjoint-Analyse mit zunehmendem Grad der Inkonsistenz des Probandenverhaltens *umkehrt.*[181] Auf dem *Fehlerniveau F0* ist die traditionelle Conjoint-Analyse bei Verwendung der Skalenniveaus Rang und Paarvergleich der gebrückten überlegen und auf dem Skalenniveau Rating ergeben sich gleichwertige Ergebnisse. Auf dem *Fehlerniveau F5* ist die traditionelle Conjoint-Analyse für das Skalenniveau Rang nur noch leicht besser als die gebrückte Variante, für die Paarvergleiche ergibt sich eine ungefähre Gleichwertigkeit der Ergebnisse und beim Rating ist die gebrückte Conjoint-Analyse der traditionellen leicht überlegen. Da sich die Ergebnisse der gebrückten Conjoint-Analyse mit steigendem Skalenniveau stärker verbessern als die Ergebnisse der traditionellen, wird aus dem Vorteil, den die traditionelle Variante auf den niedrigen Skalenniveaus hat, ein Nachteil auf den höheren Skalenniveaus. Dieser Nachteil der traditionellen gegenüber der gebrückten Conjoint-Analyse fällt allerdings nicht besonders deutlich aus. Für das *Fehlerniveau F10* ändert sich das, indem die gebrückte Conjoint-Analyse der traditionellen unab-

[181] Der Grund für diese Umkehr wird in den nachfolgenden Kapiteln analysiert.

hängig vom Fehlerniveau deutlich überlegen ist und diese Überlegenheit mit zunehmendem Fehlerniveau ansteigt.

Der Grund für die zunehmende Vorteilhaftigkeit der gebrückten Conjoint-Analyse unter der Berücksichtigung von Inkonsistenzen liegt darin, dass, entsprechend der Ergebnisse aus 4.3.3.1, mit zunehmendem Fehlerniveau das Verhältnis der Stimuli im Design zu den unabhängigen Ausprägungen *v* wichtiger wird. Diese Feststellung wird im nächsten Abschnitt näher erläutert.

4.3.5.2 Einfluss der Designstruktur

Merkmale im Design

Das Ergebnis aus 4.3.3.1 zeigte, dass die Ergebnisqualität der gebrückten Conjoint-Analyse mit zunehmendem Fehlerniveau stärker mit der Designgröße variiert. Je größer das simulierte Ausmaß der Fehler im Bewertungsverhalten ist, desto größer ist der Unterschied zwischen Designs mit fünf Merkmalen und Designs mit neun Merkmalen. Da die Ergebnisqualität der traditionellen Conjoint-Analyse *nicht* in diesem Maße von der Anzahl der Merkmale im Design abhängt (siehe Abbildung 35, Seite 142), ergibt sich beim Vergleich von traditioneller und gebrückter Conjoint-Analyse das folgende Bild:

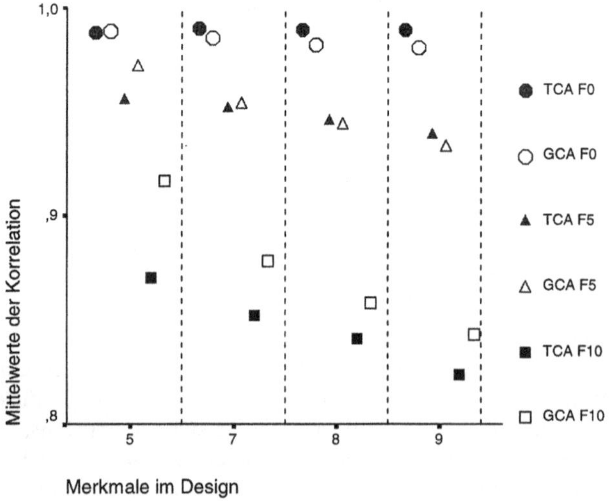

Abbildung 41: Vergleich zwischen GCA und TCA bei unterschiedlich vielen Merkmalen im Design und verschiedenen Fehlerniveaus

Fehlerniveau F5
Auf diesem Fehlerniveau hängt es von den Merkmalen im Design ab, ob die gebrückte oder die traditionelle Conjoint-Analyse den besseren Mittelwert aufweist. Für Designs mit fünf und sieben Merkmalen[182] ist die gebrückte Conjoint-Analyse überlegen, für Designs mit acht und neun Merkmalen ist hingegen die traditionelle Variante im Vorteil. Auf diesem Fehlerniveau dominiert somit der Einfluss der Anzahl der Merkmale im Design die Wirkung des Fehlerniveaus, indem die gebrückte Conjoint-Analyse nur für kleine Designs überlegen ist.

Fehlerniveau F10
Auf diesem Fehlerniveau ist die gebrückte Conjoint-Analyse der traditionellen unabhängig von der Designgröße überlegen. Der Abstand zwischen gebrückter und traditioneller Conjoint-Analyse ändert sich aber mit der Anzahl der Merkmale im Design dahingehend, dass er mit zunehmender Designgröße geringer wird. Im Rahmen der Simulation (deren größtes Design neun Merkmale enthält) kommt es allerdings nicht dazu, dass die traditionelle der gebrückten Variante auf diesem Fehlerniveau überlegen ist.

Der Grund für die mit der Merkmalszahl abnehmende Vorteilhaftigkeit der gebrückten Conjoint-Analyse ist, wie oben angesprochen, dass die traditionelle Conjoint-Analyse unabhängig von den Merkmalen im Design zu gleichwertigen Ergebnissen kommt (siehe 4.3.4.2), die gebrückte Conjoint-Analyse aber aufgrund der in 4.3.2.6 erörterten Zusammenhänge für kleinere Designs bessere Ergebnisse liefert. Daher hängt der Abstand zwischen traditioneller und gebrückter Conjoint-Analyse auch von der Anzahl der Merkmale im Design ab.

Reduzierung des Designs
In Bezug auf die Reduzierung des Designs ist aus den vorstehenden Auswertungen bekannt, dass ein möglichst hohes Verhältnis v von Stimuli im Design und zu schätzenden Parametern vor allem dann vorteilhaft ist, wenn die Inkonsistenzen im Bewertungsverhalten der Probanden zunehmen. Die folgende Abbildung differenziert daher nach den Fällen, in denen das Verhältnis v für die traditionelle bzw. die gebrückte Conjoint-Analyse höher ist.

---

[182] Designs mit 6 Merkmalen sind aus der Zufallsauswahl nicht hervorgegangen (siehe Tabelle 21, Seite 87).

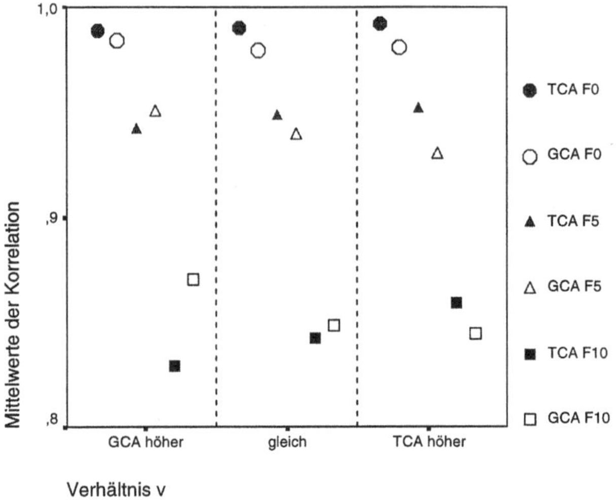

Abbildung 42: Vergleich zwischen GCA und TCA in Abhängigkeit von *v* auf verschiedenen Fehlerniveaus

Abbildung 42 enthält ein zentrales Ergebnis der vorliegenden Untersuchung: *Die Vorteilhaftigkeit der gebrückten Conjoint-Analyse gegenüber der traditionellen Conjoint-Analyse bei Inkonsistenzen im Bewertungsverhalten hängt davon ab, welche der beiden Varianten das höhere Verhältnis von Stimuli im Design zu den zu unabhängigen Ausprägungen aufweist.*

v der GCA höher

In den Fällen, in denen die gebrückte Conjoint-Analyse das höhere *v* aufweist, ist sie der traditionellen Conjoint-Analyse überlegen, wenn Inkonsistenzen im Bewertungsverhalten der Probanden berücksichtigt werden. Während auf dem Fehlerniveau F0 die traditionelle Conjoint-Analyse einen etwas besseren Mittelwert aufweist, ist auf dem Fehlerniveau F5 die gebrückte Variante bereits leicht im Vorteil und dieser Vorteil vergrößert sich für das Fehlerniveau F10 deutlich.

v der TCA höher

In den Fällen, in denen die traditionelle Conjoint-Analyse das höhere *v* aufweist, ist sie unabhängig vom Fehlerniveau der Probanden der gebrückten Variante überlegen. Dadurch zeigt sich, dass es maßgeblich auf *v* zurückzuführen ist, wenn die gebrückte Conjoint-Analyse in den vorstehenden Ergebnissen – zum Beispiel in Abbildung 42, Seite 154 – überlegen ist. Die in der Conjoint-Analyse übliche Verwendung stark reduzierter Designs ist bei möglichen Fehlern der Probanden daher kritisch zu hinterfragen und somit kann es ein positiver Nebeneffekt der gebrückten Conjoint-Analyse sein, dass sie bei Verwendung der üblichen Haupteffekt-Designs mehr Stimuli in die Analyse einbezieht als die traditionelle Variante.

v bei GCA und TCA gleich

In den Fällen, in denen das Verhältnis der Stimuli zu den unabhängigen Ausprägungen in der gebrückten und der traditionellen Conjoint-Analyse den gleichen Wert aufweist, ergeben sich nah beieinander liegende Ergebnisse (siehe auch Anhang C - Tabelle 14, Seite 192), die für die Fehlerniveaus F0 und F5 zugunsten der traditionellen Conjoint-Analyse ausfallen und auf dem Fehlerniveau F10 zugunsten der gebrückten Variante. Auch wenn die Unterschiede nur gering sind, zeigt sich darin, dass die zunehmende Vorteilhaftigkeit der gebrückten Conjoint-Analyse mit zunehmendem Fehlerniveau nicht allein auf v zurückgeführt werden kann, sondern andere Eigenschaften der gebrückten Conjoint-Analyse – wie zum Beispiel die doppelte Schätzung der Ausprägungen des Brückenmerkmals – dieses Ergebnis ebenfalls beeinflussen.

Die folgende Tabelle konkretisiert dieses Ergebnis, indem sie neben den Mittelwerten und den Medianen auch die Perzentile aufführt:

		v in GCA höher				v in TCA höher			
		F5		F10		F5		F10	
		TCA	GCA	TCA	GCA	TCA	GCA	TCA	GCA
N		23.851	23.851	23.851	23.851	10.568	10.568	10.568	10.568
Mittelwert		0,9418	0,9507	0,8290	0,8705	0,9518	0,9297	0,8590	0,8443
Median		0,9488	0,9653	0,8455	0,8957	0,9566	0,9541	0,8698	0,8680
Minimum		0,6086	0,2557	0,4279	0,0416	0,7052	0,0996	0,4474	0,1529
Maximum		0,9970	0,9995	0,9868	0,9954	0,9947	0,9955	0,9789	0,9862
Perzentile	1	0,8385	0,7122	0,5814	0,5156	0,8787	0,4764	0,6571	0,4925
	5	0,8803	0,8644	0,6595	0,6852	0,9071	0,8072	0,7420	0,6638
	10	0,8983	0,9058	0,7052	0,7553	0,9215	0,8768	0,7789	0,7242
	20	0,9185	0,9350	0,7628	0,8178	0,9365	0,9167	0,8125	0,7870
	30	0,9313	0,9490	0,7981	0,8525	0,9445	0,9345	0,8386	0,8223
	40	0,9409	0,9586	0,8229	0,8762	0,9517	0,9458	0,8556	0,8480
	50	0,9488	0,9653	0,8455	0,8957	0,9566	0,9541	0,8698	0,8680
	60	0,9555	0,9710	0,8650	0,9120	0,9614	0,9609	0,8833	0,8851
	70	0,9621	0,9763	0,8833	0,9263	0,9658	0,9668	0,8967	0,9010
	80	0,9685	0,9813	0,9023	0,9407	0,9701	0,9727	0,9110	0,9168
	90	0,9758	0,9867	0,9247	0,9571	0,9756	0,9784	0,9270	0,9341

Tabelle 47: Vergleich zwischen GCA und TCA in Abhängigkeit von v auf verschiedenen Fehlerniveaus

v der GCA höher

Tabelle 47 konkretisiert Abbildung 42 insofern, als deutlich wird, dass die gebrückte Conjoint-Analyse in den Fällen, in denen sie das höhere v aufweist zwar die besseren Mittelwerte und Mediane aufweist, sie aber weiterhin für Ausreißer empfindlicher ist. Dies zeigt die Betrachtung der unteren Perzentile, aus der hervorgeht, dass es vom Ausmaß der Fehler im Bewertungsverhalten der Probanden abhängt, inwieweit die gebrückte Conjoint-Analyse für Ausreißer empfindlicher ist als die traditionelle Variante. Auf dem Fehlerniveau F5 sind die 10%-Perzentile ungefähr identisch, auf dem Fehlerniveau F10 weist die GCA hingegen schon für das 5%-Perzentil einen höheren Wert aus. Das bedeutet, dass sich die Verteilung der Ausreißer zwischen gebrückter und traditioneller Conjoint-Analyse für den Fall, dass die Probanden inkonsistent urteilen und gleichzeitig die gebrückte Conjoint-Analyse das höhere v aufweist, annähert. Allerdings liegen die besonders extremen Ausreißer der gebrückte Conjoint-Analyse (Minima, 1%-Perzentil) nach wie vor unter den Werten der traditionellen Conjoint-Analyse. Der Vergleich der Minima zeigt, dass nach wie vor der „worst case" der GCA deutlich unter dem der TCA liegt.

v der TCA höher

Betrachtet man hingegen diejenigen Fälle, in denen die traditionelle Conjoint-Analyse das höhere Verhältnis v aufweist, zeigt sich die Vorteilhaftigkeit der TCA, sowohl in Bezug auf die Mittelwerte und die Mediane als auch besonders deutlich in Bezug auf die Ausreißer. Die traditionelle Conjoint-Analyse ist der gebrückten in diesen Fällen unabhängig vom Fehlerniveau überlegen, weil sie bessere Mittelwerte und gleichzeitig weniger Ausreißer aufweist.

4.3.5.3 Einfluss der GCA-spezifischen Einflussfaktoren

Die bisherigen Ergebnisse der Auswertung 4 haben bereits deutlich werden lassen, dass bei Vorhandensein von Inkonsistenzen im Bewertungsverhalten die gebrückte Conjoint-Analyse gegenüber der traditionellen mit zunehmendem Fehlerniveau vorteilhafter wird. Betrachtet man die Einzelfälle so ergibt sich über alle Einflussfaktoren das folgende Bild:

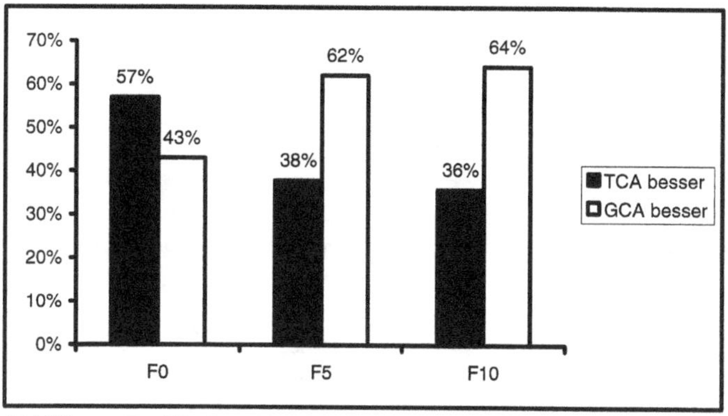

Abbildung 43: Direkter Vergleich der Einzelfälle zwischen GCA und TCA in Abhängigkeit von unterschiedlichen Fehlerniveaus

Während im Fall F0 die traditionelle Conjoint-Analyse in 57% der Fälle das bessere Ergebnis erzielt, weist die gebrückte Conjoint-Analyse bei Inkonsistenzen (F5 und F10) bei knapp zwei dritteln der Fälle das bessere Ergebnis auf. Diese Ergebnis berücksichtig noch nicht die *GCA-spezifischen* Bedingungen unter denen die gebrückte Conjoint-Analyse zu besonders guten Ergebnissen kommt. Berücksichtigt man nur solche Fällen, in denen das Brückenmerkmal eines der drei wichtigsten Merkmale im Design ist, ergibt sich das folgende Bild:

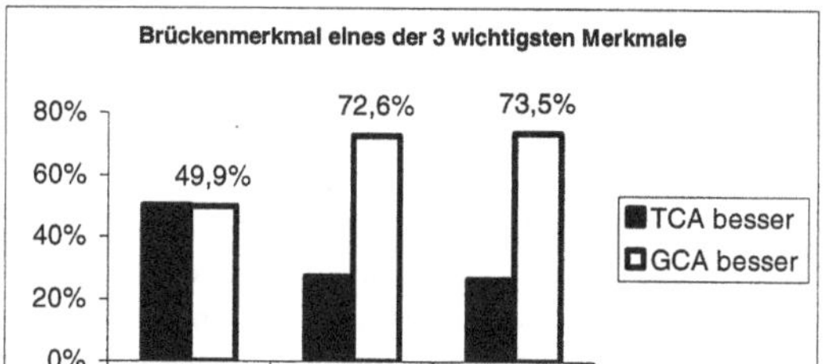

Abbildung 44: Vergleich der Einzelfälle zwischen GCA und TCA auf unterschiedlichen Fehlerniveaus, wenn das Brückenmerkmal eines der drei wichtigsten Merkmale im Design ist

Unter diesen Bedingungen ist die gebrückte Conjoint-Analyse bei Vorliegen von Inkonsistenzen gegenüber der traditionellen Conjoint-Analyse deutlich im Vorteil. Wenn man eine Art „best case"-Szenario der gebrückten Conjoint-Analyse generiert, indem man als Skalenniveau einen Paarvergleich mit fünf Stufen verwendet und nur die Fälle berücksichtigt, in denen das Brückenmerkmal mindestens vier Ausprägungen aufweist und zugleich eines der beiden wichtigsten Merkmale im Design ist, ergibt sich das folgende Ergebnis:[183]

		F5		F10	
		TCA	GCA	TCA	GCA
N		1.927	1.927	1.927	1.927
Mittelwert		0,9488	0,9632	0,8448	0,8985
Median		0,9555	0,9726	0,8617	0,9140
Minimum		0,6086	0,3248	0,4512	0,4511
Maximum		0,9956	0,9985	0,9854	0,9954
Perzentile	1	0,8562	0,6253	0,5809	0,6801
	5	0,8947	0,9236	0,6776	0,7741
	10	0,9108	0,9397	0,7321	0,8146
	20	0,9293	0,9548	0,7861	0,8572
	30	0,9404	0,9630	0,8183	0,8809
	40	0,9493	0,9683	0,8419	0,8994
	50	0,9555	0,9726	0,8617	0,9140
	60	0,9612	0,9770	0,8806	0,9258
	70	0,9667	0,9811	0,8951	0,9392
	80	0,9716	0,9850	0,9116	0,9512
	90	0,9778	0,9895	0,9322	0,9638

Tabelle 48: Vergleich der Ergebnisse von TCA und GCA unter für die GCA „besten“ Bedingungen

Unter diesen Bedingungen gilt das Ergebnis der vorigen Auswertungen – die gebrückte Conjoint-Analyse ist für Ausreißer empfindlicher – nicht mehr uneingeschränkt: Zwar ist die GCA für den Fall F5 im Vergleich der 1%-Perzentile gegenüber der TCA nach wie vor unterlegen, aber schon im 5%-Perzentil ist die gebrückte Conjoint-Analyse im Vorteil. Das bedeutet, dass es bei der gebrückten Conjoint-Analyse nur noch in sehr wenigen Fällen zu extremeren Ausreißern als bei der traditionellen Variante kommt und die gebrückte Conjoint-Analyse ansonsten zu durchschnittlich besseren Ergebnissen kommt. Für das Fehlerniveau F10 ist die gebrückte Conjoint-Analyse durchgehend im Vorteil, was sich darin zeigt, dass die gebrückte Conjoint-Analyse bereits ab dem 1%-Perzentil eine höhere Übereinstimmung zwischen wahren und geschätzten Teilnutzenwerten aufweist. Tabelle 48 zeigt dabei durchaus realistische Bedingungen auf, weil die Einflussfaktoren bei der Planung einer gebrückten Conjoint-Analyse beeinflussbar (Skalenniveau und Ausprägungen des Brückenmerkmals) bzw. zumindest abschätzbar (Bedeutung des Brückenmerkmals im Vergleich) sind und daher vom Anwender berücksichtigt werden können.

[183] Der Einflussfaktor *Merkmale im Design* wird nicht berücksichtigt, weil die Vorteile der gebrückten Conjoint-Analyse für kleine Designs ihrem Anwendungsziel in der Praxis widerspricht.

In Anhang D (Seite 193) findet sich eine weiterer Vergleich zwischen traditioneller und gebrückter Conjoint-Analyse, der ebenfalls die Erfolgsbedingungen der gebrückten Conjoint-Analyse berücksichtigt. Dieser Vergleich verwendet allerdings Zufallszahlen, die nicht mit SPSS sondern mit der Software S-PLUS generiert worden sind. Dadurch wird es möglich, beispielhaft für das Fehlerniveau F10 und Brückenmerkmale mit fünf Ausprägungen zu untersuchen, inwieweit sich die Ergebnisse bei Verwendung unterschiedlicher Zufallsgeneratoren verändern. Es zeigt sich, dass die Ergebnisse für die Ausreißer und unteren Perzentile in Abhängigkeit von den Zufallszahlen variieren, obwohl beide Zufallszahlen N(0;10)-verteilt sind. An der Grundaussage, dass die gebrückte Conjoint-Analyse der traditionellen Conjoint-Analyse unter bestimmten Bedingungen überlegen ist, ändert sich hingegen nichts.

Daraus leitet sich der folgende Schluss ab: Wenn die Erfolgsbedingungen der gebrückten Conjoint-Analyse in Form von Skalenniveau, Ausprägungen und Gewicht des Brückenmerkmals berücksichtigt werden, führt die gebrückte Conjoint-Analyse im Rahmen der Annahmen von Auswertung 4 zu besseren Ergebnissen als die traditionelle Variante.

4.3.5.4 Zusammenfassung

Ob die gebrückte Conjoint-Analyse im Vergleich zur traditionellen Conjoint-Analyse unter Berücksichtigung von möglichen Inkonsistenzen im Bewertungsverhalten der Probanden vorteilhaft ist, hängt davon ab, ob die spezifischen Erfolgsbedingungen der gebrückten Conjoint-Analyse berücksichtigt werden. Unter für sie günstigen Bedingungen – vor allem ein wichtiges Brückenmerkmal und ein hohes v – ist die gebrückte der traditionellen Variante überlegen.

Im Vergleich zwischen traditioneller und gebrückter Conjoint-Analyse kommt v eine besondere Bedeutung zu, weil es sich bei v, im Gegensatz zum Gewicht des Brückenmerkmals, um einen Einflussfaktor handelt, der auch bei der traditionellen Conjoint-Analyse vorhanden ist. Es zeigt sich, dass die Vorteilhaftigkeit von einer der beiden Varianten unter den Bedingungen der Auswertung 4 – gleiches Maß an Inkonsistenz bei gebrückter und traditioneller Conjoint-Analyse – maßgeblich von v abhängt. Das bedeutet, dass es unter der Annahme, dass Probanden inkonsistent urteilen vor allem darauf ankommt, möglichst viele Stimuli in die Untersuchung einzubeziehen, um die Effektivität des Ergebnisses zu erhöhen. Dem steht unter Umständen die Effizienz der Datenerhebung entgegen, die in der Regel auf besonders wenige Stimuli abzielt.

Bei der Interpretation von Ergebnissen, bei denen *nicht* nach v differenziert wurde – wie zum Beispiel in 4.3.5.3 – muss berücksichtigt werden, dass die gebrückte Conjoint-Analyse durchschnittlich mehr Stimuli in die Analyse einbezieht als die traditionelle Conjoint-Analyse (siehe Tabelle 44, Seite 144) und die sich ergebenden Vorteile der GCA mit diesem höheren v zusammenhängen.

Abschließend sei noch einmal darauf hingewiesen, dass Auswertung 4 Annahmen in Bezug auf die Fähigkeit der Probanden in der traditionellen Conjoint-Analyse trifft, die zu Lasten der gebrückten Conjoint-Analyse davon ausgehen, dass es in der traditionellen Conjoint-Analyse *kein* Merkmalsproblem gibt. Die realistische Annahme erhöhter Inkonsistenz in der traditionellen Conjoint-Analyse würde die Ergebnisse zugunsten der gebrückten Conjoint-Analyse verschieben.

4.3.6 Zentrale Ergebnisse

Die folgenden Tabellen fassen die zentralen Ergebnisse der vorstehenden Auswertungen 1 bis 4 zusammen. Die leeren Felder ergeben sich, weil die entsprechenden Einflussfaktoren nur bei der gebrückten und nicht bei der traditionellen Conjoint-Analyse vorhanden sind.

Simulation ohne Fehler

Faktor	Einfluss auf GCA	Einfluss auf TCA
Skalenniveau	Die Ergebnisgüte der GCA ist vom Skalenniveau abhängig: Auf dem Skalenniveau Rating ergeben sich von sehr wenigen Ausnahmen abgesehen sehr gute Ergebnisse, das Skalenniveau *Rang* hingegen ist im Mittelwert schlechter und für Ausreißer empfindlich.	Mit steigendem Skalenniveau werden die Ergebnisse sowohl im Vergleich der Mittelwerte als auch in Bezug auf die Ausreißer nur geringfügig besser.
Merkmale im Design	Kleinere Designs (mit fünf Merkmalen) lassen sich besser brücken als große Designs (mit 8 oder 9 Merkmalen), indem sie sowohl im Vergleich der Mittelwerte als auch in Bezug auf die Ausreißer vorteilhaft sind. Dieses Ergebnis geht auf den Zusammenhang zwischen den Merkmalen im Design und v zurück.	Die Ergebnisgüte ist von der Zahl der Merkmale im Design unabhängig.
Reduzierung des Designs	Auf den unteren Skalenniveaus sind hohe v (also möglichst viele Stimuli) vorteilhaft. Auf dem Skalenniveau Rating ergeben sich unabhängig von v gute Ergebnisse.	Die Ergebnisse sind von dem Ausmaß der Reduzierung des Designs weitgehend unabhängig.
Gewicht des Brückenmerkmals	Wichtige Brückenmerkmale führen zu besseren Ergebnissen als unwichtige, wobei der Einfluss des Gewichts auf den unteren Skalenniveaus deutlicher ist. Auf dem Skalenniveau *Rating* können Ausreißer vermieden werden, wenn die Merkmale ein Mindestgewicht von 2,5% aufweisen.	
Ausprägungen des Brückenmerkmals	Die Ergebnisse der gebrückten Conjoint-Analyse werden mit zunehmender Anzahl der Ausprägungen des Brückenmerkmals besser. Dieses Ergebnis beruht teilweise auf einem Simulationsartefakt, weil Brückenmerkmalen mit vielen Merkmalen tendenziell ein hohes Gewicht zugewiesen wird.	
Vergleich zwischen TCA und GCA	Die TCA ist der GCA überlegen, weil sie unabhängig von den Einflussfaktoren der gebrückten Conjoint-Analyse zu guten Ergebnissen kommt und zudem weniger empfindlich für Ausreißer ist. Die GCA ist allerdings dann tendenziell im Vorteil, wenn die Summe der Stimuli in den Teildesigns die Anzahl der Stimuli im Gesamtdesign der TCA übersteigt und ein höheres Skalenniveau als Rang verwendet wird. Bei der Interpretation des Ergebnisses muss berücksichtigt werden, dass die unrealistische Annahme zugrunde liegt, dass Probanden große Designs in der TCA genauso konsistent bewerten können wie in der GCA.	

Tabelle 49: Zentrale Ergebnisse der Simulation ohne Fehler

Simulation mit Fehlern

Faktor	Einfluss auf GCA	Einfluss auf TCA
Skalenniveau	Die Vorteile von *Ratings* gegenüber den anderen Skalenniveaus werden mit zunehmendem Fehlerniveau schwächer, so dass der gewichtete Paarvergleich mit 5 Stufen zu ähnlich guten Ergebnissen führt.	Mit steigendem Skalenniveau werden die Ergebnisse sowohl im Vergleich der Mittelwerte als auch in Bezug auf die Ausreißer nur leicht besser.
Merkmale im Design	Die Vorteilhaftigkeit von kleinen Designs wird durch Inkonsistenzen im Bewertungsverhalten verstärkt: Je inkonsistenter die Probanden urteilen, desto größer ist der Unterschied zwischen kleinen und großen Designs. Diese Ergebnis hängt mit der Beziehung zwischen den Merkmalen im Design und v zusammen.	Kleinere Designs führen mit zunehmendem Fehlerniveau zu besseren Ergebnissen als große Designs, so dass auch für die TCA gilt: Je inkonsistenter Probanden urteilen, desto größer ist der Unterschied zwischen kleinen und großen Designs. Somit wird auch hier der Zusammenhang zwischen den Merkmalen im Design und v deutlich.
Reduzierung des Designs	Die Bedeutung der Anzahl an Stimuli im Verhältnis zu den unabhängigen Ausprägungen wird mit zunehmendem Fehlerniveau deutlicher: Je inkonsistenter die Probanden urteilen, desto stärker hängt das Ergebnis von v ab.	Die Bedeutung der Anzahl an Stimuli im Verhältnis zu den unabhängigen Ausprägungen wird mit zunehmendem Fehlerniveau deutlich: Je inkonsistenter die Probanden urteilen, desto stärker hängt das Ergebnis von v ab.
Gewicht des Brückenmerkmals	Das Gewicht des Brückenmerkmals gewinnt mit zunehmendem Fehlerniveau an Bedeutung: Je inkonsistenter die Probanden urteilen, desto vorteilhafter sind wichtige Brückenmerkmale.	
Ausprägungen des Brückenmerkmals	Die Ergebnisse der gebrückten Conjoint-Analyse werden mit zunehmender Anzahl der Ausprägungen des Brückenmerkmals besser. Dieses Ergebnis beruht teilweise auf einem Simulationsartefakt, weil Brückenmerkmalen mit vielen Merkmalen tendenziell ein hohes Gewicht zugewiesen wird.	
Vergleich TCA und GCA	Das Verhältnis von Stimuli zu Parametern v wird mit zunehmendem Fehlerniveau entscheidend. Die GCA ist in den Fällen der TCA überlegen, in denen sie das höhere Verhältnis zwischen Stimuli und unabhängigen Ausprägungen v aufweist. Auch ohne Berücksichtigung von v ist die GCA überlegen, wenn für sie günstige Bedingungen in Bezug auf die anderen Einflussfaktoren (hohes Skalenniveau, wichtiges Brückenmerkmal mit vielen Ausprägungen) vorliegen. Bei der Interpretation des Ergebnisses ist zu berücksichtigen, dass für die TCA und die GCA stets dieselben Fehlerniveaus simuliert worden sind und damit unrealistischer Weise unterstellt wurde, dass unabhängig von der Designgröße die Probanden in der TCA genau so viele Fehler machen wie in der GCA.	

Tabelle 50: Zentrale Ergebnisse der Simulation mit Fehlern

5 Zusammenfassung und Implikationen der Simulationsergebnisse

Die Monte Carlo-Überprüfung der gebrückten Conjoint-Analyse hat gezeigt, dass die Verwendung von gebrückten Designs statistisch *zulässig* ist, weil die gebrückte Conjoint-Analyse grundsätzlich in der Lage ist, die wahren Teilnutzenwerte ausreichend gut zu reproduzieren. Die Betrachtung bestimmter Einflussfaktoren der gebrückten Conjoint-Analyse hat darüber hinaus gezeigt, dass die Qualität der Reproduktion von diesen Einflussfaktoren abhängig ist und dass die Wirkung dieser Einflussfaktoren vom Ausmaß der Inkonsistenz im Beurteilungsverhalten der simulierten Probanden moderiert wird. Wird ein „perfekter" Proband simuliert, indem keine Fehler in das Bewertungsverhalten einbezogen werden, dann bestehen zwischen den Skalenniveaus große Unterschiede in der Ergebnisqualität der gebrückten Conjoint-Analyse: Das Skalenniveau *Rang* führt im Mittelwert zu vergleichsweise geringen Korrelationen zwischen geschätzten und wahren Teilnutzenwerten und ist zudem empfindlich für Ausreißer. Bei der Verwendung dieser Skala hängt die Qualität des Ergebnisses maßgeblich von den anderen Einflussfaktoren der gebrückten Conjoint-Analyse ab. Besonders gute Ergebnisse werden erzielt, wenn das Design möglichst klein ist und vergleichsweise viele Stimuli enthält sowie das Brückenmerkmal möglichst wichtig ist und zudem möglichst viele Ausprägungen aufweist. Vice versa sind dann besonders schlechte Ergebnisse zu erwarten, wenn das Brückenmerkmal im Vergleich unwichtig ist, wenige Ausprägungen aufweist und zudem das Design sehr groß ist und vergleichsweise wenig Stimuli enthält.

Das Skalenniveau *Rating* führt im Gegensatz dazu in fast allen Fällen zu sehr hohen Korrelationen und „immunisiert" die gebrückte Conjoint-Analyse weitgehend gegen die anderen Einflussfaktoren, die bei Verwendung dieses Skalenniveaus keinen Einfluss auf die Qualität der gebrückten Conjoint-Analyse haben. Die wenigen Ausreißer, die dennoch auftreten, können darauf zurückgeführt werden, dass das Brückenmerkmal ein Gewicht von nahe Null aufweist (siehe **4.3.2.5**).

Gibt man die Annahme „perfekter Probanden" auf und bezieht Fehler bei der Beurteilung der Stimuli ein, zeigt sich, dass die Einflussfaktoren der gebrückten Conjoint-Analyse mit Ausnahme des Skalenniveaus verstärkt werden. Während das Gewicht und die Anzahl der Ausprägungen des Brückenmerkmals sowie das Verhältnis von Stimuli zu den unabhängigen Ausprägungen bedeutender wird, werden die Ergebnisunterschiede zwischen den Skalenniveaus geringer und das Skalenniveau *Rating* verliert seine hervorgehobene Stellung.

Ein Anwender der gebrückten Conjoint-Analyse sollte daher in Abhängigkeit vom Ausmaß der erwarteten Inkonsistenzen im Bewertungsverhalten der Probanden das Design der gebrückten Conjoint-Analyse so wählen, dass das

Brückenmerkmal möglichst wichtig ist, viele Ausprägungen aufweist und v möglichst hoch ist. Der Abschnitt 5.1 konkretisiert diese Empfehlung.

Der *Vergleich* zwischen der traditionellen und der gebrückten Conjoint-Analyse ohne Berücksichtigung möglicher Inkonsistenzen im Bewertungsverhalten hat gezeigt, dass die gebrückte Variante insbesondere auf dem Skalenniveau *Rating* zu vergleichbaren Ergebnissen kommt. Auf den niedrigeren Skalenniveaus ist die traditionelle Conjoint-Analyse vorteilhaft, insbesondere weil sie für Ausreißer weniger empfindlich ist. Dieses Ergebnis ist in Bezug auf die Qualität der gebrückten Conjoint-Analyse in der Praxis nur eingeschränkt aussagekräftig, weil ihm implizit die Annahme zugrunde liegt, dass es kein Merkmalsproblem gibt. Es wird somit angenommen, dass die simulierten Probanden in der Lage sind, Designs von beliebiger Größe konsistent gemäß ihrer Präferenzen zu bewerten. Die Beschäftigung mit der gebrückten Conjoint-Analyse liegt indessen genau in diesem Merkmalsproblem begründet, das nach herrschender Meinung bei fünf bis sechs Merkmalen beginnt (siehe 1.4) und aus dem folgt, dass die Inkonsistenzen im Bewertungsverhalten der traditionellen Conjoint-Analyse mit zunehmender simultan zu bewertender Anzahl an Merkmalen im Design ansteigen. Es wäre daher realistisch, bei einem Vergleich zwischen traditioneller und gebrückter Conjoint-Analyse für die traditionelle Variante mehr Fehler anzunehmen, als für die gebrückte. Dieser Weg wurde in der vorliegenden Untersuchungen *nicht* gewählt, weil eine Annahme über die Zunahme des Fehlerniveaus das Ergebnis präjudiziert hätte. Daher wurden zwar Inkonsistenzen im Bewertungsverhalten in der Simulation explizit berücksichtigt, allerdings für traditionelle und gebrückte Conjoint-Analyse im gleichen Maße. Unter diesen Annahmen ergab sich eine mit steigendem Maß an Inkonsistenz im Bewertungsverhalten zunehmende Vorteilhaftigkeit der gebrückten Conjoint-Analyse gegenüber der traditionellen Variante. Dabei werden die Ergebnisse der gebrückten Conjoint-Analyse bei Berücksichtigung von Fehlern im Probandenverhalten – deutlicher als im Fall ohne solche Fehler – von den GCA-spezifischen Einflussfaktoren beeinflusst, so dass es von diesen Einflussfaktoren abhängt, unter welchen Bedingungen die traditionelle oder die gebrückte Conjoint-Analyse letztendlich vorteilhaft ist.

Unter realistischeren Bedingungen, die für die traditionelle Conjoint-Analyse mehr Fehler annehmen als für die gebrückte, würden sich die Ergebnisse zugunsten der gebrückten Conjoint-Analyse verschieben.[184]

[184] Nähere Ausführungen hierzu erfolgen in 5.3.

5.1 Anwendungsempfehlungen für die gebrückte Conjoint-Analyse

Die ermittelten Einflussfaktoren der gebrückten Conjoint-Analyse haben unmittelbare Implikationen für die Planung und Durchführung einer gebrückten Conjoint-Analyse. Die Simulationsergebnisse haben vor allem zwei Einflussfaktoren als besonders bedeutend identifiziert:

- Das Verhältnis der Stimuli im Design zu den unabhängigen Ausprägungen v und
- das Gewicht des Brückenmerkmals.

Bei der Planung einer gebrückten Conjoint-Analyse sollte die Wirkung dieser Einflussfaktoren in Abhängigkeit vom Skalenniveau berücksichtig werden. Tabelle 51 zeigt die für die Planung relevanten Zusammenhänge, unter Beschränkung auf die praxisrelevanten Fälle der Designs mit mindestens acht Merkmalen, auf.[185] Die Tabelle ermöglicht dem Anwender einer gebrückten Conjoint-Analyse die Abschätzung der im Mittelwert zu erwartenden Ergebnisse in Abhängigkeit vom Ausmaß der angenommenen Inkonsistenz, dem Verhältnis v, dem Rang des Brückenmerkmals und dem Skalenniveau. Dabei gilt, dass der Anwender keinen Einfluss auf das Fehlerniveau hat und daher eine diesbezügliche Annahme treffen muss. Das Verhältnis v kann er durch geschickte Aufteilung der Merkmale auf das Gesamtdesign beeinflussen, ohne es dadurch frei wählen zu können. Das Gewicht des Brückenmerkmals ist für individuelle Probanden verschieden. Der Anwender kann das Gewicht des Brückenmerkmals zwar durch die Wahl weit auseinander liegender Ausprägungen beeinflussen oder durch eine Voruntersuchung abschätzen, aber er kann im Einzelfall a priori nicht garantieren, dass das Brückenmerkmal wirklich wichtig ist. In Bezug auf das Skalenniveau ist der Anwender in seiner Entscheidung hingegen frei. Aus diesen Gründen ist Tabelle 51 für ein gegebenes Design wie folgt zu verwenden:

1. Der Anwender trifft eine Annahme über das zu erwartende Ausmaß an Inkonsistenz.
2. Der Anwender berechnet das Verhältnis v.
3. Der Anwender vergleicht die Vorteilhaftigkeit der einzelnen Skalenniveaus unter Berücksichtigung unterschiedlich wichtiger Brückenmerkmale, mit dem Ziel, eine Konstellation zu finden, die ein bestimmtes Maß an Übereinstimmung erwarten lässt. Für die weiteren Ausführungen wird angenommen, dass mindestens ein Korrelationskoeffizient von 0,95 angestrebt wird.

---

[185] Dabei wurden nur solche Konstellationen berücksichtigt, in denen mindestens 50 Fälle in die Analyse eingegangen sind, wodurch sich in der Tabelle Zellen ohne Einträge ergeben.

Fehler-niveau	v	Skala	Rangplatz des Brückenmerkmals 1	2	3	4	5	6	7	8	9
F0	v < 2,0	Rang	,9622	,9658	,9654	,9621	,9623	,9537	,9565	,9375	,9142
		k3	,9826	,9850	,9823	,9829	,9828	,9776	,9778	,9690	,9442
		k5	,9900	,9911	,9901	,9898	,9904	,9870	,9886	,9830	,9538
		Rat	,9999	,9999	,9999	,9999	,9999	,9999	,9999	,9996	,9995
	2,0 ≤ v < 2,5	Rang	,9739	,9705	,9709	,9709	,9698	,9653	,9587	,9288	,9068
		k3	,9878	,9863	,9861	,9860	,9854	,9834	,9792	,9544	,9387
		k5	,9927	,9922	,9925	,9913	,9916	,9907	,9872	,9690	,9589
		Rat	,9999	,9999	,9999	,9999	,9999	,9999	,9998	,9992	,9986
	2,5 ≤ v	Rang	,9822	,9818	,9800	,9781	,9784				
		k3	,9913	,9912	,9905	,9882	,9887				
		k5	,9948	,9950	,9942	,9930	,9941				
		Rat	1,0000	,9999	,9999	,9999	,9999				
F5	v < 2,0	Rang	,9232	,9341	,9303	,9253	,9186	,9166	,9125	,8863	,8730
		k3	,9432	,9505	,9485	,9425	,9429	,9387	,9303	,9106	,9027
		k5	,9537	,9537	,9550	,9495	,9507	,9485	,9375	,9191	,9114
		Rat	,9613	,9644	,9621	,9623	,9570	,9583	,9462	,9394	,9199
	2,0 ≤ v < 2,5	Rang	,9346	,9290	,9288	,9317	,9309	,9229	,9097	,8815	,8643
		k3	,9482	,9445	,9431	,9449	,9468	,9412	,9272	,8942	,8816
		k5	,9505	,9487	,9529	,9486	,9520	,9489	,9331	,9003	,8951
		Rat	,9597	,9566	,9633	,9555	,9602	,9556	,9426	,9128	,9003
	2,5 ≤ v	Rang	,9613	,9574	,9552	,9425	,9350				
		k3	,9698	,9681	,9603	,9579	,9464				
		k5	,9732	,9729	,9626	,9652	,9500				
		Rat	,9767	,9774	,9669	,9725	,9538				
F10	v < 2,0	Rang	,8355	,8305	,8251	,8239	,8253	,8212	,8097	,7996	,7757
		k3	,8474	,8508	,8395	,8475	,8463	,8301	,8309	,8180	,7959
		k5	,8568	,8572	,8475	,8493	,8534	,8424	,8273	,8265	,8013
		Rat	,8694	,8610	,8614	,8609	,8528	,8478	,8374	,8305	,8112
	2,0 ≤ v < 2,5	Rang	,8593	,8551	,8461	,8499	,8447	,8419	,8168	,7930	,7740
		k3	,8713	,8675	,8619	,8617	,8598	,8531	,8326	,8026	,7874
		k5	,8796	,8683	,8737	,8627	,8640	,8598	,8388	,8074	,7921
		Rat	,8822	,8787	,8821	,8739	,8681				
	2,5 ≤ v	Rang	,8911	,8936	,8868	,8692	,8684				
		k3	,9018	,8990	,8961	,8809	,8759				
		k5	,9064	,9032	,8976	,8885	,8753				
		Rat	,9155	,9054	,8998	,8930	,8865				

Tabelle 51: Mittelwerte der GCA für Designs mit 8 oder 9 Merkmalen in Abhängigkeit von BMRang und *v*

Fehlerniveau F0

Geht der Anwender davon aus, dass den Probanden keine Inkonsistenzen im Bewertungsverhalten unterlaufen, kann er jedes Skalenniveau verwenden, solange er sicherstellen kann, dass das Brückenmerkmal nicht sehr nachrangig ist. Für alle anderen Fälle ergibt sich für jedes Skalenniveau unabhängig von *v* ein Korrelationskoeffizient zwischen wahren und geschätzten Teilnutzenwerten größer als 0,95. Darüber hinaus führen möglichst wichtige Brückenmerkmale und möglichst genaue Skalen zu besseren Ergebnissen.

Fehlerniveau F5

Geht der Anwender hingegen vom Fehlerniveau F5 aus, so kommt es zu folgender Fallunterscheidung:

- Wenn $v < 2{,}5$ ist, sollte das Skalenniveau möglichst hoch sein und das Brückenmerkmal sollte gleichzeitig möglichst wichtig sein.
- Wenn $v \geq 2{,}5$ ist und gleichzeitig sichergestellt werden kann, dass das Brückenmerkmal wichtig ist, kann jedes Skalenniveau verwendet werden, wenngleich höhere Skalenniveaus zu besseren Ergebnissen führen.

Es zeigt sich, dass unter Berücksichtigung möglicher Inkonsistenzen das Verhältnis v an Bedeutung gewinnt.

Fehlerniveau F10

Wenn das Fehlerniveau F10 angenommen werden muss, ist ein Korrelationskoeffizient von 0,95 zwischen den wahren und den geschätzten Teilnutzenwerten nicht mehr zu erreichen. Die beste Kombination (Rating, $v \geq 2{,}5$ und das Brückenmerkmal ist das wichtigste Merkmal im Design) führt zu einem Wert von 0,9155. Auf diesem Fehlerniveau ist das Verhältnis v noch wichtiger und dominiert den Einfluss unterschiedlicher Skalenniveaus deutlich. Ein Anwender, der von einem solchen Maß an Inkonsistenz ausgehen muss, sollte daher unbedingt versuchen, möglichst viele Stimuli zu verwenden.

Ein praktischer Anwender der gebrückten Conjoint-Analyse muss sich neben der *Effektivität* auch um die *Effizienz* der Datenerhebung kümmern. Vor diesem Hintergrund hat er eine Abwägungsentscheidung zwischen der Effizienz in Bezug auf die Verwendung möglichst weniger Stimuli und möglichst einfach zu erhebender Skalen auf der einen Seite und der Effektivität in Bezug auf möglichst viele Stimuli und möglichst genaue Skalen auf der anderen Seite zu treffen. Diese Abwägungsentscheidung kann dem Anwender durch die Ergebnisse der Simulation nicht abgenommen werden. Allerdings können die Ergebnisse eine solche Abwägungsentscheidung unterstützen, indem sie davor warnen, zu sehr auf Effizienz zu setzen, indem gleichzeitig wenige Stimuli und niedrige Skalen verwendet werden: Wenn ein Design ein niedriges Verhältnis v aufweist, sollte nicht gleichzeitig ein niedriges Skalenniveau wie *Rang* verwendet werden.

5.2 Anwendung der gebrückten Conjoint-Analyse bei kleinen Designs

Einer der beiden besonders wichtigen Einflussfaktoren der gebrückten Conjoint-Analyse ist das Verhältnis von Stimuli zu den unabhängigen Ausprägungen *v*, das die Ergebnisse der traditionellen Conjoint-Analyse ebenfalls beeinflusst: Da davon auszugehen ist, dass Probanden inkonsistent antworten, ist die Verwendung stark reduzierter Designs vor dem Hintergrund der Simulationsergebnisse kritisch zu hinterfragen. Dabei bezieht sich die Kritik nicht auf die üblicherweise gegen Haupteffekt-Designs erhobenen Einwände (siehe 1.3.4), dass diese etwaige Nebeneffekte vernachlässigen, denn in der Simulation sind solche Interdependenzen ausgeschlossen. Die Einwände gegen die Verwendung der mindestmöglichen Anzahl von Stimuli in stark reduzierten Designs beruhen vielmehr darauf, dass diese sehr empfindlich auf Inkonsistenzen im Bewertungsverhalten der Probanden reagieren. Geht man von der Annahme aus, dass diese Inkonsistenzen *zufällig* und nicht systematisch sind, so besteht bei weniger stark reduzierten Designs die Möglichkeit, dass sich die Fehler kompensieren. Das führt zu einer Frage, die nicht im eigentlichen Fokus dieser Untersuchung steht, mit diesem aber unmittelbar verbunden ist: Soll die gebrückte Conjoint-Analyse auch für kleine Designs mit beispielsweise fünf Merkmalen eingesetzt werden und somit in Fällen, in denen das Merkmalsproblem noch nicht von Bedeutung ist? Die folgende Abbildung legt eine solche Verwendung der gebrückten Conjoint-Analyse nah:

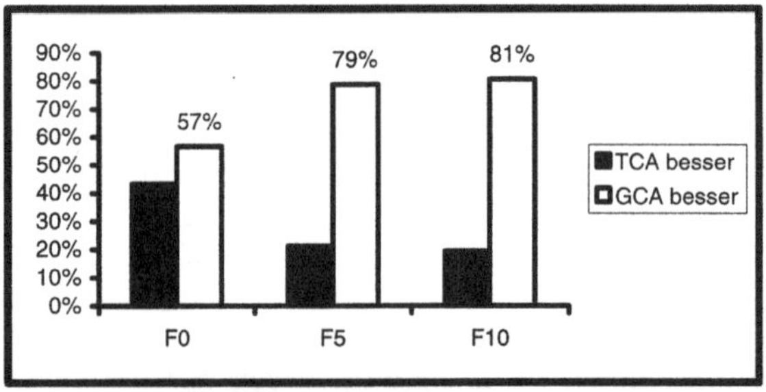

Abbildung 45: Einzelfallvergleich zwischen GCA und TCA für Designs mit 5 Merkmalen[186]

Die gebrückte Conjoint-Analyse ist schon für den Fall F0 für mehr als die Hälfte der Fälle vorteilhaft und unter Berücksichtigung von Inkonsistenzen verstärkt sich dieser Vorteil. Daher liegt die Verwendung der gebrückten Conjoint-

[186] Beim Vergleich mit Abbildung 38 aus 4.3.4.3 und Abbildung 43 aus 4.3.5.3 muss beachtet werden, dass sich Abbildung 45 nur auf die Designs mit fünf Merkmalen bezieht. Bei diesen fällt der Einzelfallvergleich zwischen GCA und TCA stärker zugunsten der GCA aus.

Analyse nah, unter der Nebenbedingung, dass das Verhältnis v bei der gebrückten Conjoint-Analyse höher als bei der traditionellen Variante ausfällt. Zwei Gründe sprechen allerdings gegen eine solche Anwendung der gebrückten Conjoint-Analyse:

Erstens stellt sich unter *Effizienzgesichtspunkten* die Frage, ob ein hohes v, das mehr Stimuli bedingt, überhaupt gewünscht ist, weil dadurch der Erhebungsaufwand steigt und es unter Umständen schwieriger sein kann, Probanden für die Untersuchung zu gewinnen. Ein Umstand, der insbesondere in kommerziellen Anwendungen nicht vernachlässigt werden kann.[187] Aus diesen Gründen kann es für den Anwender einer Conjoint-Analyse sinnvoll sein, möglichst *effiziente Designs* zu verwenden und dafür bewusst auf Effektivität zu verzichten.

Der zweite Einwand, der gegen die Verwendung der gebrückten Conjoint-Analyse bei Designgrößen ohne Merkmalsproblem spricht, ist prinzipieller Natur. Die gebrückte Conjoint-Analyse wurde entwickelt, um Problemstellungen mittels Conjoint-Analyse zu untersuchen, bei denen mehr als sechs Eigenschaften simultan bewertet werden müssen. Dass sich durch die Aufteilung der Designs häufig mehr Stimuli – und in Folge ein höheres v – ergeben als bei der traditionellen Conjoint-Analyse ist dabei nur ein Nebeneffekt, der auf die Regeln zur Konstruktion fraktioniert faktorieller Designs zurückzuführen ist. Die sich aus den Simulationsergebnissen ergebende Bedeutung des Verhältnisses von Stimuli zu unabhängigen Ausprägungen spricht eher gegen die Verwendung sehr stark reduzierter Designs und legt die Verwendung weniger stark reduzierter Designs nah. Designs zu verwenden, die nicht die mindestmögliche Anzahl an Stimuli verwenden, würde das Verhältnis v ebenfalls verbessern, ohne den vermehrten Aufwand einer gebrückten Conjoint-Analyse in Kauf nehmen zu müssen.

Die Frage, ob die gebrückte Conjoint-Analyse auch für kleinere Designs angewendet werden sollte, kann daher dahingehend beantwortet werden, dass die Verwendung der gebrückten Conjoint-Analyse *ein* Weg ist, die Zahl der Stimuli in einem Design zu erhöhen. Es verbleibt im Einzelfall zu prüfen, ob die verwendete Software (zum Beispiel SPSS) oder die in der Literatur veröffentlichten Pläne (vgl. Addleman 1962a, Addleman 1962b, Addleman 1972, Green 1974, S. 63 und Plackett/Burman 1946) bessere Lösungen anbieten. Im Rahmen der Simulation wurde stets – wie in der Conjoint-Analyse üblich – die mindestmögliche Stimulizahl verwendet. Die Ergebnisse der Monte Carlo-Untersuchung legen aber nah, mehr Stimuli als mindestens notwendig einzubeziehen. Die Verwendung von Nebeneffekt-Designs erscheint hier keine geeignete Lösung, weil diese zumeist zu prohibitiv vielen Stimuli im Design führen (siehe 1.3.4).

---

[187] Wenn die Probanden viele Stimuli bewerten müssen, schließt sich die Frage möglicher Ermüdungserscheinungen an. Ermüdungserscheinungen ergeben sich allerdings nicht zwangsläufig, weil die Probanden erstens zwischen der Bewertung der Teildesigns der gebrückten Conjoint-Analyse ein Pause machen können und zweitens die Frage der Ermüdung von der Belastbarkeit und Motivation des Probanden abhängt.

In den Fällen, in denen die verwendete Software keine entsprechende Lösung anbietet, kann die Verwendung der gebrückten Conjoint-Analyse daher auch für kleine Designs sinnvoll sein. Die folgende Grafik veranschaulicht das sich ergebende Entscheidungsproblem:

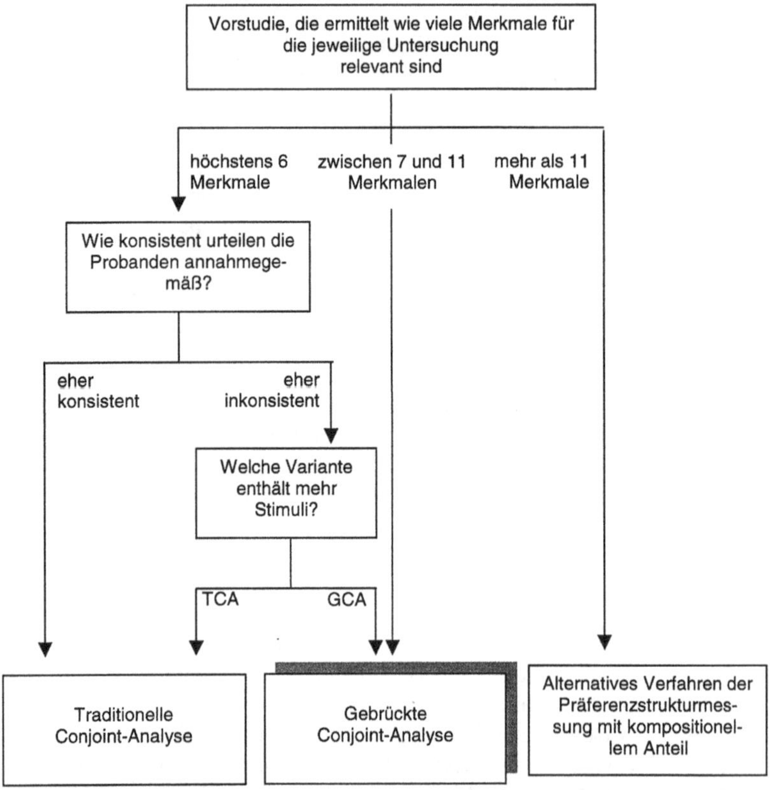

Abbildung 46: Entscheidung für ein Verfahren der Präferenzstrukturmessung in Abhängigkeit der Merkmale im Design und der vermuteten Inkonsistenz der Probanden

5.3 Übertragbarkeit der Ergebnisse auf die Praxis

Die vorliegende Untersuchung bediente sich der Monte Carlo-Methode, um die Qualität der gebrückten Conjoint-Analyse zu überprüfen. Die Verwendung einer Simulation bedingt, dass die Ergebnisse nur in diesem Rahmen gültig sind. Die vorliegende Arbeit konnte daher die *statistischen* Eigenschaften des Verfahrens im Sinne der Reproduktion der Eingangsdaten überprüfen, aber *nicht* die Leistungsfähigkeit des Verfahrens in der Praxis testen. Für die Übertragbarkeit auf die Praxis sind insbesondere die Annahmen der Simulation bedeutend:

(1) Probanden beurteilen die Stimuli unabhängig vom Kontext, insbesondere ist die Beurteilung einzelner Eigenschaften unabhängig von den anderen Merkmalen im Design (siehe 1.3.1).
(2) Es gibt außer den explizit berücksichtigten keine weiteren Einflussfaktoren, die das Ergebnis der Conjoint-Analyse beeinflussen.
(3) Die Probanden urteilen entsprechend dem linear-additiven Modell, und es gibt somit keine Interaktionseffekte.
(4) Die Inkonsistenzen im Bewertungsverhalten sind normalverteilt und das Ausmaß der Inkonsistenz im Beurteilungsverhalten ist vom Verfahren (traditionell oder gebrückt) unabhängig.

Die erste Annahme bezieht sich unmittelbar auf die Idee des Brückens von Teildesigns, denn für die gebrückte Conjoint-Analyse ist es entscheidend, dass die Bewertungen der Probanden unabhängig von den anderen Merkmalen im Design erfolgt, weil nur dann die Aufteilung des Beurteilungsprozesses auf Teildesigns inhaltlich zulässig erscheint. Bisherige Untersuchungen zu Verfahren, die den Präferenzbildungsprozess in Teildesigns aufteilen, kommen zu dem Ergebnis, dass eine solche Teilung zulässig ist (vgl. Baalbaki/Malhotra 1995, Louviere/Gaeth 1987 und Voeth 2000). Daher erscheint diese Annahme als zulässig.

Die zweite Annahme ist insofern kritisch, weil sich in der Praxis gezeigt hat, dass es in Bezug auf die Conjoint-Analyse in bestimmten Fällen Einflussfaktoren gibt, die das Ergebnis beeinflussen, obwohl sie in der Untersuchung nicht berücksichtigt worden sind,[188] wodurch die Annahme jeder Conjoint-Analyse verletzt wird, dass die nicht in das Design einbezogenen Eigenschaften irrelevant sind. Diese Annahme ist unabhängig davon, ob es sich um eine *gebrückte* oder um eine *traditionelle* Conjoint-Analyse handelt. Es obliegt dem Anwender, dies im *Einzelfall* zu prüfen und durch eine sorgfältige Planung der Conjoint-Analyse zu vermeiden, dass nicht einbezogene Eigenschaften relevant sind. Die Annahme erscheint daher ebenfalls als zulässig.

---

[188] So haben beispielsweise *Perkins/Toy* 1997 einen *Halo-Effekt* bei der Bewertung von Objekten ausgemacht, indem sie Abweichungen von tatsächlichen Wahlentscheidungen und Conjoint-Analyse im Einzelfall auf das *Image* des realen Produkts zurückführen.

Die dritte Annahme ist ebenfalls nicht GCA-spezifisch. Die Frage, ob und in welchem Ausmaß Interaktionseffekte berücksichtigt werden sollten, ist in der Literatur intensiv diskutiert worden (vgl. Green/Carroll/Carmone 1978 und Teichert 1994). In der Praxis haben sich die Interaktionseffekte vernachlässigenden Haupteffekt-Designs durchgesetzt. Dennoch ist es wichtig darauf hinzuweisen, dass die Simulationsergebnisse nur unter der Bedingung gültig sind, dass die Probanden ihre Präferenzen für Eigenschaften von Objekten *additiv* zu einer Gesamtpräferenz verknüpfen. Diese Annahme ist auch in der traditionellen Conjoint-Analyse üblich, wenngleich das Verfahren der Conjoint-Analyse grundsätzlich auch für polynomiale Verknüpfungen möglich ist (vgl. Thomas 1979 und Tversky 1967). Auf Fälle, in denen die Probanden ihre Teilpräferenzen *nicht linear* verknüpfen, können die Simulationsergebnisse nicht übertragen werden.

Die vierte Annahme betrifft die Berücksichtigung von möglichen Inkonsistenzen im Bewertungsverhalten. Andere Simulationsstudien haben gezeigt, dass die Verteilung der Zufallszahlen für das Ergebnis nicht entscheidend ist (vgl. *Wittink/Cattin* 1981, S. 102), so dass aus dieser Sicht die Verwendung normalverteilter Fehlerwerte mit Mittelwert Null unproblematisch ist. Wichtiger ist der Hinweis darauf, dass die Simulation für traditionelle und gebrückte Conjoint-Analyse das gleiche Fehlerniveau annimmt, ein Umstand, der – wie mehrfach angesprochen – unrealistisch ist. Bei einer praktischen Anwendung in einem Design mit mehr als sechs Merkmalen ist davon auszugehen, dass die Probanden in einer traditionellen Conjoint-Analyse mehr Fehlurteile treffen als in der gebrückten. Weil eine Annahme über die Zunahme dieser Inkonsistenzen das Ergebnis der Gegenüberstellung von traditioneller und gebrückter Conjoint-Analyse präjudiziert hätte, wurde dieser Umstand in der Simulation nicht berücksichtigt, obwohl es aufgrund der Simulationsdaten rechnerisch möglich ist: Ein Vergleich der traditionellen Conjoint-Analyse auf dem Fehlerniveau F5 mit der gebrückten Conjoint-Analyse ohne Fehler ergibt, dass die gebrückte Variante in 92,6% der Fälle überlegen ist. Der Vergleich von gebrückter Conjoint-Analyse auf dem Fehlerniveau F10 mit der traditionellen Conjoint-Analyse auf dem Niveau F5 ergibt, dass die gebrückte Conjoint-Analyse in 93,2% der Fälle überlegen ist.

Das bedeutet, wenn man die Annahme aufgibt, dass es bei traditioneller und gebrückter Conjoint-Analyse zu Fehlern auf gleichem Niveau kommt und damit dem Merkmalsproblem Rechnung trägt, verbessern sich die Ergebnisse deutlich zugunsten der gebrückten Conjoint-Analyse.

5.4 Kritische Würdigung der Ergebnisse und zukünftiger Forschungsbedarf

Die Monte Carlo-Überprüfung der statistischen Eigenschaften der gebrückten Conjoint-Analyse hat gezeigt, dass dieses Verfahren für Probleme der Präferenzstrukturmessung geeignet ist, bei denen mehr Eigenschaften in die Untersuchung eingehen sollen, als dies bei der traditionellen Conjoint-Analyse aufgrund des Merkmalsproblems möglich ist. Darüber hinaus haben die Ergebnisse gezeigt, dass es bestimmte Bedingungen gibt, welche die Qualität der gebrückten Conjoint-Analyse beeinflussen.

Wenn man als Grenze der traditionellen Conjoint-Analyse sechs Merkmale im Design annimmt, kann die gebrückte Conjoint-Analyse *elf* Merkmale verwenden.[189] Die vorgestellte Variante der gebrückten Conjoint-Analyse ist somit in der Lage, das Merkmalsproblem zu *mildern*, aber nicht in der Lage, es für eine *beliebige* Anzahl von Merkmalen zu lösen. Somit kann es für weitere Untersuchungen interessant sein, die Verbindung von mehr als zwei Teildesigns im Rahmen der gebrückten Conjoint-Analyse zu untersuchen.

Neben der Verwendung von maximal elf Merkmalen für die vorgestellte Variante der gebrückten Conjoint-Analyse ist festzuhalten, dass dies nur das *Merkmalsproblem im engen Sinn* betrifft und das *Stimulusproblem* unter Umständen bestehen bleibt: Sollen in einem Design Merkmale mit *mehr als fünf Ausprägungen* verwendet werden, ergeben sich aufgrund der Regeln zur Konstruktion reduzierter Designs in der Regel bereits so viele Stimuli, dass die Obergrenze für Stimuli im Teildesign von 32 überschritten wird. Die vorgestellte gebrückte Conjoint-Analyse ist damit nicht in der Lage, Merkmale mit beliebig vielen Ausprägungen in die Untersuchung einzubeziehen.

Darüber hinaus besteht bei der gebrückten Conjoint-Analyse Forschungsbedarf in Bezug auf die statistischen *Ausreißer* – in Form von sehr geringer Übereinstimmung zwischen wahren und geschätzten Teilnutzenwerten –, die auch dann auftreten, wenn Inkonsistenzen im Bewertungsverhalten ausgeschlossen sind. Im Rahmen der vorliegenden Untersuchung konnte nur für das Skalenniveau *Rating* zusammen mit einem Merkmalsgewicht von mindestens 2,5% eine Konstellation ermittelt werden, die Ausreißer vollständig verhindert. Allerdings führt nur ein Teil der Fälle, die unter dieses Kriterium fallen, zu schlechten Ergebnissen (siehe 4.3.2.5). Daher ist es für zukünftige Forschungen interessant, die Bedingungen näher zu identifizieren, unter denen Ausreißer auftreten bzw. vermieden werden können.

Weiterhin stellt die *Quantifizierung* des Merkmalsproblems einen interessanten Punkt dar: Die in 1.4 aufgeführten Autoren, die übereinstimmend ein

---

[189] Die Anzahl berechnet sich aus der Obergrenze von sechs Merkmalen je Teildesign, von denen ein Merkmal in beiden Teildesigns enthalten ist, so dass die Obergrenze *elf* und nicht zwölf ist.

Merkmalsproblem der traditionellen Conjoint-Analyse konstatieren, äußern sich in Ermangelung einer „Theorie des Fehlers" nicht dazu, in *welchem Maß* die Fehlurteile der Probanden mit steigender Zahl an Merkmalen im Design zunehmen. Eine *empirische* Untersuchung, die ermittelt, welches Fehlerniveau sich für durchschnittliche Probanden ergibt – ggf. unter Berücksichtigung kognitiv unterschiedlich befähigter Probanden – kann dazu verwendet werden, das Merkmalsproblem selbst zu simulieren. Im Unterschied dazu war in der vorliegenden Simulation das Merkmalsproblem der Anlass der Untersuchung, wurde aber selbst nicht explizit simuliert. Die Information darüber, welches Fehlerniveau für welche Probanden bei wie vielen Merkmalen realistisch ist, hätte dazu verwendet werden können, die traditionelle Conjoint-Analyse mit der gebrückten Conjoint-Analyse unter der Annahme zu vergleichen, dass die Probanden in der traditionellen Variante mehr Fehler machen. In der vorliegenden Untersuchung konnte das nicht erfolgen, weil eine *willkürliche* Annahme über die Zunahme des Fehlerniveaus das Ergebnis vorweg genommen hätte.

Weiterhin geht es auch bei der gebrückten Conjoint-Analyse letztendlich um die Erklärung und Prognose von realem Verhalten und daraus leitet sich Forschungsbedarf in Bezug auf die empirische Überprüfung der gebrückten Conjoint-Analyse ab. Die empirische Überprüfung von Verfahren der Conjoint-Analyse weist vielfältige praktische Problemen auf (vgl. Bateson/Reibstein/Boulding 1987), die daraus resultieren, dass die wahren Präferenzen nicht gemessen werden können und daher ersatzweise auf daraus abgeleitetes Verhalten abgestellt werden muss. Aus diesem Grund ist die empirische Überprüfung ein eigenständiges Problem und nicht Gegenstand der vorliegenden Untersuchung gewesen.

Anhang

Anhang A: Die verwendeten Teildesign-Paare

Nummer	Teildesign 1	Teildesign 2	Nummer	Teildesign 1	Teildesign 2
1	3 3 3 4	3 3 3 3	51	2 2 4 4	2 3 4 5
2	3 3 3 4	3 3 3 4	52	2 2 3 4	3 4 4 5
3	2 4 4 5	2 2 2 4	53	2 2 4 4	3 4 4 5
4	2 4 4 5	2 2 4 4	54	2 2 4 5	3 4 4 5
5	2 4 4 5	2 2 4 5	55	3 3 3 3	2 2 3 4 5
6	2 3 3 4 4	2 2 3 4 4	56	2 3 3 3 3	2 3 3 4 5
7	3 3 4 4 4	2 2 3 3 4	57	2 3 3 3 4	2 3 3 4 5
8	3 3 4 4 4	2 2 3 4 4	58	2 3 3 3 5	2 3 3 4 5
9	2 2 4 5	2 2 3 4	59	2 3 5 5 5	2 2 2 5 5
10	2 2 3 5	2 3 4 4	60	2 3 5 5 5	2 2 3 5 5
11	2 2 4 5	2 3 4 4	61	2 3 5 5 5	2 2 5 5 5
12	2 2 4 5	2 3 4 5	62	2 3 4 4 4	2 3 3 5
13	2 4 4	2 4 5	63	3 4 4 4	2 3 3 3 5
14	4 4 4	2 4 5	64	3 4 4 4	2 3 3 4 5
15	4 4 5	2 4 5	65	3 4 4 4 5	2 3 3 5
16	2 2 2	2 2 5	66	2 4 4 5 5	2 2 4 5
17	2 2 2	2 2 5	67	4 4 5 5	2 2 4 4 5
18	2 4 4 4 5	2 2 3 3 5	68	4 4 5 5	2 2 4 5 5
19	3 4 4 4 5	2 2 3 3 5	69	2 2 4 4 5	2 3 3 4 5
20	2 4 4 4 5	2 3 3 4 5	70	2 3 4 4 5	2 3 3 4 5
21	2 4 4 4 5	2 2 3 3 5 5	71	2 2 4 4 5	3 3 4 4 5
22	2 4 5 5 5	2 2 3 4 5	72	2 2 4 4 5	3 3 4 5 5
23	3 4 5 5 5	2 2 3 4 5	73	3 3 3 4 4	3 3 3 4 4
24	4 4 5 5 5	2 2 3 4 5	74	3 3 3 4 4	3 3 4 4 4
25	4 4 5 5 5	2 2 3 5 5	75	2 2 3 3	2 2 2 3 5
26	2 3 3 4	2 2 2 5	76	2 2 2 3 3	2 3 3 5
27	2 3 3 4	2 2 3 5	77	2 2 3 3 5	2 2 3 5
28	2 3 3 4	2 2 4 5	78	2 2 3 4	2 3 3 4
29	2 3 4 5	2 2 3 5	79	2 2 3 4	3 3 3 4
30	2 2 2 4	2 3 4 5 5	80	2 2 3 4	3 3 4 4
31	2 2 2 3 4	3 4 5 5	81	2 2 3 3 5	2 2 3 5 5
32	2 2 2 4	3 4 4 5 5	82	2 2 3 3 5	2 3 3 5 5
33	2 2 2 4 5	3 4 5 5	83	2 2 3 3 5	2 3 5 5 5
34	2 2 4 4	2 4 4 4	84	2 2 3 3 5	2 2 3 4 4
35	2 2 4 4	4 4 4 4	85	2 2 3 3 5	2 3 3 4 4
36	2 3 3 4 5	2 4 4 4 4	86	2 2 3 4 5	2 3 3 4 4
37	3 3 4 4 5	2 3 4 4 4	87	2 2 3 3 5	2 3 4 4 5
38	3 3 4 4 5	2 4 4 4 4	88	3 3 4 5 5	3 3 3 4
39	3 3 4 4 5	2 4 4 4 5	89	3 3 4 5	3 3 4 4 5
40	2 3 3 3 3	2 4 4 4 4	90	3 3 4 5	3 3 4 5 5
41	3 3 3 3 4	2 3 4 4 4	91	2 2 3 4	2 2 3 4 4
42	3 3 3 3 4	2 4 4 4 4	92	2 2 2 3 4	3 3 4 4
43	2 3 4 4 5	2 3 5 5	93	2 2 3 4	2 3 4 4 4
44	3 4 4 5	2 3 3 5 5	94	2 3 4 4	2 2 3 5
45	3 4 4 5	2 3 4 5 5	95	2 3 4 4	2 3 3 5
46	3 4 4 5	2 3 5 5 5	96	2 3 4 4	2 3 4 5
47	2 3 4 4	2 3 5 5	97	2 4 4 5	2 3 3 5
48	3 4 4 5	2 3 3 5	98	3 3 4 4 5	3 3 4 5 5
49	3 4 4 5	2 3 4 5	99	3 3 4 4 5	3 3 4 5 5
50	3 4 4 5	2 3 5 5	100	3 3 4 4 5	3 4 5 5 5

Anhang B: Ergänzungen zu Tabellen

Ergänzung zu Tabelle 35

	Bedingung für v_1 und v_2	5%-Perzentil	Mittelwert	StAbw	Fälle
Rang	$v < 2,0$	0,8748	0,9538	0,0491	1.785
	$2,0 \leq v < 2,5$	0,8862	0,9622	0,0555	893
	$2,5 \leq v$	0,9498	0,9825	0,0187	596
k3	$v < 2,0$	0,9369	0,9775	0,0324	1.791
	$2,0 \leq v < 2,5$	0,9469	0,9805	0,0397	896
	$2,5 \leq v$	0,9777	0,9923	0,0109	596
k5	$v < 2,0$	0,9608	0,9863	0,0234	1.791
	$2,0 \leq v < 2,5$	0,9690	0,9879	0,0310	899
	$2,5 \leq v$	0,9886	0,9958	0,0073	596
Rating	$v < 2,0$	0,9997	0,9997	0,0023	1.798
	$2,0 \leq v < 2,5$	0,9996	0,9993	0,0081	899
	$2,5 \leq v$	0,9999	0,9999	0,0006	596

Anhang B - Tabelle 1: Einfluss v auf das Ergebnis der GCA im Nullfehler-Fall differenziert nach den Skalenniveaus

Ergänzung zu Tabelle 36

	Merkmale	BMRang	Mittelwert	5%-Perzentil	Fälle
Rang	5	1	0,9834	0,9456	121
	5	2	0,9811	0,9510	120
	5	3	0,9798	0,9426	86
	5	4	0,9672	0,8706	76
	5	5	0,9490	0,8229	92
	7	1	0,9781	0,9468	452
	7	2	0,9764	0,9371	476
	7	3	0,9745	0,9371	428
	7	4	0,9727	0,9309	445
	7	5	0,9663	0,9035	430
	7	6	0,9534	0,8443	398
	7	7	0,9164	0,6827	338
	8	1	0,9753	0,9396	301
	8	2	0,9720	0,9345	328
	8	3	0,9725	0,9354	314
	8	4	0,9713	0,9381	274
	8	5	0,9664	0,9150	326
	8	6	0,9609	0,8980	264
	8	7	0,9499	0,8472	285
	8	8	0,9023	0,6530	286
	9	1	0,9713	0,9314	437
	9	2	0,9713	0,9350	428
	9	3	0,9700	0,9342	484
	9	4	0,9687	0,9264	468
	9	5	0,9699	0,9307	447
	9	6	0,9642	0,9118	453
	9	7	0,9633	0,9058	431
	9	8	0,9424	0,8194	449
	9	9	0,9013	0,6615	494
k3	5	1	0,9931	0,9753	132
	5	2	0,9925	0,9794	109
	5	3	0,9917	0,9779	87
	5	4	0,9829	0,9090	71
	5	5	0,9722	0,9164	96
	7	1	0,9906	0,9757	461
	7	2	0,9901	0,9726	458
	7	3	0,9896	0,9726	453
	7	4	0,9883	0,9683	430
	7	5	0,9862	0,9609	422
	7	6	0,9766	0,9099	403
	7	7	0,9487	0,7623	363

Tabelle wird auf nächster Seite fortgesetzt

Fortsetzung

	Merkmale	BMRang	Mittelwert	5%-Perzentil	Fälle
k3	8	1	0,9887	0,9728	317
	8	2	0,9875	0,9700	312
	8	3	0,9871	0,9638	319
	8	4	0,9862	0,9647	294
	8	5	0,9857	0,9628	289
	8	6	0,9805	0,9468	273
	8	7	0,9717	0,9025	288
	8	8	0,9311	0,7247	301
	9	1	0,9865	0,9628	448
	9	2	0,9863	0,9676	434
	9	3	0,9852	0,9621	491
	9	4	0,9852	0,9626	454
	9	5	0,9846	0,9604	457
	9	6	0,9830	0,9543	429
	9	7	0,9819	0,9467	423
	9	8	0,9709	0,8938	457
	9	9	0,9336	0,7150	499
k5	5	1	0,9963	0,9863	130
	5	2	0,9960	0,9896	108
	5	3	0,9956	0,9866	90
	5	4	0,9895	0,9472	71
	5	5	0,9777	0,8409	97
	7	1	0,9948	0,9858	457
	7	2	0,9943	0,9832	470
	7	3	0,9944	0,9824	438
	7	4	0,9937	0,9831	432
	7	5	0,9917	0,9714	423
	7	6	0,9859	0,9483	409
	7	7	0,9604	0,7993	363
	8	1	0,9932	0,9831	317
	8	2	0,9930	0,9814	306
	8	3	0,9928	0,9809	321
	8	4	0,9913	0,9763	293
	8	5	0,9921	0,9795	293
	8	6	0,9894	0,9707	277
	8	7	0,9836	0,9455	292
	8	8	0,9458	0,7494	294

Tabelle wird auf nächster Seite fortgesetzt

Fortsetzung

	Merkmale	BMRang	Mittelwert	5%-Perzentil	Fälle
k5	9	1	0,9920	0,9776	458
	9	2	0,9921	0,9796	461
	9	3	0,9919	0,9788	437
	9	4	0,9909	0,9777	468
	9	5	0,9911	0,9762	452
	9	6	0,9900	0,9730	436
	9	7	0,9889	0,9672	431
	9	8	0,9826	0,9425	450
	9	9	0,9532	0,7998	496
Rat	5	1	1,0000	0,9999	129
	5	2	1,0000	0,9999	106
	5	3	1,0000	0,9999	90
	5	4	0,9999	0,9998	75
	5	5	0,9996	0,9983	96
	7	1	0,9999	0,9999	474
	7	2	0,9999	0,9999	460
	7	3	0,9999	0,9999	427
	7	4	0,9999	0,9999	443
	7	5	0,9999	0,9998	417
	7	6	0,9999	0,9996	407
	7	7	0,9955	0,9925	371
	8	1	0,9999	0,9999	325
	8	2	0,9999	0,9999	309
	8	3	0,9999	0,9999	334
	8	4	0,9999	0,9999	268
	8	5	0,9999	0,9998	295
	8	6	0,9999	0,9998	283
	8	7	0,9993	0,9993	276
	8	8	0,9961	0,9859	308
	9	1	0,9999	0,9999	444
	9	2	0,9999	0,9999	462
	9	3	0,9999	0,9999	439
	9	4	0,9999	0,9999	456
	9	5	0,9999	0,9998	441
	9	6	0,9999	0,9998	452
	9	7	0,9999	0,9997	436
	9	8	0,9998	0,9995	475
	9	9	0,9970	0,9900	493

Anhang B - Tabelle 2: Einfluss der Präferenzstruktur auf das Ergebnis der GCA differenziert nach den Skalenniveaus

Ergänzung zu Tabelle 41

Skala	Merkmale	BMRang	Fehlerniveau F 0	F 5	F 10
Rang	5	1	0,9834	0,9732	0,9380
		2	0,9811	0,9649	0,9197
		3	0,9798	0,9662	0,9142
		4	0,9672	0,9583	0,8816
		5	0,9490	0,9144	0,8307
	7	1	0,9781	0,9549	0,8947
		2	0,9764	0,9546	0,8909
		3	0,9745	0,9493	0,8796
		4	0,9727	0,9440	0,8727
		5	0,9663	0,9390	0,8578
		6	0,9534	0,9166	0,8272
		7	0,9164	0,8760	0,8003
	8	1	0,9753	0,9482	0,8700
		2	0,9720	0,9426	0,8647
		3	0,9725	0,9426	0,8620
		4	0,9713	0,9411	0,8598
		5	0,9664	0,9243	0,8447
		6	0,9609	0,9232	0,8350
		7	0,9499	0,9085	0,8074
		8	0,9023	0,8600	0,7864
	9	1	0,9713	0,9290	0,8529
		2	0,9713	0,9297	0,8516
		3	0,9700	0,9269	0,8378
		4	0,9687	0,9256	0,8381
		5	0,9699	0,9305	0,8390
		6	0,9642	0,9212	0,8381
		7	0,9633	0,9106	0,8216
		8	0,9424	0,8888	0,7965
		9	0,9013	0,8632	0,7681
k3	5	1	0,9931	0,9819	0,9502
		2	0,9925	0,9744	0,9303
		3	0,9917	0,9774	0,9276
		4	0,9829	0,9714	0,8917
		5	0,9722	0,9376	0,8452
	7	1	0,9906	0,9670	0,9058
		2	0,9901	0,9674	0,9025
		3	0,9896	0,9642	0,8967
		4	0,9883	0,9582	0,8865
		5	0,9862	0,9532	0,8631
		6	0,9766	0,9356	0,8369
		7	0,9487	0,8924	0,8087

Tabelle wird auf der nächsten Seite fortgesetzt

Fortsetzung

Skala	Merkmale	BMRang	Fehlerniveau F 0	F 5	F 10
k3	8	1	0,9887	0,9611	0,8816
		2	0,9875	0,9585	0,8806
		3	0,9871	0,9560	0,8763
		4	0,9862	0,9506	0,8667
		5	0,9857	0,9451	0,8595
		6	0,9805	0,9454	0,8483
		7	0,9717	0,9215	0,8194
		8	0,9311	0,8792	0,7955
	9	1	0,9865	0,9441	0,8654
		2	0,9863	0,9437	0,8608
		3	0,9852	0,9407	0,8532
		4	0,9852	0,9425	0,8561
		5	0,9846	0,9457	0,8552
		6	0,9830	0,9375	0,8454
		7	0,9819	0,9293	0,8381
		8	0,9709	0,9051	0,8097
		9	0,9336	0,8795	0,7790
k5	5	1	0,9963	0,9848	0,9529
		2	0,9960	0,9795	0,9331
		3	0,9956	0,9781	0,9313
		4	0,9895	0,9769	0,8980
		5	0,9777	0,9358	0,8300
	7	1	0,9948	0,9719	0,9096
		2	0,9943	0,9710	0,9061
		3	0,9944	0,9691	0,9019
		4	0,9937	0,9647	0,8922
		5	0,9917	0,9589	0,8690
		6	0,9859	0,9346	0,8401
		7	0,9604	0,8998	0,8104
	8	1	0,9932	0,9660	0,8896
		2	0,9930	0,9627	0,8809
		3	0,9928	0,9626	0,8850
		4	0,9913	0,9565	0,8721
		5	0,9921	0,9516	0,8631
		6	0,9894	0,9523	0,8545
		7	0,9836	0,9255	0,8234
		8	0,9458	0,8844	0,7953

Tabelle wird auf der nächsten Seite fortgesetzt

Fortsetzung

Skala	Merkmale	BMRang	Fehlerniveau F 0	F 5	F 10
k5	9	1	0,9920	0,9475	0,8728
		2	0,9921	0,9483	0,8658
		3	0,9919	0,9491	0,8628
		4	0,9909	0,9467	0,8558
		5	0,9911	0,9512	0,8606
		6	0,9900	0,9464	0,8547
		7	0,9889	0,9354	0,8394
		8	0,9826	0,9119	0,8149
		9	0,9532	0,8902	0,7817
Rating	5	1	1,0000	0,9880	0,9543
		2	1,0000	0,9822	0,9409
		3	1,0000	0,9842	0,9343
		4	0,9999	0,9805	0,9056
		5	0,9996	0,9398	0,8301
	7	1	0,9999	0,9776	0,9147
		2	0,9999	0,9763	0,9113
		3	0,9999	0,9743	0,9063
		4	0,9999	0,9716	0,8973
		5	0,9999	0,9666	0,8763
		6	0,9999	0,9448	0,8500
		7	0,9955	0,9096	0,8075
	8	1	0,9999	0,9722	0,8974
		2	0,9999	0,9716	0,8888
		3	0,9999	0,9669	0,8872
		4	0,9999	0,9664	0,8843
		5	0,9999	0,9613	0,8664
		6	0,9999	0,9596	0,8579
		7	0,9993	0,9301	0,8240
		8	0,9961	0,8915	0,8006
	9	1	0,9999	0,9568	0,8785
		2	0,9999	0,9557	0,8728
		3	0,9999	0,9610	0,8752
		4	0,9999	0,9544	0,8659
		5	0,9999	0,9565	0,8639
		6	0,9999	0,9540	0,8601
		7	0,9999	0,9466	0,8478
		8	0,9998	0,9288	0,8215
		9	0,9970	0,8996	0,7883

Tabelle wird auf der nächsten Seite fortgesetzt

Fortsetzung

Skala	Merkmale	BMRang	Fehlerniveau F 0	F 5	F 10
Über alle Skalenniveaus	5	1	0,9934	0,9821	0,9490
		2	0,9921	0,9749	0,9307
		3	0,9919	0,9766	0,9270
		4	0,9848	0,9717	0,8942
		5	0,9749	0,9323	0,8339
	7	1	0,9910	0,9680	0,9063
		2	0,9901	0,9673	0,9026
		3	0,9896	0,9643	0,8962
		4	0,9886	0,9596	0,8872
		5	0,9859	0,9543	0,8665
		6	0,9791	0,9330	0,8386
		7	0,9561	0,8947	0,8068
	8	1	0,9895	0,9621	0,8849
		2	0,9879	0,9586	0,8785
		3	0,9883	0,9572	0,8778
		4	0,9872	0,9536	0,8706
		5	0,9855	0,9450	0,8581
		6	0,9831	0,9455	0,8492
		7	0,9760	0,9214	0,8185
		8	0,9446	0,8790	0,7946
	9	1	0,9875	0,9444	0,8675
		2	0,9877	0,9446	0,8630
		3	0,9863	0,9439	0,8566
		4	0,9861	0,9422	0,8539
		5	0,9863	0,9459	0,8546
		6	0,9842	0,9397	0,8495
		7	0,9835	0,9305	0,8367
		8	0,9743	0,9089	0,8108
		9	0,9462	0,8832	0,7793

Anhang B - Tabelle 3: Mittelwerte der Korrelationskoeffizienten in Abhängigkeit vom Gewicht des Brückenmerkmals auf dem Skalenniveau *Rating* für unterschiedliche Fehlerniveaus

Anhang C: Tabellen zu Abbildungen

Tabelle zu Abbildung 23

	Skalenniveau			
	Rang	k3	k5	Rat
Minimum	0,2245	0,3206	0,3956	0,7091
5%-Perzentil	0,8848	0,9399	0,9626	0,9996
Mittelwert	0,9608	0,9792	0,9867	0,9995

Anhang C - Tabelle 1: Korrelation zwischen den wahren und den geschätzten Teilnutzenwerten der GCA in Abhängigkeit vom Skalenniveau

Tabelle zu Abbildung 24

	Ausprägungen des Brückenmerkmals			
	2	3	4	5
Minimum	0,2245	0,4001	0,5796	0,7587
5%-Perzentil	0,8465	0,9391	0,9499	0,9648
Mittelwert	0,9684	0,9828	0,9858	0,9901

Anhang C - Tabelle 2: Korrelation zwischen den wahren und den geschätzten Teilnutzenwerten der GCA in Abhängigkeit von den Ausprägungen des Brückenmerkmals

Tabelle zu Abbildung 25

BMAuspr	Skalenniveau			
	Rang	k3	k5	Rat
2	0,9380	0,9625	0,9742	0,9982
3	0,9612	0,9815	0,9887	0,9999
4	0,9675	0,9849	0,9911	0,9999
5	0,9779	0,9891	0,9936	0,9999

Anhang C - Tabelle 3: Mittelwert der Korrelation zwischen den wahren und den geschätzten Teilnutzenwerten der GCA in Abhängigkeit vom Skalenniveau und von den Ausprägungen des Brückenmerkmals

Tabelle zu Abbildung 26

Skala		Merkmale im Design 5	7	8	9
Rang	Fälle	495	2967	2378	4091
	Mittelwert	0,9734	0,9644	0,9594	0,9574
	Minimum	0,2245	0,4001	0,3914	0,2793
	Perzentil 1%	0,7826	0,7223	0,7033	0,6971
	Perzentil 2%	0,8468	0,8135	0,7825	0,7786
	Perzentil 3%	0,8834	0,8521	0,8327	0,8331
	Perzentil 4%	0,9184	0,8810	0,8568	0,8626
	Perzentil 5%	0,9267	0,8940	0,8759	0,8812
k3	Fälle	495	2990	2393	4092
	Mittelwert	0,9872	0,9824	0,9774	0,9769
	Minimum	0,6018	0,4131	0,4185	0,3206
	Perzentil 1%	0,8322	0,7846	0,7604	0,7715
	Perzentil 2%	0,9263	0,8773	0,8268	0,8494
	Perzentil 3%	0,9351	0,9169	0,8690	0,8905
	Perzentil 4%	0,9523	0,9403	0,9133	0,9163
	Perzentil 5%	0,9611	0,9508	0,9292	0,9361
k5	Fälle	496	2992	2393	4089
	Mittelwert	0,9915	0,9887	0,9853	0,9855
	Minimum	0,6103	0,4776	0,3956	0,4262
	Perzentil 1%	0,8442	0,8388	0,7857	0,8400
	Perzentil 2%	0,9179	0,9136	0,8599	0,9042
	Perzentil 3%	0,9685	0,9439	0,9263	0,9345
	Perzentil 4%	0,9725	0,9578	0,9504	0,9499
	Perzentil 5%	0,9777	0,9690	0,9596	0,9591
Rating	Fälle	496	2999	2398	4098
	Mittelwert	0,9999	0,9994	0,9994	0,9995
	Minimum	0,9875	0,7162	0,8024	0,7091
	Perzentil 1%	0,9984	0,9970	0,9924	0,9957
	Perzentil 2%	0,9994	0,9990	0,9980	0,9986
	Perzentil 3%	0,9995	0,9994	0,9991	0,9992
	Perzentil 4%	0,9997	0,9996	0,9994	0,9995
	Perzentil 5%	0,9998	0,9997	0,9996	0,9996

Anhang C - Tabelle 4: Korrelation zwischen den wahren und den geschätzten Teilnutzenwerten der GCA in Abhängigkeit von der Anzahl der Merkmale

Tabelle zu Abbildung 29

Skala	Merkmale	F 0	F 5	F 10
		Fehlerniveau		
Rang	5	0,9734	0,9569	0,9011
	7	0,9644	0,9358	0,8631
	8	0,9594	0,9243	0,8421
	9	0,9574	0,9135	0,8265
k3	5	0,9872	0,9693	0,9134
	7	0,9824	0,9501	0,8740
	8	0,9774	0,9399	0,8543
	9	0,9769	0,9292	0,8396
k5	5	0,9915	0,9716	0,9123
	7	0,9887	0,9545	0,8781
	8	0,9853	0,9456	0,8586
	9	0,9855	0,9358	0,8447
Rat	5	0,9999	0,9753	0,9157
	7	0,9994	0,9617	0,8831
	8	0,9994	0,9526	0,8640
	9	0,9995	0,9453	0,8518
über alle Skalenniveaus	5	0,9880	0,9683	0,9106
	7	0,9838	0,9505	0,8746
	8	0,9804	0,9407	0,8548
	9	0,9799	0,9310	0,8406

Anhang C - Tabelle 5: Einfluss der Anzahl der Merkmale im Design auf die Ergebnisse der GCA bei Fehlern

Tabelle zu Abbildung 30

Skala	v_1 und v_2	Mittelwerte Fehlerniveau F 0	F 5	F 10
Rang	$v_{1\&2} < 2{,}0$	0,9538	0,9160	0,8225
	$2{,}0 \leq v_{1\&2} < 2{,}5$	0,9622	0,9335	0,8524
	$2{,}5 \leq v_{1\&}$	0,9825	0,9639	0,9145
k3	$v_{1\&2} < 2{,}0$	0,9775	0,9350	0,8380
	$2{,}0 \leq v_{1\&2} < 2{,}5$	0,9805	0,9475	0,8620
	$2{,}5 \leq v_{1\&}$	0,9923	0,9732	0,9218
k5	$v_{1\&2} < 2{,}0$	0,9863	0,9421	0,8426
	$2{,}0 \leq v_{1\&2} < 2{,}5$	0,9879	0,9518	0,8671
	$2{,}5 \leq v_{1\&}$	0,9958	0,9753	0,9221
Rat	$v_{1\&2} < 2{,}0$	0,9997	0,9515	0,8511
	$2{,}0 \leq v_{1\&2} < 2{,}5$	0,9993	0,9590	0,8735
	$2{,}5 \leq v_{1\&}$	0,9999	0,9789	0,9258
über alle Skalen	$v_{1\&2} < 2{,}0$	0,9794	0,9362	0,8386
	$2{,}0 \leq v_{1\&2} < 2{,}5$	0,9825	0,9480	0,8638
	$2{,}5 \leq v_{1\&}$	0,9926	0,9729	0,9211

Anhang C - Tabelle 6: **Mittelwerte der Korrelation zwischen den wahren und den geschätzten Teilnutzenwerten der GCA in Abhängigkeit von v_1 und v_2 bei unterschiedlichen Fehlerniveaus**

Tabelle zu Abbildung 31

Skala	BMAuspr	Fehlerniveaus F 0	F 5	F 10
Rang	2	0,9380	0,8977	0,8035
	3	0,9612	0,9240	0,8392
	4	0,9675	0,9373	0,8576
	5	0,9779	0,9420	0,8823
k3	2	0,9625	0,9150	0,8152
	3	0,9815	0,9410	0,8532
	4	0,9849	0,9531	0,8711
	5	0,9891	0,9522	0,8922
k5	2	0,9742	0,9212	0,8184
	3	0,9887	0,9475	0,8580
	4	0,9911	0,9586	0,8764
	5	0,9936	0,9561	0,8966
Rating	2	0,9982	0,9303	0,8225
	3	0,9999	0,9567	0,8649
	4	0,9999	0,9657	0,8832
	5	0,9999	0,9623	0,9025
über alle Skalenniveaus	2	0,9684	0,9162	0,8149
	3	0,9828	0,9423	0,8538
	4	0,9858	0,9537	0,8721
	5	0,9901	0,9531	0,8934

Anhang C - Tabelle 7: Auswirkung der Anzahl der Ausprägungen des Brückenmerkmals auf die Ergebnisse der GCA bei unterschiedlichen Fehlerniveaus

Tabelle zu Abbildung 32

Mittelwerte

Rang des Brückenmerkmals	Fehlerniveau F 0	F 5	F 10
1	0,9897	0,9602	0,8925
2	0,9889	0,9583	0,8861
3	0,9883	0,9562	0,8798
4	0,9871	0,9525	0,8716
5	0,9851	0,9475	0,8578
6	0,9821	0,9387	0,8455
7	0,9724	0,9160	0,8218
8	0,9626	0,8971	0,8044
9	0,9462	0,8832	0,7793

Anhang C - Tabelle 8: Einfluss des Rangplatzes des Brückenmerkmals auf das Ergebnis der GCA bei unterschiedlichen Fehlerniveaus, aggregiert über alle Skalenniveaus

Tabelle zu Abbildung 34

	Rang		k3		k5		Rat	
Perzentile	TCA	GCA	TCA	GCA	TCA	GCA	TCA	GCA
1	0,9156	0,7157	0,9434	0,7962	0,9605	0,8525	0,9998	0,9975
2	0,9298	0,8059	0,9541	0,8745	0,9685	0,9194	0,9998	0,9991
3	0,9376	0,8457	0,9601	0,9147	0,9720	0,9470	0,9999	0,9995
4	0,9452	0,8734	0,9633	0,9359	0,9754	0,9589	0,9999	0,9996
5	0,9486	0,8877	0,9667	0,9451	0,9773	0,9660	0,9999	0,9997
6	0,9519	0,9017	0,9688	0,9514	0,9785	0,9698	0,9999	0,9998
7	0,9544	0,9101	0,9702	0,9557	0,9795	0,9727	0,9999	0,9998
8	0,9566	0,9178	0,9717	0,9588	0,9808	0,9751	0,9999	0,9998
9	0,9588	0,9225	0,9729	0,9615	0,9816	0,9770	0,9999	0,9998
10	0,9601	0,9269	0,9740	0,9636	0,9830	0,9786	0,9999	0,9998
11	0,9618	0,9308	0,9752	0,9656	0,9839	0,9797	0,9999	0,9998
12	0,9628	0,9346	0,9762	0,9676	0,9845	0,9810	0,9999	0,9999
13	0,9637	0,9379	0,9771	0,9694	0,9851	0,9819	0,9999	0,9999
14	0,9651	0,9404	0,9782	0,9711	0,9856	0,9828	0,9999	0,9999
15	0,9661	0,9429	0,9788	0,9722	0,9861	0,9836	0,9999	0,9999
16	0,9669	0,9447	0,9795	0,9735	0,9867	0,9843	0,9999	0,9999
17	0,9677	0,9467	0,9802	0,9744	0,9871	0,9850	0,9999	0,9999
18	0,9688	0,9482	0,9810	0,9752	0,9875	0,9856	0,9999	0,9999
19	0,9695	0,9497	0,9813	0,9761	0,9879	0,9861	0,9999	0,9999
20	0,9703	0,9511	0,9819	0,9769	0,9882	0,9867	0,9999	0,9999
30	0,9758	0,9624	0,9855	0,9827	0,9909	0,9904	0,9999	0,9999
40	0,9800	0,9697	0,9884	0,9866	0,9931	0,9926	0,9999	0,9999
50	0,9834	0,9750	0,9908	0,9894	0,9945	0,9942	0,9999	0,9999
60	0,9862	0,9794	0,9927	0,9915	0,9957	0,9953	0,9999	0,9999
70	0,9888	0,9832	0,9942	0,9934	0,9966	0,9963	1,0000	1,0000
80	0,9913	0,9869	0,9957	0,9950	0,9975	0,9973	1,0000	1,0000
90	0,9938	0,9906	0,9972	0,9966	0,9984	0,9982	1,0000	1,0000

Anhang C - Tabelle 9: Vergleich von GCA und TCA in Bezug auf die Perzentile

Tabelle zu Abbildung 35 und Abbildung 36

		Skalenniveau							
		Rang		k3		k5		Rat	
Merkmale		TCA	GCA	TCA	GCA	TCA	GCA	TCA	GCA
5	Minimum	0,8523	0,2245	0,9102	0,6018	0,9505	0,6103	0,9998	0,9875
	Mittelwert	0,9720	0,9734	0,9876	0,9872	0,9929	0,9920	0,9999	0,9999
7	Minimum	0,8442	0,4001	0,8761	0,4131	0,9073	0,5450	0,9997	0,8783
	Mittelwert	0,9801	0,9648	0,9885	0,9840	0,9928	0,9901	0,9999	0,9998
8	Minimum	0,8803	0,3914	0,9186	0,4185	0,9435	0,3956	0,9997	0,9234
	Mittelwert	0,9793	0,9601	0,9875	0,9784	0,9920	0,9865	0,9999	0,9997
9	Minimum	0,7831	0,3407	0,8319	0,3206	0,8733	0,4262	0,9998	0,7967
	Mittelwert	0,9789	0,9582	0,9867	0,9777	0,9912	0,9859	0,9999	0,9997

Anhang C - Tabelle 10: Vergleich der Korrelation zwischen TCA und GCA in Abhängigkeit von den Merkmalen im Design

Tabelle zu Abbildung 37

		Wert *v* TCA	GCA
Minimum		1,3333	1,5238
Maximum		3,0476	4
Perzentile	10	1,6	1,8519
	20	1,6842	1,9619
	30	1,8824	2,05
	40	2	2,1579
	50	2,1304	2,1739
	60	2,1333	2,2727
	70	2,2857	2,4118
	80	2,56	2,6316
	90	2,7826	2,9286

Anhang C - Tabelle 11: Vergleich von GCA und TCA in Bezug auf v

Tabelle zu Abbildung 40

Skala	Mittelwerte F0		F5		F10	
	TCA	GCA	TCA	GCA	TCA	GCA
Rang	0,9790	0,9625	0,9354	0,9271	0,8290	0,8471
k3	0,9874	0,9810	0,9434	0,9427	0,8364	0,8602
k5	0,9919	0,9882	0,9475	0,9484	0,8407	0,8652
Rat	0,9999	0,9998	0,9547	0,9562	0,8487	0,8710

Anhang C - Tabelle 12: Vergleich zwischen GCA und TCA bei unterschiedlichen Skalen- und Fehlerniveaus

Tabelle zu Abbildung 41

Merkmale im Design	Mittelwerte F0		F5		F10	
	TCA	GCA	TCA	GCA	TCA	GCA
5	0,9880	0,9885	0,9555	0,9713	0,8700	0,9167
7	0,9903	0,9852	0,9518	0,9536	0,8525	0,8781
8	0,9897	0,9820	0,9455	0,9439	0,8412	0,8584
9	0,9892	0,9810	0,9391	0,9330	0,8236	0,8432

Anhang C - Tabelle 13: Vergleich zwischen GCA und TCA bei unterschiedlich vielen Merkmalen im Design und verschiedenen Fehlerniveaus

Tabelle zu Abbildung 42

Wert *v*	Mittelwerte					
	F0		F5		F10	
	TCA	GCA	TCA	GCA	TCA	GCA
GCA höher	0,9885	0,9844	0,9418	0,9507	0,8290	0,8705
TCA höher	0,9917	0,9808	0,9518	0,9297	0,8590	0,8443
gleich	0,9902	0,9795	0,9485	0,9390	0,8427	0,8486

Anhang C - Tabelle 14: Vergleich zwischen GCA und TCA in Abhängigkeit von v auf verschiedenen Fehlerniveaus

Anhang D: Vergleich der Ergebnisse bei Verwendung alternativer Zufallszahlen

Die folgende Abbildung zeigt am Beispiel von Designs mit fünf Ausprägungen die Ergebnisse der GCA für N(0;10)-verteilte Zufallszahlen, die einmal mit der Software SPSS – wie in der Auswertung des Hauptteils – generiert worden sind und alternativ mit der Software S-Plus. Es ergibt sich das folgende Bild:

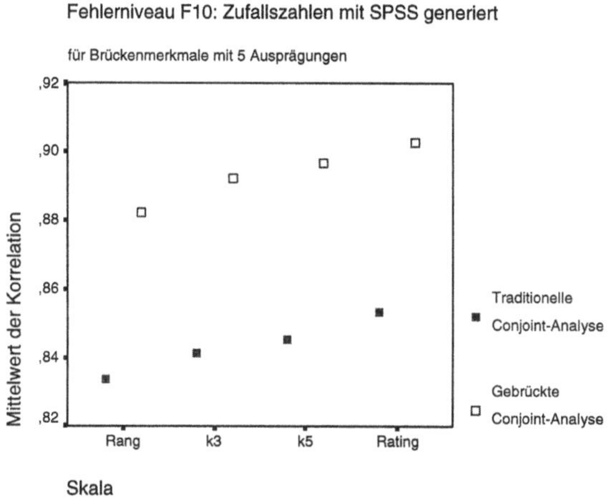

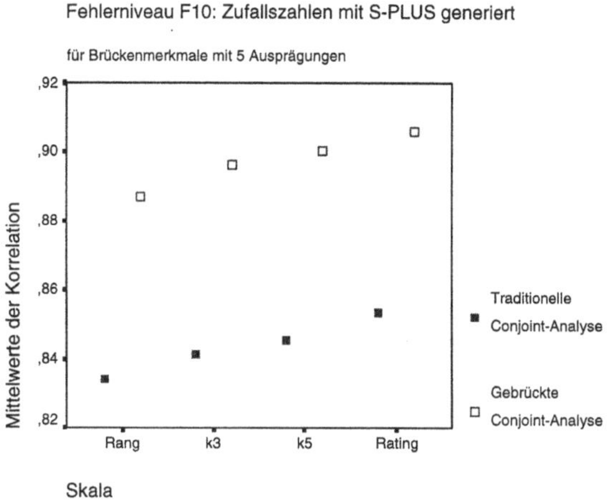

Anhang D - Abbildung 1: Auswirkung unterschiedlich generierter N(0;10)-verteilter Zufallszahlen

Wie die Abbildung zeigt, ergeben sich unabhängig von der zur Generierung der Zufallszahlen verwendeten Software ähnlich Ergebnisse. Unter den gegebenen Bindungen in Bezug auf die Ausprägungen des Brückenmerkmals und das Fehlerniveau ist die gebrückte Conjoint-Analyse der traditionellen Variante im Durchschnitt aller simulierten Fälle überlegen. Die folgende Tabelle enthält die der Abbildung D zugrunde liegenden Werte.

		Fehlerniveau F10, BMAuspr=5			
		TCA		GCA	
Skala		**SPSS**	**S-Plus**	**SPSS**	**S-Plus**
Rang	Mittelwert	0,8338	0,8340	0,8823	0,8870
	Minimum	0,4279	0,3305	0,3487	0,4865
	5%-Perzentil	0,6683	0,6777	0,7413	0,7656
k3	Mittelwert	0,8411	0,8413	0,8922	0,8965
	Minimum	0,4481	0,3295	0,3903	0,4746
	5%-Perzentil	0,6814	0,6899	0,7584	0,7790
k5	Mittelwert	0,8453	0,8454	0,8966	0,9005
	Minimum	0,4512	0,3433	0,4136	0,4861
	5%-Perzentil	0,6908	0,6974	0,7681	0,7857
Rating	Mittelwert	0,8531	0,8532	0,9025	0,9057
	Minimum	0,4474	0,3374	0,4839	0,5095
	5%-Perzentil	0,7040	0,7056	0,7785	0,7956
über alle	Mittelwert	0,8433	0,8435	0,8934	0,8974
Skalen	Minimum	0,4279	0,3295	0,3487	0,4746
	5%-Perzentil	0,6877	0,6925	0,7602	0,7817

Anhang D-Tabelle 1: Auswirkung unterschiedlich generierter N(0;10)-verteilter Zufallszahlen

Wie Tabelle D zeigt, ergeben sich in Abhängigkeit vom verwendeten Zufallszahlengenerator bei den Minima und den 5%-Perzentilen teilweise deutliche Unterschiede, das grundsätzliche Ergebnis bleibt aber gleich: Unter den gegebenen Bedingungen ist die gebrückte Conjoint-Analyse der traditionellen überlegen.

Literaturverzeichnis

Addelman, Sidney (1962a): Orthogonal Main-Effect Plans for Asymmetrical Factor Experiments, in: Technometrics, Vol 4, No. 1, February, S. 21-46.

Addelman, Sidney (1962b): Symmetrical and Asymmetrical Fractional Factorial Plans, in: Technometrics, Vol. 4, No. 1, February, S. 47-58.

Addelman, Sidney (1972): Recent Develpoments in the Design of Factorial Experiments, in: Journal of the American Statistical Association , Vol. 67, No.: 337, March, S. 103-111.

Agarwal, Manoj K. (1988): A Monte Carlo Study Investigating Configuration Recovery in Adaptive Conjoint Analysis, in: Educators Conference Proceedings, American Marketing Association, Series 54, S. 292-296.

Albaum, Gerald (1989): Bridger, in: Journal of Marketing Research, Vol. 26, November, S. 486-488.

Aschenbrenner, K. Michael (1977): Komplexes Wahlverhalten: Entscheidungen zwischen multiattributiven Alternativen, in: Hartmann, K. D./Koeppler, Karlfritz (Hrsg.), Forschritte der Marktpsychologie, Band 1, Frankfurt am Main

Aschenbrenner, K. Michael (1980): Kaufentscheidung, in: Hoyos, Carl Graf et al. (Hrsg.): Grundbegriffe der Wirtschaftspsychologie, München, S. 151-161.

Baalbaki, Imad B./Malhotra, Naresh K. (1995): Standardization versus Customization in International Marketing: An Investigation Using Bridging Conjoint Analysis, in: Journal of the Academy of Marketing Science, Vol. 23, No. 3, S. 182-194.

Backhaus, Klaus et al. (1996): Multivariate Analysemethoden - Eine anwendungsorientierte Einführung, Berlin, 8. Auflage.

Backhaus, Klaus/Voeth, Markus/Hahn, Christian (1998): Limit Conjoint-Analyse, Arbeitspapier des Betriebswirtschaftlichen Instituts für Anlagen- und Systemtechnologien, Westfälische Wilhelms-Universität Münster.

Baier, Daniel/Säuberlich, Frank (1997): Kundennutzenschätzung mittels individueller Hybrid-Conjointanalyse, in: Schmalenbachs Zeitschrift für betriebswirtschaftliche Forschung, 49. Jg., Heft 11, S. 951-971.

Bandemer, Hans/Bellmann, Andreas (1988): Statistische Versuchsplanung, Leipzig, 3. Auflage

Bateson, John E. G./Reibstein, David/Boulding, William (1987): Conjoint Analysis Reliability and Validity: A Framework for Future Research, in: Houston, Michael J. (Hrsg.), Review of Marketing 1987, S. 451-481.

Bauer, Hans H. (1989): Marktabgrenzung, Berlin.

Becker, Jochen (1993): Marketing-Konzeption, München, 5. Auflage.

Böcker, Franz (1986): Präferenzenforschung als Mittel marktorientierter Unternehmensführung, in: Schmalenbachs Zeitschrift für betriebswirtschaftliche Forschung, 38. Jg., Heft 7/8, S. 543-574.

Boecker, Franz/Schweikl, Herbert (1988): Better preference prediction with individualized sets of relevant attributes, in: International Journal of Research in Marketing, Vol. 5, S. 15-24.

Bortz, Jürgen (1993): Statistik für Sozialwissenschaftler, Berlin, 4. Auflage, S. 447-453.

Box,George E. P./Hunter, William G./Hunter, J. Stuart (1978): Statistics for Experimenters – An Introduction to Design, Data Analysis, and Model Building, New York

Bretton-Clark (1988): Bridger, ohne Ort.

Büschken, Joachim (1994): Conjoint-Analyse, in: Thexis – Fachbuch für Marketing
St. Gallen: Verlag Thexis, S. 72-89.

Carmone, Frank (1987): ACA System For Adaptive Conjoint Analysis, in: Journal of Marketing Research, Vol. 24, August, S. 325-327.

Carroll, J. Douglas/Green, Paul E. (1995): Psychometric Methods in Marketing Research: Part I, Conjoint Analysis, in: Journal of Marketing Research, Vol. 22, November, S. 385-391.

Cattin, Philippe/Wittink, Dick R. (1982): Commercial Use of Conjoint Analysis: A Survey, in: Journal of Marketing, Vol. 46, Summer, S. 44-53.

Chatterjee, Samprit/Price, Bertram (1995): Praxis der Regressionsanalyse, 2. Aufl., München.

Churchill, Gilbert A. (1995): Marketing Research – Methodological Foundations, Fort Worth, 6. Auflage.

Currim, Imran S./Weinberg, Charles B./Wittink Dick R. (1981): Design of Subscription Programs for a Performing Art Series, in: Journal of Consumer Research, Vol. 8, June, S. 67-75.

Darmon, René Y./Rouziès, Dominique (1994): Reliability and internal validity of conjoint estimated utility functions under error-free versus error-full conditions, in: International Journal of Research in Marketing, Vol. 11, S. 465-476.

Dougherty, Christopher (1992): Introduction to Econometrics, New York.

Federer, W. T./Raktoe, B. L. (1982): Fractional Factorial Designs, in: Encyclopedia of Statistical Sciences, S. 189-196.

Fröhlich, Werner D./Becker, Johannes (1971): Forschungsstatistik, Bonn, 5. Auflage.

Green, Paul E. (1974): On the Design of Choice Experiments Involving Multifactor Alternatives , in: Journal of Consumer Research , Vol.1, September, S. 61-68.

Green, Paul E./Rao, Vithala R. (1971): Conjoint Measurement for Quantifying Judgmental Data, in: Journal of Marketing Research, Vol. 8, August, S. 355-363

Green, Paul E./Carroll, Douglas J./Carmone, Frank J. (1978): Some New Types Of Fractional Factorial Designs for Marketing Experiments, in: Research in Marketing, Vol. 1, S. 99-122.

Green, Paul E./DeSarbo, Wayne S. (1979): Componential Segmentation in the Analysis of the Consumer Trade-offs, in: Journal of Marketing, Vol. 43, Fall, S. 83-91.

Green, Paul E./Helsen, Kristiaan (1989): Cross-Validation Assessment of Alternatives to Individual-Level Conjoint Analysis: A Case Study, in: Journal of Marketing Research, Vol. 26, August, S. 346-350.

Green, Paul E./Krieger, Abba M. (1996): Individualized Hybrid Models for Conjoint Analysis, in: Management Science, Vol. 42, No. 6, June, S. 850-867.

Green, Paul E./Krieger, Abba M./Agarwal, Mannoj K. (1991): Adaptive Conjoint Analysis: Some Caveats and Suggestions, in: Journal of Marketing Research, Vol. 28, May, S. 215-222.

Green, Paul E./Krieger, Abba M./Bansal, Pradeed (1988): Completely Unacceptable Levels in Conjoint Analysis: A Cautionary Note, in: Journal of Marketing Research , Vol. 25, August, S. 293-300.

Green, Paul E./Krieger, Abba M./Schaffer, Catherine M. (1993): A Hybrid Conjoint Model With Individual – Level Interaction Estimation, in: Advances in Consumer Research, Vol. 20, S. 149-154.

Green, Paul E./Srinivasan, V. (1978): Conjoint Analysis in Consumer Research: Issues and Outlook, in: Journal of Consumer Research, Vol. 5; September, S. 103-123.

Green, Paul E./Srinivasan, V. (1990): Conjoint Analysis in Marketing: New Developments With Implications for Research and Practice, in: Journal of Marketing, October, S. 3-19.

Grothe, Holger (2000): persönliche E-Mail, System-Manager im Fachbereich Mathematik der Technischen Universität Darmstadt.

Gutsche, Jens (1995): Produktpräferenzanalyse, Berlin.

Hagerty, Michael R. (1986): The Cost of Simplifying Preference Models, in: Marketing Science, Vol. 5, No. 4, S. 298-319.

Hahn, Christian (1997): Conjoint- und Discrete Choice-Analyse, Münster.

Hahn, Christian/Voeth, Markus (1997): Limit-Cards in der Conjoint-Analyse – eine Modifikation der traditionellen Conjoint-Analyse, Arbeitspapier Nr. 21 des Betriebswirtschaftlichen Instituts für Anlagen- und Systemtechnologien, Westfälische Wilhelms-Universität Münster.

Hair, Joseph F. et al. (1998): Multivariate Data Analysis, Upper Saddle River, 5. Auflage, S. 387-441.

Hammann, Peter/Erichson, Bernd (1994): Marktforschung, Stuttgart, 3. Auflage.

Herrmann, Andreas/Schmidt-Gallas, Dirk (1999): Shedding some Light on the ACA Black Box, Arbeitspapier Universität Mainz.

Herrmann, Andreas/Schmidt-Gallas, Dirk/Huber, Frank (2000): Adaptive Conjoint Analysis: Understanding the Methodology and Assessing Reliability and Validity, in: Gustafsson, Anders/Herrmann, Andreas/Huber, Frank (Hrsg.): Conjoint Measurement, Berlin.

Homburg, Christian/Werner, Harald (1999): Kundenzufriedenheit und Kundenbindung, in: Herrmann, A./Homburg, Christian (Hrsg.): Marktforschung: Methoden, Anwendungen, Praxisbeispiele, Wiesbaden, S. 911-932.

Höser, Hans (1998): Kontextabhängige Präferenzen, Frankfurt am Main.

Howard, John A./Sheth, Jagdish N. (1969): The Theory of Buyer Behavior, New York.

Hubel, Walter (1986): Der Einfluss der Familienmitglieder auf gemeinsame Kaufentscheidungen, Berlin.

Hubel, Walter (1988): Der Einsatz von Conjoint Measurement bei Unternehmensimageanalysen, in: planung und analyse, Heft 1, S. 22-27.

Huber, Joel et al. (1993): The Effectiveness of Alternative Preference Elicitation Procedures in Predicting Choice, in: Journal of Marketing Research, Vol. 25, S. 105-114.

Jain, Arun K. et al. (1979): A Comparison of the Internal Validity of Alternative Parameter Estimation Methods in Decompositional Multiattribute Preference Models, in: Journal of Marketing Research , Vol. 16, August, S. 313-322.

Janssen, Jürgen/Laatz, Wilfried (1997): Statistische Datenanalyse mit SPSS für Windows, Berlin, 2. Auflage.

Johnson, Richard M. (1974): Trade-Off Analysis of Consumer Values, in: Journal of Marketing Research, Vol. 11, May, S. 121-127.

Johnson, Richard M. (1991): Comment on „Adaptive Conjoint analysis: Some Caveats and Suggestions", in: Journal of Marketing Research , Vol. 28, May, S. 223-225.

Kalinowski, Christoph (o. J.): Skript: Varianz- /Kovarianzanlyse, Lehrstuhl für Statistik und Quantitative Methoden, Wirtschaftswissenschaftliche Fakultät der Katholischen Universität Eichstätt.

Kelle, Udo (1994): Empirisch begründete Theoriebildung – Zur Logik und Methodologie interpretativer Sozialforschung, Weinheim.

Kerlinger, Fred N./Pedhazur, Elazar J. (1973): Multiple Regression in Behavioral Research, New York

Kinderman, A. J./Ramage, J. G. (1976): Computer Generation of Normal Random Variables, in: Journal of the American Statistical Association, Vol. 71, Number 356.

Kleijnen, Jack/Groenendaal, Willem van (1992): Simulation: a statistical perspective, Chichester.

Krantz, David H. et al. (1971): Foundations of Measurement, Vol. 1, New York.

Krantz, David H./Tversky, Amos (1971): Conjoint-Measurement Analysis of Composition Rules in Psychology, in: Psychological Review, Vol. 78, Nr. 2, S. 151-169

Krober-Riel, Werner/Weinberg, Peter (1996): Konsumentenverhalten, 6. Aufl., München.

Kuhfeld, Warren F./Tobias, Randall D./Garratt, M. (1994): Efficient Experimental Designs with Marketing Research Applications, in: Journal of Marketing Research, Vol. 31, November, S. 545-557.

Lancaster, Kelvin J. (1971): Consumer Demand – A New Approach, New York.

Leigh, Thomas W./ MacKay, David B./ Summers, John O. (1981): On alternative experimental methods for conjoint analysis, in: Advances in Consumer Research, Vol. 8, S. 317-322.

Leigh, Thomas W./ MacKay, David B./ Summers, John O. (1984): Reliability and Validity of Conjoint Analysis and Self-Explicated Weights: A Comparison, in: Journal of Marketing Research, Vol. 21, November, S. 456-462.

Lewis, P. A./Goodman, O. S./Miller, J. W. (1969): A pseudo-random number generator for the System 360, in: IBM Systems Journal, S. 136-145, zitiert nach SPSS (1997).

Lewis-Beck, Michael S. (1993): Experimental Designs and Methods – International Handbook of Quantitative Applications in the Social Sciences, Vol. 3, London

Louviere, Jordan J. (1984): Hierarchical Information Integration: A new method for the design and analysis of complex multiattribute judgment problems, in: Advances in Consumer Research, Vol. 11, S. 148-155.

Louviere, Jordan J. (1988): Analyzing decision making, Newbury Park.

Louviere, Jordan J./Gaeth, Gary J. (1987): Decomposing the Determinants of Retail Facility Choice Using the Method of Hierarchical Information Integration: A Supermarket Illustration, in: Journal of Retailing, Vol. 7, No. 1, S. 25-48.

Louviere, Jordan J./Timmermans, Harry J. P. (1992): Testing the External Validity of Hierarchical Conjoint Analysis Models of Recreational Destination Choice, in: Leisure Sciences, Vol. 14, S. 179-194.

Loveland, Karen Ann (1995): Conjoint Analysis Reliability and Validity: The Impact of Self-Efficacy, Self - Assessments and Selected Methodological Choices, Ann Arbor.

Luce, Duncan R./Tukey, John W. (1964): Simultaneous Conjoint Measurement: A New Type of Fundamental Measurement, in: Journal of Mathematical Psychology, Vol. 1, S. 1-27

Meffert, Heribert (1992): Marketingforschung und Käuferverhalten, Wiesbaden, 2. Auflage.

Mellers, Barbara A./Birnbaum, Michael H. (1982): Loci of Contextual Effects in Judgment, in: Journal of Experimental Psychology: Human Perception and Performance, Vol. 8, No. 4, S. 582-601.

Melles, Torsten/Holling, Heinz (1998): Einsatz der Conjoint-Anaylse in Deutschland – Eine Befragung von Anwendern, Westfälische Wilhelms-Universität, Psychologisches Institut IV.

Mertens, Peter (1982): Simulation, Stuttgart, 2. Aufl.

Müller, S./Kesselmann, P. (1994): Die Preisbereitschaft von Konsumenten bei umweltfreundlich verpackten Produkten – Ergebnisse einer Conjoint-Analyse, in: Schmalenbachs Zeitschrift für betriebswirtschaftliche Forschung, Vol. 46, Heft 3, S. 260-277.

Oppewal, H./Louviere J. J./Timmermans H. J. P. (1994): Modeling Hierarchical Conjoint Processes With Integrated Choice Experiments, in: Journal of Marketing Research, Vol. 31, February, S. 92-105.

Perkins, W. Steven/Toy, Daniel R. (1997): Re-assessing the Generalizability from Artificial to Real: Another Look at the Predictive Validity of Conjoint, in: Advances in Consumer Research, Vol. 24, S. 259-266.

Perrey, Jesko (1996): Erhebungsdesign – Effekte bei der Conjoint – Analyse, in: Marketing ZFP, 2. Quartal, Heft 2, S. 105-116.

Perrey, Jesko (1998): Nutzenorientierte Marktsegmentierung, Wiesbaden.

Plackett, R.L./ Burman, J.P. (1943-1946): The Design of Optimum Multifactorial Experiments, in: Biometrika, Vol. 33, S. 305-325.

Reiners, Wolfram (1996): Mulitattributive Präferenzstrukturmodellierung durch die Conjoint Analyse, Münster.

Sattler, Henrik/Hensel-Börner, Susanne (2000): A Comparison of Conjoint Measurement with Self-Explicated Approaches, in: Gustafsson, Anders/Herrmann, Andreas/Huber, Frank (Hrsg.): Conjoint Measurement, Berlin.

Schmidt, Marcus (1990): Conjoint Analysis: How Sensitive are Parameter Estimates with Regard to Syntactical Variations in the Wording of Attribute Levels? – Empirical Evidence from an Experimental Study Design, in: American Marketing Association Educators' Proceedings, Chicago, S. 270-275.

Schrader, Stephan (1990): Zwischenbetrieblicher Informationstransfer – Eine empirische Analyse kooperativen Verhaltens, Berlin.

Schubert, Bernd (1991): Entwicklung von Konzepten für Produktinnovationen mittels Conjoint-Analyse, Stuttgart.

Schweikl, Herbert (1985): Computergestützte Präferenzanalyse mit individuell wichtigen Produktmerkmalen, Berlin.

SPSS Inc. (1997): SPSS 7.5 Statistical Algorithms, Chicago.

SPSS Inc. (2000): SPSS AnswerNet, Solution ID: 100000309, URL: http://www.spss.com/tech/answer/result.cfm?tech_tan_id=100000309.

Srinivasan, V. (1975): Linear Programming Computational Procedures for Ordinal Regression, in: Journal of the Association for Computing Machinery, Vol. 23, No. 3, S. 475-487.

Srinivasan, V./Park, Chan Su (1997): Surprising Robustness of the Self-Explicated Approach to Customer Preference Structure Measurement, in: Journal of Marketing Research, Vol. 34, May, S. 286-291.

Stadie, Ekkehard (1998): Medial gestützte Limit Conjoint-Analyse als Innovationstest für technologische Basisinnovationen, Münster.

Stallmeier, Christian (1992): Die Bedeutung der Datenerhebungsmethode und des Untersuchungsdesigns für die Ergebnisstabilität der Conjoint-Analyse, Regensburg.

Steenkamp, Jan-Benedict E. M./Wittink, Dick R. (1994): The metric quality of full-profile judgments and the number-of-attribute-levels effect in conjoint analysis, in: International Journal Research in Marketing , Vol. 11, S. 275-286.

Teichert, Thorsten (1994): Zur Validität der in Conjoint-Analysen ermittelten Nutzenwerte, in: Schmalenbachs Zeitschrift für betriebswirtschaftliche Forschung , 46. Jg., Heft 7/8, S. 610-629.

Teichert, Thorsten (1999): Conjoint-Analyse, in: Herrmann, A./Homburg, Christian (Hrsg.): Marktforschung: Methoden, Anwendungen, Praxisbeispiele, Wiesbaden.

Thomas, Lutz (1979): Conjoint Measurement als Instrument der Absatzforschung, in: Marketing ZFP, Heft 3, September, S. 199-211.

Thomas, Lutz (1983): Der Einfluß von Kindern auf Produktpräferenzen ihrer Mütter, Berlin.

Trommsdorff, Volker (1998): Konsumentenverhalten, Stuttgart, 3. Auflage.

Tscheulin, Dieter K./Blaimont, Cécile (1993): Die Abhängigkeit der Prognosegüte von Conjoint-Studien von demographischen Probanden-Charakteristika, in: Zeitschrift für Betriebswirtschaft, 63. Jg., Heft 8, S. 839-847.

Tversky, Amos (1967): A General Theory of Polynomial Conjoint Measurement, in: Journal of Mathematical Psychology, 4, S. 1-20.

Voeth, Markus (2000): Nutzenmessung in der Kaufverhaltensforschung, Wiesbaden.

Weisenfeld, Ursula (1989): Die Einflüsse von Verfahrensvariationen und der Art des Kaufentscheidungsprozesses auf die Reliabilität der Ergebnisse bei der Conjoint Analyse, Berlin.

Wittink, Dick R./Cattin, Philippe (1981): Alternative Estimation Methods for Conjoint Analysis: A Monté Carlo Study, in: Journal of Marketing Research, Vol. 18, February, S. 101-106.

Wittink, Dick R./Cattin, Philippe (1989): Comercial Use of Conjoint Analysis: An Update, in: Journal of Marketing, Vol. 53, July, S. 91-96.

Wittink, Dick R./Krishnamurthi, Lakshman/Nutter, Julia B. (1982): Comparing Derived Importance Weights Across Attributes, in: Journal of Consumer Research, Vol. 8, March, S. 471-474.

Wittink, Dick R./Vriens, Marco/Burhenne, Wim (1994): Commercial use of conjoint analysis in Europe: Results and critical reflections , in: International Journal Research in Marketing, Vol. 11, S. 41-53.

Wright, Peter (1975): Consumer Choice Strategies: Simplifying Vs. Optimizing, in: Journal of Marketing Research, Vol. 12, February, S. 60-67.

Zwerina, Klaus (1997): Discrete Choice Experiments in Marketing, Heidelberg.

Peter M. Schulze

Regionales Wachstum und Strukturwandel

Quantitative Analysen mit Regionaldaten für die Bundesrepublik Deutschland
Unter Mitarbeit von Christoph Balz

Frankfurt/M., Berlin, Bern, Bruxelles, New York, Oxford, Wien, 2001.
XIV, 112 S., zahlr. Abb. und Tab.
Schriften zur empirischen Wirtschaftsforschung. Herausgegeben von Peter M. Schulze. Bd. 4
ISBN 3-631-37787-8 · br. € 25.10*

Durch das Zusammenwachsen Europas und die Wiedervereinigung Deutschlands stellen sich Fragen der Konvergenz und Anteilsveränderung der primären, sekundären und tertiären Wirtschaftsbereiche besonders dringlich, gerade in Hinblick auf Output, Beschäftigung und die Arbeitsproduktivität auf regionaler Ebene.
Hierzu werden für die genannten Größen quantitative Analysen mit Hilfe statistisch-ökonometrischer Verfahren durchgeführt, die theoretische Elemente der Regionalwirtschaftslehre einbeziehen. Diese Untersuchungen basieren auf Bundesländer- und Kreisdaten.

Aus dem Inhalt: Steigende Skalenerträge und regionales Wachstum · Rolle der Dienstleistungen für das regionale Wachstum · Regionale Konvergenz · Nationale, regionale und sektorale Einflüsse auf Output, Beschäftigung und Produktivität · Regionale Wirtschaftsstruktur und regionales Wachstum

FSC
www.fsc.org
MIX
Papier | Fördert gute Waldnutzung
FSC® C083411

Kolibri 360 GmbH
Ferdinand-Jühlke-Straße 7
99095 Erfurt, Deutschland
produktsicherheit@kolibri360.de

Druck:
CPI Druckdienstleistungen GmbH
im Auftrag der
Kolibri 360 GmbH
Ferdinand-Jühlke-Str. 7
99095 Erfurt